[荷]
保罗 · A.M. 范兰格
Paul A.M. Van Lange
[美]
阿里 · W. 克鲁格兰斯基
Arie W. Kruglanski
[美]
E. 托里 · 希金斯
E. Tory Higgins
编

蒋奖 王芳
等译

社会心理学经典理论手册

第3卷 人际

Handbook of Theories of Social Psychology

Volume2

机械工业出版社
CHINA MACHINE PRESS

图书在版编目（CIP）数据

社会心理学经典理论手册．第 3 卷，人际 /（荷）保罗·A.M. 范兰格（Paul A. M. Van Lange），（美）阿里·W. 克鲁格兰斯基（Arie W. Kruglanski），（美）E. 托里·希金斯（E. Tory Higgins）编 ；蒋奖等译．北京 ：机械工业出版社，2025．1．-- ISBN 978-7-111-76923-1

Ⅰ．C912.6-62

中国国家版本馆 CIP 数据核字第 2024TP2183 号

机械工业出版社（北京市百万庄大街 22 号　邮政编码 100037）

策划编辑：向睿洋　　责任编辑：向睿洋

责任校对：王　捷　张雨霏　景　飞　　责任印制：常天培

北京联兴盛业印刷股份有限公司印刷

2025 年 8 月第 1 版第 1 次印刷

185mm × 260mm · 10.5 印张 · 232 千字

标准书号：ISBN 978-7-111-76923-1

定价：65.00 元

电话服务　　网络服务

客服电话：010-88361066　　机　工　官　网：www.cmpbook.com

010-88379833　　机　工　官　博：weibo.com/cmp1952

010-68326294　　金　　书　　网：www.golden-book.com

封底无防伪标均为盗版　　机工教育服务网：www.cmpedu.com

前　　言

世界的运转离不开思想，尤其是好的思想，且尤其是在科学领域。事实上，科学就是思想及其在实证研究中的应用。社会心理学也是如此。毋庸置疑，科学思想的典型载体是理论。正是这些理论让我们可以触及现象背后的本质，并追寻它们在无数具体情境中的意义。正是这些理论将看似不相干的事情串在一起，并把它们纳入到由共同原理指导的关联系统中。正如勒温所言，好的理论不仅实用，还对科学事业有着举足轻重的作用。因此，社会心理学研究从一开始就在各种理论的指导下展开，也就不足为奇了。随着时间的推移，富有创造力的思想家们为这个领域增添了许多理论框架。迄今为止，社会心理学的许多领域都产出了丰富的理论。有些社会心理学理论已经存在了很长一段时间，而另一些则只存在了十多年。有些理论已经过检验、修订和扩展，而另一些则基本保持原样，并继续以其中恒久的洞见启迪着研究工作。有趣的是，有些理论渐渐演变成了其他理论，而另一些则仍然忠实于最初的版本。有些理论已经得到完美的阐释，而另一些理论的轮廓还模糊不清，需要继续建构，正可谓璞玉尚待雕琢。在本手册[一]中，我们感兴趣于上述所有理论，不仅因为它们展现了社会心理学理论的全貌，还因为我们认为，理论创立者与读者分享理论建构、发展和培育过程是至关重要的，这些过程对科学起着非常关键的作用。我们的理由如下。

在我们的研究领域里，理论的推导过程和建构技巧一直笼罩着一层神秘的外衣。社会心理学研究生课程中很少讲授这些内容，青年研究人员也不认为这是一项必备技能。本手册的主要目的是揭开理论建构的神秘面纱，展示出其隐藏的复杂内在结构。确实，作者们所撰写的章节揭示了个人境遇中的

㊀ 指《社会心理学经典理论手册》4卷本。——编辑注

偶然性如何决定一个人建构理论的历程；理论的发展往往需要坚韧、毅力、坚忍，还要付出“血汗和泪水”。本手册的另一个目的是说明理论建构对科学发展的不可或缺性，以及对执着建构和检验自己理论的人的重要性和它带来的喜悦之情。

基于我们自己的早期研究工作，我们认为理论应遵循真实性、抽象性、进步性和适用性法则，在本手册的导论中我们阐述了这一理念。这一理念是课题“社会心理学：联结社会中的理论和应用”（NWO 资助，编号 400-07-710）的基础，该课题受到荷兰科学研究机构的资助，这使得第一位主编有充足的时间投入到本手册的编撰工作中来。由于工作量巨大，以及对理论的共同兴趣，他邀请第二和第三位主编加入进来，他们都热情地答应了。经过初步讨论，我们一致认为，本手册应当担负起一个独特的使命，即由内而外地阐释理论建构。因此，我们给撰稿人提出了明确而精准的要求。我们要求各章作者不仅要概述他们提出的理论或模型，还要涉及以下三个基本方面：① 理论家本人叙述理论起源和发展的个性化历史；② 理论在特定领域知识结构中的位置（即该理论对所属领域思想史所做的贡献）；③ 理论与现实问题的关联性（即该理论对解决现实问题的潜在贡献）。不可避免的是，本手册中各章的重点和对上述各个方面的侧重不尽相同。但总体而言，这三个方面在各章中都得到了充分体现。最重要的是，这些章节讲述了一个个引人入胜的故事，记录了理论建构给理论家带来的挑战、困境和喜悦，以及理论建构给我们学科做出的贡献——带来了丰富的概念。

本手册主编

4 卷本概览[一]

第 1 卷 · 生物、进化和认知

第 2 卷 · 动机和情绪

[一] 中文版的第 1、2 卷大致对应英文版的 Volume 1，第 3、4 卷大致对应英文版的 Volume 2。——编辑注

第 3 卷 · 人际

第 4 卷 · 群体和文化

撰稿人简介

（第3卷）

罗伊·F. 鲍迈斯特（Roy F. Baumeister）是佛罗里达州立大学埃普斯杰出学者和心理学教授。他撰写的出版物达450多项（包括27本书），他的成果每年在科学期刊上被引用1000多次。他致力于了解人类生存状况的本质，为此，他的研究涵盖了诸如自我与认同、归属与排斥、自我控制、邪恶与暴力、性、性别关系、人性、决策、人们在生活中寻找意义的方式、意识和自由意志等主题。

马克·R. 利里（Mark R. Leary）是杜克大学心理学和神经科学教授。他在佛罗里达大学获得社会心理学博士学位，曾在丹尼森大学、得克萨斯大学奥斯汀分校、维克森林大学和杜克大学任教。他的研究侧重于社会动机和情绪，特别是人们思考和评价自己的过程，自我反思对情绪和心理幸福感的影响，以及人们对他人感知和评价自己的关注是如何影响行为和情绪的。他是美国心理学会、心理科学协会和人格与社会心理学会的会员，并于2010年获得国际自我与认同学会颁发的终身职业奖。他是《自我与认同》杂志的创刊编辑，目前担任《人格与社会心理学评论》的编辑。

菲利普·R. 谢弗（Phillip R. Shaver）是加州大学戴维斯分校的杰出心理学教授。他发表了250余篇学术文章和图书章节，并与其他学者合著或合编了多本图书，包括《人格和社会心理态度的测量》（Academic Press，1991）、《成人期依恋》、《依恋手册》（第2版）（Guilford Press，2008）、《亲社会动机、情绪和行为》（APA，2009），以及《人类的攻击与暴力》（APA，2010）。他的研究重点是依恋理论、亲密关系、情绪和人格发展。他是多家期刊的编委会成员，也是美国心理学会和心理科学协会的会员。他曾担任实验社会心理学会执行主席和国际关系研究学会主席，并于2002年获得杰出职业奖，2010年获得导师奖。

马里奥·米库利茨（Mario Mikulincer）是以色列赫兹利亚跨学科中心（IDC）的心理学教授和新心理学院院长。他出版了3本著作，发表了250余篇期刊文章和图书章节，并担任多家人格和社会心理学期刊的编委会成员。米库利茨博士的主要研究兴趣是依恋理论、恐惧管理理论、人际关系中的人格过程、压力和创伤应对、哀伤相关过程，以及亲社会动机和行为。他是人格与社会心理学会和心理科学协会的会员。他因对心理学的贡献而荣获埃梅特社会科学奖（EMET Prize in Social Science），并获得国际关系研究学会颁发的贝尔伊德－哈特菲尔德中期职业杰出成就奖。

杰拉尔德·埃希特霍夫（Gerald Echterhoff）是德国明斯特大学社会心理学教授。他曾在哥伦比亚大学做博士后研究员，担任比勒费尔德大学助理教授、科隆大学客座教授，以及德国不来梅雅各布大学心理学教授。他于 2000 年从纽约新社会研究学院获得博士学位。他的研究兴趣包括人际沟通、共享现实、记忆的社会影响、社会认知，以及记忆的文化背景。沟通如何塑造演讲者自己的记忆和思维是他及其实验室的一个具有代表性的研究。他的研究成果发表在《人格与社会心理学杂志》《实验心理学杂志：总论》《心理科学》《心理科学展望》《社会认知》等一流期刊上。

伊莱恩·哈特菲尔德（Elaine Hatfield）是夏威夷大学心理学教授，曾任性科学研究学会主席。近年来，她获得了实验社会心理学会、性科学研究学会和夏威夷大学颁发的杰出科学家奖（终身科学成就奖），以及性科学研究学会西部地区颁发的阿尔弗雷德·金赛奖。她的两本著作获得了美国心理学会的国家媒体奖。

理查德·L. 拉普森（Richard L. Rapson）是夏威夷大学历史学教授。他获得了阿默斯特大学的学士学位和哥伦比亚大学的博士学位。他独著了十几本书，还与妻子伊莱恩·哈特菲尔德博士合著了几本书。他于 20 世纪 90 年代出版了学术三部曲，包括《爱、性和亲密：心理学、生物学和历史》（HarperCollins）、《情绪感染》（Cambridge University Press）和《爱与性：跨文化视角》(Allyn & Bacon)。

卡里尔·E. 鲁斯布特（Caryl E. Rusbult，1952—2010）曾是北卡罗来纳大学心理学教授，1997 ～ 2003 年担任 J. 罗斯·麦克唐纳讲席教授，之后担任阿姆斯特丹自由大学社会心理学系教授和系主任。她采用互依理论方法来研究亲密关系，提出了承诺过程的投资模型来理解关系维持机制，如适应、贬损替代选项和个人成长。她与其他学者合著了《人际情境图鉴》（Cambridge University Press，2003），担任《人格与社会心理学杂志》副主编，并获得了多项科学奖项，包括 2008 年获得的国际关系研究学会颁发的杰出职业奖。卡里尔·E. 鲁斯布特于 2010 年去世。

克里斯托弗·R. 阿格纽（Christopher R. Agnew）是普渡大学心理学系教授兼主任。他在北卡罗来纳大学教堂山分校获得社会心理学博士学位。他的研究重点是亲密人际关系。他著述颇丰，撰写了 60 多篇文章和图书章节。他的研究得到了美国国立卫生研究院和罗伯特·伍德·约翰逊基金会的资助。阿格纽博士是《人格与社会心理学杂志》《人格与社会心理学公报》《人际关系》杂志的编委会成员。他是人格与社会心理学会关系研究兴趣小组的早期职业生涯奖获得者，也是美国心理科学协会和美国心理学会会员。他目前是国际关系研究学会的候任主席。

西米娜·B. 阿里亚加（Ximena B. Arriaga）是普渡大学心理科学副教授。她在北卡罗来纳大学教堂山分校获得社会心理学博士学位。她的主要研究领域是关系承诺、不确定性和伴侣攻击。她的研究得到了国家精神卫生研究所的资助，发表了关系和亲密伴侣暴力方面的文章。她曾任《人际关系》和《社会与人际关系杂志》的副主编，以及《人格与社会心理学杂志》的顾问编辑。此外，阿里亚加博士还获得了多项教学奖。

玛格丽特 · S. 克拉克（Margaret S. Clark）是耶鲁大学教授，在此之前，她在卡内基－梅隆大学担任教授多年。她是一位社会心理学家，研究重点是关系过程（尤其是关系中非偶然地提供和寻求回应）和情绪（尤其是情绪的社会功能）。她编撰过有关人际关系、情绪、亲社会行为，以及人格与社会心理学方法论方面的书，曾任人格与社会心理学会主席、实验社会心理学会主席，以及《心理科学》《人格与社会心理学公报》《情绪》杂志的副主编。

贾德森 · R. 米尔斯（Judson R. Mills）曾在锡拉丘兹大学、密苏里大学、伦敦经济学院和得克萨斯大学任教，但大部分时间都在马里兰大学担任教授。他的研究兴趣包括态度的形成与改变、情绪、心境与情感、共生关系和研究方法论。他师从斯坦福大学的利昂 · 费斯廷格，在 20 世纪 50 年代末对认知失调理论展开了开创性的研究。他对这个理论兴趣不减，深入研究了几十年，于 1999 年与埃迪 · 哈蒙－琼斯（Eddie Harmon-Jones）合编了一本关于认知失调的书。他是包括玛格丽特 · S. 克拉克在内的许多社会心理学家的良师。

保罗 · A. M. 范兰格（Paul A. M. Van Lange）是荷兰阿姆斯特丹自由大学社会心理学教授兼社会与组织心理学系主任。他关于人类合作与信任的研究大多基于互依理论，试图通过这一理论来理解在各种不同情境下，宽恕、慷慨、共情、竞争以及人性的一般信念的作用。范兰格与其他学者合著了《人际情境图鉴》（Cambridge University Press，2003），主编了《桥接社会心理学》（Lawrence Erlbaum，2006），并担任包括《人格与社会心理学杂志》在内的多本期刊的副主编。他曾任库尔特 · 勒温研究所主任，以及实验社会心理学会执行委员会主席。

目　　录

社会心理学理论：导论

保罗·A.M. 范兰格（Paul A.M. Van Lange） 阿里·W. 克鲁格兰斯基（Arie W. Kruglanski）
E. 托里·希金斯（E. Tory Higgins）

理论的发展是科学的一个关键目标。理想情况下，理论帮助我们解释特定的事件和现象，并帮助我们透过现象看到本质。理论帮助我们在看似混乱的环境中找到有关联的结构，深入到以前未知的领域，从而用更有效的方式了解周围世界。因为理论阐明了能够产生明显效果的因果机制，所以它提供了干预现象和改变事件进程的方法。因此，理论具有重要的实践价值，是一种不可或缺的应用工具。

本手册的主要内容是社会心理学理论。社会心理学被广泛定义为个体与其所处社会环境（即真实的、想象的或隐含的他人在场）之间的相互影响（Allport，1954；Deutsch & Krauss，1965：1；Jones & Gerard，1967：1；Shaver，1977：4；Van Lange，2006：13）。与这一定义相一致，社会心理学涵盖了广泛的领域，涉及多种影响目标（包括个体的思想、情感和行为）和不同类型的影响（有意识和无意识，内隐和外显）。鉴于其研究主题，社会心理学与社会生活中的大量事件息息相关，从个体自身的判断和决定到人际关系、群体和群际动力学问题，一直到文化和跨文化接触带来的影响。事实上，社会心理学家已经在他们付出过努力的所有领域开展了重要的概念建构和实证研究工作。

鉴于社会心理学的范围和关联性，以及理论对于一个科学领域的重要性，自上一本专门介绍社会心理学理论的书出版以来，已有相当长时间未出版过相关书籍，这有点儿令人惊讶。最新的这类著作出版于 1980 年，由韦斯特（West）和维克隆德（Wicklund）所著，是对肖（Shaw）和科斯坦佐（Costanzo）1970 年的著作（1982 年修订）以及多伊奇和克劳斯（Deutsch & Krauss，1965）的早期经典著作的补充。然而，在随后的三十年里，社会心理学又完成了大量的理论建构工作。在社会心理分析的各个层面上，研究者已经构建了许多概念框架。此外，针对社会理论建构的方法（如 Higgins，2004；Kelley，2000；Kruglanski & Higgins，2004）、社会（人格）理论的现状（Kruglanski，2001；

Mischel，2004），以及社会心理学分析与其他领域和学科间的理论桥梁（Kruglanski，2006；Van Lange，2006，2007），学界出现了理论争论和评论。本手册反映了这些讨论，并提供了自社会心理学诞生以来，主要理论发展的完整视角。因此，本手册描绘了我们的学科从青涩到成熟的过程，在科学地理解社会世界方面，我们的学科经历了半个多世纪的成长和概念进步。

理论：规制理想

要准确地定义什么是理论，或者更重要地，什么可以称为理论，什么不能称为理论并不容易。和早期的作者一样，我们认为一个理论可以被最低限度地定义为与一个或一组现象有关的一组相关命题（或原则）（Mandler & Kessen，1959：159；Shaw & Costanzo，1982：4）。显然，理论在概括性、精确性和起源上可能有所不同。在本手册中，我们采用的方法是包容性而非排他性，并用“理论”概念的最低限度定义来指导我们最终决定纳入的理论。我们认为，一个激发了大量实证研究的概念框架是值得被纳入的，即使从“纯粹”的元理论角度来看，它是不完整或不完善的。此外，社会心理学理论往往是“中观”（middle range）理论（Merton，1949：5），因此提出的都是中小型的“工作假设”（working hypotheses），而不是宏大的理论体系。社会心理学中有非常丰富的中观理论，每种理论都代表着一项“正在进行的工作”，而不是板上钉钉的总体方案（Pinker，2002：241；Van Lange，2006：8）。

无论选择什么样的理论定义，重要的是确定什么构成了一个好理论。尽管人们提出了许多概念来勾勒“好”理论的各种资格、标准和条件，但在这个问题上已经达成了相当多的共识。我们认为，一个好理论应该：具有较强的解释力；更适合于进行实证检验和建模；在一致性和内在连贯性上更具有“逻辑性”；能够用更少（假设）来解释更多（现象），以反映出简约性标准或奥卡姆剃刀（Occam’s razor）原理；最关键的是，能激发产生实证发现的新研究（例如 Fiske，2004；Higgins，2004）。就本手册当前的目的而言，我们关注的是一个以四种规制理想（regulatory ideals）为特征的好理论框架，即真实性（truth）、抽象性（abstraction）、进步性（progress）和适用性（applicability；另可参见 Kruglanski，2006）。下面我们将依次对这四点展开讨论。

理想 1：真实性

一个理论应该与事实打交道，应该把事实和虚构分开，应该确定什么是真实的而非想象的。虽然一个不准确的、虚构的理论也可以发挥重要的作用（例如起到启发作用以促进进一步的研究），但我们应该清楚地知道，理论追求的是“真实性，且只有真实性”。这就是假设检验的全部意义所在。实验设计的整个逻辑就是消除经验事实（empirical facts）可能的替代性解释（或证明其无效）。批判性实验的目的是区分竞争性理论，并决定哪个理论比其竞争者更有效，更能得到现有证据的支持。如果明知道一个理论是错误的，而我们仅仅因为它具有启发性或交流价值（即很容易传达给他人）就坚持它，这种做法显然自相矛盾，因为认同一个理论就等于相信它是正确的。

然而，作为一种规制理想，真实性可以争取，但永远无法保证其实现。任何理论（无论多么成功）都是不可靠的，因为即使在当前并不明显，但未来总是可能出现对相同证据的替代性解释。你可以证伪一个理论，但永远不能证实它。你只能在目前已知的基础上为理论找到支持。此外，经验“事实”远不是绝对的。正如波普尔（Popper，1959：111）所指出的那样，科学的经验基础既具有推测性，又容易出错：

> 客观科学的经验基础没有任何“绝对性”可言。科学并不是建立在坚不可摧的基础之上。它大胆的理论结构就像是在沼泽之上，像一座建在桩上的建筑物。这些桩是从上而下打入沼泽的。当我们停止将桩打入更深一层时，并不是因为我们已经到达了坚实的地面，而只是因为确信它们坚固到能够支撑这座建筑。这时我们就会停下来，至少目前是这样。

因此，尽管追求真实性是科学的基本理想，但它永远是一项无法完全完成的使命。

理想 2：抽象性

理论应该是抽象的结果，因为细节（如现象、事件）需要用一般性的术语（概念、假设、原则）来描述。虽然一个特定现象本身可能很有趣，但我们需要一个理论来理解现象背后的心理学原理，这些原理也适用于其他看似不同的现象。理论应该追求更高层次的整合，以超越特定的观察，并在更深的层次（即更抽象的层次）上将它们与其他观察联系起来。因此，理论关注的是理解和洞察事物的核心，因为它涉及观察到的效应背后最根本的因果机制。

理想 3：进步性

任何新理论都应该做出超越以往已知知识的贡献，改进或扩大我们对代表进步性理想的某一特定现象领域的解释。它应该用智慧取代神话，应该在现有知识中增加真实性以扩大我们的理解范围。因此，理想情况下，新理论与过往理论相关并建立在其基础之上，用准确的原理取代不准确的理论，或用以前未发现的新原理补充先前的理论。如果理论不通过磨砺和实证检验而加以完善，科学就不可能取得进步。从这个意义上讲，进步性原则与真实性原则是密切相连的，因为理论的改进和修正是为更有效和更精确服务的。由于真实性是理论的一个重要规制目标（尽管在很大程度上无法实现），因此理论往往要经过完善和精确化，例如，概述从理论中推导出来的假设的成立条件。此外，理论常常会激发新的思维方式，因为它（至少在内隐层面）是理论家和研究者用来看到那些仅凭数据无法发现的联系和关系的一种工具（参见 Shaw & Costanzo，1982）。最后，理论通常是新研究问题的灵感来源，往往伴随着新的工具、方法和范式的产生（Fiedler，2004；Fiske，2004）。因此，理论是通向过去（理论解释的过往发现）和未来（受理论启发的未来研究和发现）的桥梁。因为理论会激发新的预测，进而激发新的研究对其进行检验，所以理论是关于世界是什么以及它是如何运转的新实证发现背后的驱动力，也就是从新发现中体现进步性（Higgins，2004）。

理想 4：适用性

理想情况下，心理学理论应该涉及日常

生活中的许多事件和问题。它应适用于现实世界所关心的问题，并提供旨在以理想方式改变事件进程的干预措施。正如爱德华 · E. 琼斯（Edward E. Jones，1986：100）恰如其分地指出："社会心理学的未来不仅取决于其主题的重要性，还取决于其独特的概念和方法优势，这些优势可以识别日常社会生活中的内在过程。"正如科学的进步性与对真实性的追求密切相关，理论的适用性则与抽象性原则密切相关。换句话说，理论越抽象，其经验内容就越丰富（Popper，1959），适用范围也就越广。当然，理论的广博本身并不等同于应用，要将理论转化为具有实际价值的具体程序和干预措施，还需要相当程度的独创性。

事实上，尽管理论和应用之间有着密切联系，但二者经常被并列在一起，并被认为根本不同——一个是理论，一个是实践。理论通常与逻辑、演绎和知识（"知道"）联系在一起，而应用常常与直觉、归纳和实施（"做"）联系在一起。也许库尔特 · 勒温（Kurt Lewin）的名言"没有什么比一个好的理论更实用"之所以受到如此多的关注，是因为人们普遍倾向于把应用看作理论的对立面，因此勒温的视角让人觉得惊讶。尽管如此，"转化研究"（translational research）突出了理论与应用之间的密切联系，并鼓励理论家（通常通过资助机会）摆脱"纯思想的奥林匹斯山"（Olympus of pure thought），探索他们的思想对解决众多现实世界问题的可能贡献。

理论需要有 TAPAS 证据

我们将理论建构概念化为四个规制理想，即真实性（T）、抽象性（A）、进步性（P）和适用性（A）。这些可以作为批判性评价某个理论的标准（TAPAS）。这意味着，TAPAS 被广泛用于评估心理学研究。真实性是通过恰当的实验设计、关键性实验的实施，以及对现有证据的概念性回顾和元分析来评估的。抽象性通常用于评估理论的广度，更具体地说，是通过特定的实证观察来检验一般性的心理假设。研究的创新性和研究对知识体系做出重大新贡献的普遍需求是评估进步性的标准。最后，适用性往往是由于人们希望心理学工作具有"更广泛的影响"而产生的（例如 Buunk，2006；Fiedler，2006；Van Lange，2006），并且美国联邦资助机构（如美国国家科学基金会和美国国立卫生研究院）在提供研究资金时将此列为一个重要标准，因为人们都知道科学知识应该具有社会效益。我们明确强调 TAPAS，希望这能提高社会心理学理论家对 TAPAS 的理解和运用。

理论建构与发展

思想从何而来？理论家的灵感来源是什么？社会心理学家如何将隐性的预感和早期的直觉转化为清晰明确的理论陈述？又如何推进理论的发展？理论家对他思想产物的未来命运负有多大的"责任"？在社会心理学文献中，很少有人公开讨论这些问题，尽管在个别理论家的脑海中可能已经积累了关于这些问题的经验。后一种假设是《人格与社会心理学评论》（2004 年第 8 卷）特刊的出发点，特刊名为《社会人格理论的理论建构：个人经验和教训》。特刊的撰稿人与读者分享了他们内心深处的见解和元理论的自我反思，以及"行业诀窍"和个人理论建构与发展的策略。例如，有人讨论了如何发现不同现象的共同特征，从而发展出起主导作用的理论，并揭示被显著的表面差异所掩盖的深层结构（例如 Kruglanski，2004）。另一篇文章讨论了如何实施受理论启发的研究项目，并确保该理论的潜在贡献和影响得到最大程度的发挥（Higgins，2004）。还有一些文章讨论了如何从休假中获益［例如，利用这段时间对一系列实证研究进行分析，从而拓展自己的观点（Zanna，2004）]，以及如何与同事合作从而深化和丰富自己的理论框架（Levine & Moreland，2004）。本手册中的各章通过众多理论家对其学术之旅的个人叙述，阐明了这些精彩的策略和方法。在这些旅程中，他们清晰地阐述了自己的概念，建立和发展了自己的理论结构。

传授理论建构

有人认为，在社会心理学的历史发展过程中，社会心理学对理论的关注度已经有所下降，变得越来越以数据为导向和以现象为中心（例如，Fiedler，2004；Kruglanski，2001；另可参见 Jones，1986）。该问题的部分原因可能是缺乏系统的理论建构教学方法，以及没有给社会心理学研究生开设这方面的课程和研讨会。我们的研究生培养在很大程度上侧重于方法、研究设计和数据分析等方面。理论建构通常被认为是无法教授的，主要依靠灵感。然而，大量关于理论建构的内容是可以明确阐述和传授的。一个成功理论的要点可以被定义、解释和刻意建构，我们称之为 TAPAS。这些理论特性在各位理论家培育和发展理论的方式中也已得到明确阐述（Kruglanski & Higgins，2004）。针对这方面，本手册希望通过成功理论家的个人故事深化对理论工作的理解，从而实现通过实例教授理论建构技能的目的。

诚然，被动接触理论建构策略的历史发展过程显然是不够的，将理论建构的一般原则转化为概念的实践尝试似乎是必要的。我们主编中的一位曾简要介绍过一门旨在做到这一点的研讨会课程（Higgins，2004）。关于应用性方面的教学工作，布恩克和范福特（Buunk & Van Vugt，2007）的著作提供了一个平台，可以让学生练习将理论概念应用于具体现实问题的技巧。它要求学生将一个重要社会问题的关键属性形式化（例如，如何减少足球场中的故意破坏行为，如何增加对环境的关注），并运用社会心理学的概念和原理，从因果关系的角度对其进行分析，并在此基础上提出可能的政策措施。

关于本手册

像早期出版的社会心理学理论书籍一样，本手册回顾了我们领域的主要理论发展。然而，它与之前的理论书籍存在明显的不同。首先，本手册涵盖了自上一批此类书籍（West & Wicklund，1980；Shaw & Costanzo，1982）出版后的几十年间所出现的重大理论进展。这些年来，社会心理学在世界范围内经历了迅猛的发展，涌现出一系列由各个分析层面的社会心理学家所提出的理论框架，包括生物系统、认知系统、动机（和情感）系统、人际关系系统，以及群体和文化系统（参见 Higgins & Kruglanski，1996；Kruglanski & Higgins，2007）。与此同时，经典理论在其不同的演变形态中继续激发研究，例如费斯廷格的认知失调理论（1957）在库珀和法齐奥（Fazio）的解读中获得了“新面貌”。有些理论则经历了转型，例如班杜拉的社会学习理论转变为他的社会认知理论（更多信息请参阅本手册中库珀和班杜拉撰写的章节）。

除了提供有关社会心理学理论的最新面貌之外，本手册还至少在三个重要方面对前人的工作进行了补充。首先，每位作者都提供了有关该理论发展的个人化的历史叙述，包括影响理论选择、演变和作用的各种灵感、偶然事件、关键时刻和解决问题的努力。这些个人叙述是本手册独有的，它们提供了丰富的背景知识，让我们能更好地理解理论是如何随着时间的推移被创建、培育和塑造的。

其次，每位作者都把自己的理论置于它所涉及主题的知识历史中，并以这些知识为背景评论了该理论对该领域的独特贡献。如此便把每种理论纳入了第二种历史——思想史，这一点也是本手册的特色。本手册的这方面强有力地回答了“我为什么要关心？这个理论贡献了什么额外价值”这类问题。最后，每位作者都对自己的理论进行了评价，评价的依据是理论对理解和解决关键社会问题与现实问题的适用性。本手册的这方面为“我为什么要关心？这个理论贡献了什么额外价值”这类问题提供了第二个强有力的答案。

上述三方面背后的首要原则是理论终究是关于思想的。因此，重要的是要学习：①这些思想从何而来，如何发展；②为何这些思想在知识和历史上都很重要；③这些思想在处理当前的社会问题方面有何不同。

理论的纳入标准

概念框架何时是理论，何时是模型，何时是假设？尽管社会心理学家可能同意本领域中众多概念框架的理论“地位”，但他们可能不认可其中的某些框架。对此我们并不感到惊讶，因为在过去的几十年里（自1982年肖和科斯坦佐的著作出版以来），社会心理学领域在许多方面都取得了长足发展。此外，社会心理学缺乏一种广为接受的“大理论”（grand theory），这种大理论旨在解释各种现象，并作为进一步展开专业化分析的共识平台（如生物学中的进化论或经济学中的理性选择理论）。

在为本手册选择理论时，我们采用了下述广泛性指导原则。首先，我们决定纳入一些有“年头”的理论，其发展可以追溯到多年前。事实上，我们的目标之一就是深入了解社会心理学家设计、发展和“培育”其理论的方法，而这个过程不可避免地需要花费时间，因为发展理论的有效性（真实性标准）、普遍性（抽象性标准）、生成能力（进步性标准）及其在解决现实问题中的有用性（适用性标准）都需要时间。

其次，我们决定纳入那些随着时间流逝而幸存下来，并继续在“此时此地”指导研究的理论。当然，一些理论在将来可能会以某种方式得到复苏，那么它们很可能会被纳入到未来的理论手册中。

最后，我们决定纳入在社会心理学传统中发展起来的理论，而不是在社会心理学领域之外发展起来的理论。诚然，在社会心理学领域外有许多有影响力的理论和模型可以纳入，例如认知神经科学、决策学、经济学、社会学和政治学等领域的理论。但我们认为，如果将这些理论都囊括进来，会过度扩大我们的工作范围，并使我们的视角偏离社会心理学本身所进行的概念建构工作。

应该指出的是，并非所有符合上述原则的理论最终都会出现在本手册中。某些理论的作者已经去世了，也有一些理论的创立者谢绝了我们的邀请，我们很遗憾没有纳入这些理论。但我们非常感谢所有入选的理论，也非常感谢我们的作者对本手册所做出的贡献。对于我们这些编者来说，这是一次绝妙的经历，因为它让我们更多地了解了作者创立的这些具有里程碑意义的理论的历史。

参考文献

Allport, G.W. (1954) The historical background of modern social psychology. In G. Lindzey (ed.), *Handbook of Social Psychology, 1*, 3–56. Cambridge, MA: Addison-Wesley.

Buunk, A.P. (2006) Social psychology deserves better: Marketing the pivotal social science. In P.A.M. Van Lange (ed.), *Bridging Social Psychology: Benefits of Transdisciplinary Approaches*, pp. 83–89. Mahwah, NJ: Erlbaum.

Buunk, A.P. and Van Vugt, M. (2007) *Applying Social Psychology: From Problems to Solutions*. Thousand Oaks, CA: Sage.

Deutsch, M. and Krauss, R.M. (1965) *Theories in Social Psychology*. New York: Basic Books.

Einstein, A. (1934) *Mein Weltbild*. Amsterdam: Querido.

Festinger, L. (1957) *A Theory of Cognitive Dissonance*. Stanford, CA: Stanford University Press.

Fiedler, K. (2004) Tools, toys, truisms, and theories: Some thoughts on the creative cycle of theory formation. *Personality and Social Psychology Review, 8*, 123–131.

Fiedler, K. (2006) On theories and societal practice: Getting rid of a myth. In P.A.M. Van Lange (ed.), *Bridging Social Psychology: Benefits of Transdisciplinary Approaches*, pp. 65–70. Mahwah NJ: Erlbaum.

Fiske, S.T. (2004) Mind the gap: In praise of informal sources of formal theory. *Personality and Social Psychology Review, 8*, 138–145.

Higgins, E.T. (2004) Making a theory useful: Lessons handed down. *Personality and Social Psychology Review, 8*, 138–145.

Higgins, E.T. and Kruglanski, A.W. (eds) (1996) *Social Psychology: Handbook of Basic Principles*. New York: Guilford Press.

Jones, E.E. (1986) Major developments in social psychology during the past five decades. In G. Lindzey and E. Aronson (eds), *The Handbook of Social Psychology*, 3rd Edition, pp. 47–135. New York: McGraw-Hill.

Jones, E.E. (1988) Major developments in five decades of social psychology. In D.L. Gilbert, Susan T. Fiske and G. Lindzey (eds), *The Handbook of Social Psychology, 1*, 3–57. New York: McGraw-Hill.

Jones, E.E. and Gerard, H.B. (1967) *Foundations of Social Psychology*. New York: Wiley.

Kelley, H.H. (2000) The proper study of social psychology. *Social Psychology Quarterly, 63*, 3–15.

Kruglanski, A.W. (2001) That 'vision thing': The state of theory in social and personality psychology at the edge of the new millennium. *Journal of Personality and Social Psychology, 80*, 871–875.

Kruglanski, A.W. (2004) The quest for the gist: On challenges of going abstract in social and personality psychology. *Personality and Social Psychology Review, 8*, 156–163.

Kruglanski, A.W. (2006) Theories as bridges. In P.A.M. Van Lange (ed.), *Bridging Social Psychology: Benefits of Transdisciplinary Approaches*, pp. 21–34. Mahwah, NJ: Erlbaum.

Kruglanski, A.W. and Higgins, E.T. (2004) Theory construction in social and personality psychology: Personal experiences and lessons learned. *Personality and Social Psychology Review, 8*, 96–97.

Kruglanski, A.W. and Higgins, E.T. (eds) (2007) *Social Psychology: Handbook of Basic Principles*, 2nd Edition. New York: Guilford Press.

Levine, J.M. and Moreland, R.L. (2004) Collaboration: The social context of theory development. *Personality and Social Psychology Review, 8*, 164–172.

Mandler, G. and Kessen, W. (1959) *The Language of Psychology*. New York: Wiley.

Merton, R.K. (1949) *Social Theory and Social Structure*. Glencoe, IL: The Free Press.

Mischel, W. (2004) Toward an integrative science of the person. *Annual Review of Psychology, 55*, 1–22.

Pinker, S. (2002) *The Blank Slate: The Modern Denial of Human Nature*. New York: Viking.

Popper, K.R. (1959) *The Logic of Scientific Discovery*. New York: Harper. (Original work published as *Logik der Forschung*, 1935).

Shaver, K.G. (1977) *Principles of Social Psychology*. Cambridge, MA: Winthrop.

Shaw, M.E. and Costanzo, P.R. (1982) *Theories of Social Psychology.* New York: McGraw-Hill. (Originally published 1970).

Van Lange, P.A.M. (ed.) (2006) *Bridging Social Psychology: Benefits of Transdisciplinary Approaches.* Mahwah, NJ: Erlbaum.

Van Lange, P.A.M. (2007) Benefits of bridging social psychology and economics. *Academy of Management Review, 32*, 671–674.

West, S.G. and Wicklund, R.A. (1980) *A Primer of Social Psychological Theories*. Monterey, CA: Brooks/Cole.

Zanna, M. (2004) A naïve epistemology of a working social psychologist (Or the working epistemology of a social psychologist): The value of taking "temporary givens" seriously. *Personality and Social Psychology Review*, *8*, 210–218.

第1章

归属需求理论

罗伊·F. 鲍迈斯特（Roy F. Baumeister）

王荣[一]　译

摘　要

建立和维系最低限度的社会联系（social connections）是人类最强大、最普遍和最有影响力的动机之一。这一动机塑造了人类的情绪、认知和行为，并将自尊解释为个体拥有良好人际关系可能性的内在衡量标准。满足归属需求（need to belong）的不同方式可以解释人格和角色方面的性别差异，甚至可以重新诠释性别政治的历史，例如，女性强调亲密的人际关系，而男性则倾向于更庞大、更浅层的关系网络。关于社会拒绝的研究表明，阻碍归属需求的满足将导致极端的有时甚至是令人匪夷所思的影响，包括增加攻击和自我破坏行为，降低助人性、合作性、自我控制和智力思维。社会拒绝的实验研究引发了一种情绪上的麻木感，这为质疑情绪的基本功能以及情绪如何影响行为指明了方向。文化作为人类社会生活的最终成果和形式，它依赖于归属感，研究归属感也为理解人性和众多独特人类特征奠定了坚实的基础。

引　言

归属需求是人类基本需求之一。人们被激励着去建立和维持社会关系。这个看似简单的想法是我和马克·R. 利里的一篇综述性文章的主题。20世纪90年代早期，我为此忙活了好几年，直至这篇文章发表（Baumeister & Leary, 1995）。我的想法自此永久改变，并为我之后的研究和理论奠定了基础。这篇文章被引超过一千次，所以我相信它对其他人也有影响。

这个想法本身并不具有革命性或争议性。大体上，人们乐于与他人建立联系。但这个简单的想法却在许多方面发挥了出乎意料的作用，对认知、情感和行为领域造成了广泛的影响。此外，它也提出了关于人性、

[一] 深圳大学管理学院

文化、性别、情绪以及人类心理机制的一系列重要基本问题。

研究计划是如何发起的

20世纪80年代末，在我和利里进行了一系列对话和交流后，我俩决定开始撰写《归属需求理论》这篇论文。不过，人们难免会回望过去，并从生命早期寻找一些缘由。就我而言，这包含一种逆向质疑精神，它是我一生的主题，并造成了我职业生涯中最大的问题和失败，也促成了我职业生涯中最大的成就。这种精神可以追溯到初中的某个时期，那时我第一次在学校被布置写论文的任务。我母亲在高中教书，她表示，当一名老师对一堆指定主题的论文进行评分时，即使论文主题在本质上是好的且基本正确的，他也会因论文反复说着相同的内容而很快感到厌烦。该现象发生在“分数膨胀”（grade inflation）㊀很长一段时间之前的“紧追不舍”时代，那时候即使在公立学校对高分的竞争也是异常激烈的。我意识到，如果我能在论文中说一些与其他学生不同的观点，获得A的机会将更大。我学会了思考一个问题不仅仅需要从问题和答案或问题和解决方案的角度出发，还需要考虑到那些可能被忽略的主导方案。我希望我的想法不仅要正确，还要不同寻常。

在科学领域，逆向思维方法也很有用。如果你能辨别出主流的趋势和偏见是什么，就能猜到哪些可能是被忽略的。在我整个职业生涯中，一直遵循着这一策略，开始可能是习惯，现在则是一种个人倾向。事实证明，这既有好处，也有风险。好似你和其他人在同一猎场中狩猎，当你注意到别人都没有看到的地方时，就更容易发现更多有趣的猎物。人们认为你很有创造力，因为你的研究不同于主流；但这些研究也不太会被重视（毕竟，它与其他人正在研究的东西没什么关联）。你也更有可能因此而误入政治不正确的领域：政治正确性界定了哪些想法不应该被考虑，因此，一个人如果关注别人忽略的东西，将容易陷入政治不正确的危险中，这是一种不能掉以轻心的危险。

我在20世纪70年代读的大学，当时心理学正在进入后来被称为认知革命（cognitive revolution）的阶段。归因理论（attribution theory）已在社会心理学领域蓬勃发展；态度研究，尤其是认知失调（cognitive dissonance）研究也达到了顶峰。这两种理论都促使社会心理学家认真思考人的内心世界。然而，作为一个逆向思维者，我关注的是人与人之间发生的事情。我肯定人际过程没有受到重视和展开研究，因此我从这里找到了一个很好的切入点。例如，当别人谈论自尊（self-esteem）时，我关注的是自我呈现（self-presentation），这并不是自我概念本身，而是关注他人如何看待自己。事实上，20世纪80年代中期我编辑了第一本书《公众自我和内在自我》（*Public Self and Private Self*），在这本书中，我请撰稿人反思这些内在和外在过程是如何相互联系的。

格林伯格等人（1986）所撰写的一个不同寻常的章节是对这本书的贡献之一。我

㊀ “分数膨胀”是美国高校出现的一种GPA虚高现象，即学生整体的分数呈现普遍上涨趋势，得“A”的人越来越多。——译者注

曾读过他们中的两人所做的一些实验室研究文献，主要是人际事件如何影响个人自尊（Greenberg & Pyszczynski，1985）。我邀请他们在此基础上但突破这些研究本身参与这本书的撰写工作，他们最终在一些人类学著作（Becker，1973）的基础上，提出了一个关于人类动机的伟大理论。我所编的书中的这一章实际上是恐惧管理理论（terror management theory）的第一篇发表物，恐惧管理理论在后来变得相当有影响力。基于这一早期的联系，我常常和这些学者们在一些会议上进行交流。

20 世纪 80 年代期间，比布 · 拉塔内（Bibb Latané）每年夏天会在他位于北卡罗来纳州纳格斯海德的一处别墅举行小型会议。会议中通常有一个关于自我的主题研讨，我和恐惧管理的研究者经常参加。格林伯格他们三人也都会出席，所以他们的研究会成为会议重要主题之一。他们还会借此故意引起讨论。

他们理论的核心观点是，焦虑主要是由对死亡的恐惧引起的（这就是该理论名称中的“恐惧”）。可以肯定的是，有关恐惧和焦虑的研究证据向来不够充足，近来的研究也淡化了恐惧方面，但最初，这才是理论的核心。因此，该理论的核心观点其实是高度个人主义的，即一个人知道自己将要死亡，冥思苦想死亡问题，为此感到焦虑，进而采取各种行为来摆脱这种焦虑。其他人并不直接或有必要参与到这个过程中。

有一年，我、利里和黛安娜 · 泰斯（Dianne Tice）都出席了会议，听了有关恐惧管理的报告。在此之前，我们已经听过好几遍了。我们讨论了焦虑的恐惧管理理论。我们有各种理由怀疑焦虑是否真的与死亡有关。除了弗洛伊德（Freud）早期的理论认为男性的焦虑来自对阉割的恐惧，以及他后来的理论［由鲍尔比（Bowlby）和其他人进一步详述］认为社会分离（social separation）是焦虑的根源，我们并不知道其他焦虑研究者的想法。

到现在为止，我已经养成了刻意从人际角度看待事物的习惯，因此将社会分离视为焦虑成因的理论引起了我的兴趣。我认为，如果他们把恐惧管理理论的范畴扩展到不仅包括对死亡的恐惧，而且包括对社会拒绝（social rejection）的恐惧，那么恐惧管理理论就可以变得更加准确，更具吸引力。我走到恐惧管理理论学者们所在的房间，匹茨辛斯基（Pyszczynski）和所罗门（Solomon）在那里，愉快地谈论着各种想法。我向他们提出扩展他们理论的想法，将社会排斥（social exclusion）和分离焦虑（separation anxiety）纳入其中。他们点了点头，想了想，然后表示他们喜欢这个主意，并提出让格林伯格来负责。然而，第二天，他们告诉我格林伯格否决了这一理论扩展计划。他认为，在他们的理论中，死亡是恐惧的唯一来源。我一直在想，如果他们接受了我的提议，事情将会变得如何不同，毕竟当时他们三个人中有两个人是倾向于这样做的。

好奇心激起了我们的无畏，于是我和泰斯着手整理了一篇关于焦虑的文献综述。我们的目标只是找出导致焦虑的真正原因。我们真的找到了一些证据来支持恐惧管理的观点：有些人确实对受伤或死亡的可能性感到焦虑。但最大的刺激物是来自被拒绝和被遗弃的恐惧。这一观点随后演变成了一篇名为《焦虑和社会排斥》（Anxiety and Social Exclusion）的综述性文章（Baumeister & Tice，1990）。

我们不知道该在哪里发表这篇文章。C. R. 斯奈德（C. R. Snyder）和我们一起参加了在纳格斯海德举办的若干会议，并建议我们把文章发表在他主编的《社会与临床心理学杂志》（*Journal of Social and Clinical Psychology*）上。他说将把这篇文章作为一篇“靶子论文”（target article）㊀，并征求各方专家的评论。利里写了一篇评论，其他几个人也写了，这后来就变成了一场有趣的交流，只不过这场交流被恐惧管理三人小组的一篇极具敌对和防御性的评论所破坏。他们不仅对将社会分离焦虑纳入自己的理论不感兴趣，而且拒绝接受焦虑可能来自对社会分离的恐惧这一观点。

当这期杂志最终出版时，我以为事情算是告一段落了，但在第二年与利里的谈话中，他提出了一个至关重要的意见。他认为，我们的焦虑通常是由对社会排斥的恐惧引发的，尽管这大体上正确，但还不够深入。他认为与社会拒绝相比对社会归属（social belongingness）的关注引发了超越焦虑的感受和体验。他的意见是一次关键的飞跃，促进了我们理论的发展。

收集证据并撰写关于“归属需求”的文章（Baumeister & Leary，1995）是一次难忘的经历。我们不知道这将成为我们两人发表的文章中被引用最多的一篇。我们有时会担心，我们只是在证明一件大家都知道的事情，那就是，人们有建立社会联系的动机。

然而，证据的范围之广、形式之多，不断让我们感到惊讶。我们不断地遇到新的发现和模式，这些体现了归属需求的另一个应用方向。我们在一些意想不到的地方找到了归属需求的存在。人们非常易于且乐于建立社会联系，即使是在实验中一起经历电击（Latané et al.，1966）。人们不愿意让人际纽带破裂，甚至会持续与不认识的人交换圣诞卡片（Kunz & Woolcott，1976）。许多认知和情绪模式都与人际关系有关。

理论基础的构建

归属需求的核心思想是，人们有一个基本的、强烈的、普遍的动机来形成和维持至少一定数量的社会关系。这一观点的缺陷在于它过于简单且缺乏新颖性。其他理论家已经指出，人们有构建社会联系的内驱力。事实上，正如评审人会很快指出的，这并不是会遭到他人强烈反对的观点。大多数人格理论或多或少都曾提出，人们有某种与他人建立联系的内驱力。

因此，我们并没有发现某种新的动机。相反，我们的贡献是阐明这一动机的力量和影响范围。诚然，大多数人格理论认可归属这种内驱力的存在，但它往往被当作一种背景信息，被视为人性中相对次要和无趣的方面。例如，虽然弗洛伊德逐渐承认分离焦虑真实存在，它可能源于婴儿对母亲的依赖，但弗洛伊德理论中的核心动机仍然是性和攻击的内驱力。

“归属需求”这个词吸引了我和利里，因为它传达了一种比“亲和动机”（affiliation motive）更强大的力量感和急迫感。然而，“需求”这个词本身存在潜在的问题。归属需求是一种需求（need）还是一种欲望（want）？我们不得不兜个圈子来探讨一下元理论

㊀ 在国外学术期刊中，“靶子论文”往往由主编邀请撰写，以讨论领域内有争议的学术问题。——译者注

（metatheory）：是什么让内驱力转变为需求？在文章的前半部分，我们做出了回答，这取决于动机没有被满足时是否会带来实际的伤害。没有得到你需要的东西比没有得到你想要的东西意味着更多也更糟糕。但我们意识到这也不一定预示着动机的强度。性欲可能是一种非常强烈的动机，尤其是对某些人来说，但终究它是一种欲望而不是一种需求。没有人会因为缺少性生活而生病甚至死亡。事实上，性生活缺失并没有任何明显的伤害，有些人没有性生活也可以拥有健康、长寿和快乐的生活。

既然我们有了一个关于什么是需求的理论，就不得不面对这样一个问题，所谓的归属需求是否真的符合这些标准。幸运的是，证据显而易见。事实上，在审视归属需求的各个方面的过程中，我们不断发现相关证据远比我们预期的更有力、更丰富。不仅存在一些潜在伤害可以被追溯到严重的孤独上。甚至，似乎大多数的身心疾病都是由社会联系缺失而导致的。例如，一篇医学综述得出了这样一个惊人结论，即在所有的致死原因中，缺乏社会联系个体的死亡率要高于与他人建立良好联系的人（Lynch，1979）。

以这些发现为支撑，我们有理由断定与他人构建联系的内驱力不仅仅是一种欲望。至此，我们的暂定名称“归属需求”变成了正式的。

照例，这篇论文及其观点都得益于期刊审稿过程。审稿人和杂志编辑罗伯特·斯滕伯格（Robert Sternberg）敦促我们准确界定什么是归属（belongingness）。“归属需求”中具体需要的是什么？这仅仅是一种群体本能（herd instinct）[㊀]，或对亲和、陪伴的渴望吗？利里和我努力解决这个问题，寻找新的证据，形成和修订多种观点。我们确定了归属需求的两个核心问题。首先，个体想要一个互相关爱、互相关心的信念或原则，这个信念或原则蔓延至过去和未来。其次，个体想要一系列非负性的互动。以上两者若只得其一，则好似一招半式，勉勉强强但算不上完全令人满意。

互相关爱的信念蔓延至过去和未来，意味着即使再亲密，短暂的互动都是不够的。如果没有建立联结，多少人际互动都无法满足归属需求。事实和数据支持了这一观点。收费公路上的收费员每天可能与数百人甚至数千人互动，但这些非常简短的对话并不能满足其归属需求。性工作者每天可能与数十人有高度亲密的（“性行为”）互动，虽然他们也许不会像护林员和守夜人那样孤独，但也不会因此感到满足（McLeod，1982）。我们甚至发现一些性工作者为了与回头客建立起联系，牺牲了赚大钱的机会的证据（Symanski，1980）。此外，即使没有联系，人们也能从这些社会联结中获益。有关远距离亲密关系（long-distance relationships）的研究表明，即使长时间没有接触，这些关系也有显著意义（Gerstel & Gross，1982，1984）。例如，对已婚海员，特别是那些潜艇海员的研究表明，即便六个月没有接触或者仅仅收到封信，海员和他们的配偶们也很重视这种社会联结的价值（Harrison & Connors，1984）。所以，没有频繁互动的社会联结也是半瓶子水：比没有强但远不能让人完全满意。

㊀ 指追随大众的想法及行为，亦作“羊群心理”。——译者注

此外，互动又是如何呢？远距离亲密关系的研究表明，没有互动的关系好似缺失了什么，因此互动似乎也是很重要的。然而关于这个问题我们面临着一些相悖的发现，以至于无法简单地强调面对面接触是归属需求的第二大要素。这些发现强有力地表明，当面对面接触充满敌意、恶言、令人灰心丧气时，不会有什么好事发生。于是我们认为应当规定人们需要的互动是积极且愉快的。但是审稿人提出了异议，认为很多老朋友或结婚已久的夫妇即使没有强烈的积极体验，但在一起时也是感到满意的，我们认为上述异议有一定的合理性。不在一处工作的双职工夫妻表示，他们只想坐在一起看看电视，这并不是一种亲密的或有强烈情绪体验的互动。这些争议迫使利里和我暂时接受了这样一个事实：令人满意的互动不一定是积极的，只要不消极就行。因此，我们决定用"非负性"（non-negative）来描述与归属需求有关的行为。

审稿人提出的另一个挑战是，既然我们宣称归属需求为一个标准动机，就要让其理论看起来更像一个标准的动机理论。这也为我们造成了一些困难，因为我们对一个标准的动机理论应该是什么样子没有一个明确的认识。事实上，我们认为元动机理论仍处于蹒跚阶段（现在依然如此）。社会心理学家对认知理论应该包含哪些内容有着清晰的概念，但是对于动机理论，目前还没有一个公认的范式。不过，这个问题也是合理的，我们应该尝试解决它。

替代性（substitution）和满足性（satiation）作为动机的两个特征，似乎足够标准，我们应该看看是否能将其融入归属需求。替代比满足更容易解决。需要食物、饥肠辘辘的人可能会被一张汉堡的图片所刺激，但饥饿也可以被意大利腊肠三明治或意大利面满足。将此逻辑运用于归属需求之上，我们推断人们必然渴望最低程度的社会联系，且某种程度上这些联系可以互相替代。当然，人们最希望保持现有的关系，但如果失去了一段关系，拥有其他关系可以作为缓冲，满足一些同样的需求。

或许亲密关系为替代性假说提供了最为不利的证据，因为人们感到（并且受文化信息的鼓舞去相信）每一段爱情关系都是独一无二、不可替代的。然而，离婚数据一再表明，归属需求的替代性真实存在。当人们离婚时，出现各种不良行为和问题的倾向持续上升，而当他们再婚时，这种倾向又会下降，这表明至少在行为和健康后果方面，第二次婚姻是第一次婚姻的有效替代品。关于浪漫心碎的描述往往以悲剧为主题，即失去的爱情无法被取代，但大体上，这个人会找到另一个人，一个同样优秀甚至更好的人（Baumeister & Wotman，1992；Baumeister et al.，1993）。囚犯们被强行从他们的主要关系中脱离出来后，通常会在监狱里形成新的关系，有时这相当于精心设计的替代性家庭，这些家庭在当时很重要，甚至受到珍视，但通常在出狱后就被抛弃（Burkhart，1973；Giallombardo，1966；Toch，1977）。

要找到支持（哪怕是反对）动机满足性的证据，比替代性更困难。满足性是指即使你渴望某样东西，但在你得到了足够多时，至少在之后一段时间内你不再想要这样东西。对大学生群体的研究在这一方面有所帮助，因为学生不断接触其他人，原则上每天都可以与新的人互动，或者可以形成任何特定数量的稳定关系。但似乎他们主要建立四到六段友谊，以便他们大部分的互动都停留在特定的圈子里（Wheeler & Nezlek，1977）。满足性也体现在亲密关系中，当人们深深投入到某种亲密关系尤其是恋爱关系中时，他们会减少与朋友的社交活动，好像当特定关系足够令人满意时，他们对其他人的需要就减少了（例如，Milardo et al.，1983）。大体上，我们觉得可以为归属动机的满足性做一些试探性的解释，但还远远不够。归属理论的满足性假设至今仍待检验。

来自已有理论的挑战

正如我所说，归属需求的假定并不是革命性的。我们的贡献并不是发现了一种新的动机，而是提升了对动机影响范围和效力的已有认识。一些重要的理论曾提出高度相似的观点，但是，我们不得不对其加以处理，以将我们的研究适当地融入学术背景中。

20 世纪最著名的动机理论之一是马斯洛的需要层次理论（hierarchy of needs）（例如 Maslow，1968）。他列出了五种需要，归属需要占据了其中一种需要的半壁江山（他把对归属的需要和对爱的需要合并在一起）。此外，归属和爱的需要位于五种需要的中间。这一中间位置意味着归属需要必须在更基本的生理和安全需要得到满足后才能得到满足，但是它又优先于尊重和自我实现的需要。把归属需要置于中间，虽然从直觉看来这是合理的，但似乎又与我们宣称其是基本的、强大的需要不太相符。所幸，大多数验证马斯洛需要层次理论的实证研究都认为，马斯洛提出的需要层次是不正确的（例如 Wahba & Bridwell，1976）。人们在追求需要满足时确实突破了马斯洛提出的顺序。这也使得一些研究发现很容易被接纳，例如，人们可以为了建立关系而危害安全需要或放弃基本的动物性需求。

恐惧管理理论的竞争性观点已被关注到了。这三位理论家的进一步研究表明，逃避死亡是首要动机，与之相比，其他动机都是衍生的或次要的（Psyzczynski et al.，1997）。这对我们提出的归属需求的重要性和首要性进行了挑战。在他们看来，归属需求最多是逃避死亡恐惧动机的衍生动机之一。

我们认为有多种理由将归属需求置于首位。首先，婴儿在出生后的前几天，当被不管不理时会表现出恐惧和反抗，但直到若干年后，他们才知道自己终将死去。利里等（1994）进一步综述了一系列更具影响力的研究发现。这些发现表明，自我呈现行为会对健康造成风险和伤害。换言之，人们试图做些事情以给别人留下好的印象，即使这样会增加他们的死亡风险。人们晒日光浴（即使他们已经患皮肤癌）、骑摩托车不戴头盔、抽烟，或者做其他类似行为。显然，对归属需求有时会超过对死亡的恐惧。人们对归属的需求并非源于对死亡的恐惧。

此外，我们遭遇的另一挑战来自依恋理论（attachment theory），依恋理论最初是由约翰·鲍尔比（John Bowlby，1969，1973）创立的。他认为建立联系是基本内驱力的观点与我们对归属需求的看法一致。鲍尔比的理论主要是从弗洛伊德的理论中衍生出来的，但他对焦虑的理解弱化了弗洛伊德的阉割情境，而支持了更可信的关于分离焦虑的观点。除了鲍尔比的依恋理论，我们有什么新突破吗？

二者之间有着根本的区别。以弗洛伊德的观点为根基，鲍尔比把孩子和母亲的关系看作后续很多事情发生的根本原因，包括成年后的人际关系。在他看来，即使是工作了的成年人，在寻求和建立与上司的关系时，也映射了早前与母亲的关系。相比之下，我们认为孩子与母亲的关系只是归属需求的一种表现（尽管是早期且重要的）。在我们看来，成年后的归属需求、人际关系都是同一种内驱力的持续表现，而不是与母亲关系的后果。

理论的扩展：自尊作为社会计量器

当我们处理文章的评审意见并最终定稿时，在文章中做了一些延伸，增加了一些启示意义，以扩展理论范畴。在文章的某个部分，我插入了一两句话来暗示归属需求与自尊或许有关联。当利里将初稿寄回给我时，他增加了一些内容以及即将出版的章节中的一些参考文献。没想到关于这一点，他的想法比我要先进得多。他已经将一些基本的观点和数据整合在一起，形成了后来的社会计量器理论（sociometer theory）。我和利里一致认为，自尊问题应该加以重视、值得更多的探讨，但这篇文章已经很长，这样做会占据过多的篇幅。我们达成共识，之后要撰写另一篇文章来阐述自尊的意义。

后续的论文主要是利里的研究内容，也有一些我的想法，我们探讨了为什么人们关心自尊的问题（Leary & Baumeister，2000）。数十年来的大量研究表明，许多想法、情绪和行为都反映了一种对维护良好自我形象的关注。在20世纪80年代，这在直觉上是合理的，因为人们认为高自尊会产生各种各样的有益效果。然而，数据逐渐不再支持许多积极的假设，这让越来越多的学者开始疑惑，为什么人们如此关注那些似乎没有多少实际回报的东西（自尊）（综述见Baumeister et al.，2003）。解释之一是，情绪与自尊紧密相连，人们可以通过维护自尊来避免不愉快的情绪，但这并没有真正地回应问题：为什么情绪反应会和一些似乎无用的东西有如此紧密的联系？

归属感为理解自尊提供了一个强有力的背景。自尊的益处是微妙、不确定的，而归属感的好处则是清晰、强烈的。正如我们发现的那样，它贯穿一生。因此，如果自尊与归属感有所联系，那就可以解释为什么人们如此关注它。

在利里等（1995）的早期研究中，他们已经发现了自尊和归属感的联系。自尊的下降往往与归属感的减少有关，比如社会排斥和关系破裂。同时，自尊的增加与归属感的增加有关，比如获得一份新恋情或一份新工作。

当时的核心思想是，自尊是一种监测归属感的心理计量器。人类进化成了社交个体，所以需要与他人建立联系。社会隔离会给健康和幸福带来风险（当然，也会给个体的生育和繁衍带来风险），因此，如果开始被社会隔离时，某种警报出现了，个体的心理将从中受益。相反，社会接纳会改善一个人的生存和繁衍前景，因此个体持有一个内在标尺以积极方式衡量社会接纳水平，这也是有适应性意义的。随着社交归属感的改变，自尊或上升或下降，以此发挥适应性功能。

关于社会计量器论文（Leary & Baumeister，2000）的审稿意见促使我们更加聚焦。毕竟，自尊并不完全与人际依恋的数量和亲密性相关；如果人际依恋是自尊的意义所在，那么这一相关不应该趋近1（减去误差变异）

才对吗？此外，很明显，情绪会对接纳和拒绝产生强烈的反应，消极情绪（焦虑、悲痛、忧伤、嫉妒）与社会关系的丧失有关，而大量的积极情绪与社会接纳有关，那么将自尊作为一个社会计量器的附加价值是什么呢？

对于上述问题，我们的解决方式是，将自尊与预期的长期归属感而非个体归属感现状或短暂变化相联系。情绪足以对归属感的短暂变化做出反应。自尊则是一个相对稳定的评估，它不衡量你拥有的关系的数量多少，而衡量你有多大的可能拥有各种长期关系和其他的社会联结。

一个有说服力的迹象是，自尊量表的题目通常包含四方面特点，这些特点对于社会接纳和拒绝都是基础的。第一，所有的自尊量表都会问你是否讨人喜欢，是否能与他人相处融洽，这一点对于接纳至关重要。第二，这些量表都有评估能力的题目，这对个体是否能被雇用、是否被有任务在身的团队所需要至关重要。第三，许多（尽管不是全部）量表测量了外表吸引力（自我评价），这也是其他人是否喜欢和你在一起的有力决定因素。第四，有些量表包含了评价道德品质的题目，这些道德品质可被理解为服从群体规则个体的特征，如诚实、公平、可信、可靠、互惠。因此，群体和人际关系更青睐讨喜、能干、有魅力、道德良好的人。自尊也是基于这四个标准进行评定的。

将自尊与一个人是否有潜质或可能拥有良好的社会关系联系在一起，而不将现有的关系计算在内，就为自我欺骗（self-deception）提供了理论空间。一个没有朋友的人可能很难相信他现在拥有很多朋友，但是让自己相信很快就会有朋友，则相对容易一些（目前缺乏朋友的状态可以被归因为运气不好、环境特殊，或者是身边的人品位不好）。在自我欺骗时，人们的关注点是扭曲自尊这个计量器：他们说服自己相信，自己具备吸引他人的特质，而不通过真正地结交这些朋友来证明自己。

此外，关注关系的潜在性和可能性，也可以解释冒名顶替现象（impostor phenomenon），即一个人尽管拥有多个朋友和社交关系，但仍可能持有低自尊。这样的人可能会私下里害怕："一旦他们知道了我的真面目，就都会离开、抛弃我！"

将归属理论延伸至社会计量器模型中，不仅仅对解释自尊有显著意义。在人格、动机和自我概念领域，自尊是被最广泛研究的构念之一（见 Baumeister et al.，2003）。如果说自尊的主要功能是衡量人际关系和人际互动，其就意味着个体主要的心理建构是被人际事件所驱动的。

对我来说，社会计量器理论最显著的启示是：内心过程服务于人际功能（inner processes serve interpersonal functions）。放眼近几十年的社会心理学研究背景，这是一个略显激进的提法。我相信目前主流的理论和假设，均把人际事件视为内部心理过程的产物。这也是为什么人们如此关注认知、情感甚至是大脑的过程：研究者认为这可以为人际间发生的事情提供解释。我认为反过来看更加重要。人际事件最为重要，内心的变化本质上是对人际事件的适应也是人际事件的结果。

内心过程具备人际功能的观点，和我最初的假设和理论相距甚远。但我已经被说服，相信它是正确的、强有力的、暂未被重视的。如果归属需求确实是为数不多的最基本、最强大、最普遍的动机之一，内在心理过程和结构可能已经演化和发展以为之服务。

理论的延伸：归属感的性别差异

在我们发表第一篇关于归属需求的论文不久，我被要求审阅一篇文章，这篇由克罗斯和马德森（1997）所写的文章，将自我建构理论运用于性别差异问题。关于自我建构（self-construal），亦称作自我了解（self-knowledge）或自我概念（self-concept），马库斯和北山（1991）发现了一个重要的文化差异。正如他们所说，亚洲人倾向于认为个体是互依的，这意味着他们关于自我的信念集中于与他人的关系上，而西方人持有更多独立的自我建构，意味着其强调个人与他人的区别。克罗斯和马德森（1997）提出，上述区别同样适用于西方文化下的男女差异，即男性相对独立，而女性相互依赖。

这篇论文论证和写作都很好，但当我读到它时，我意识到其中一些论断对我们的归属需求理论提出了挑战。事实上，克罗斯和马德森认为男人没有归属需求，或者至少没有女人那么需要归属感。他们的观点和近来新兴的文化刻板印象一致，即女性比男性更善于社交。例如，戈特曼（1994）等人断言，女性是人际关系的专家，如果男性想要拥有良好的人际关系，他们应该听取女性伴侣的建议和指导，因为男性通常不像女性那样具备使人际关系成功的技能和知识。

克罗斯和马德森认为，自我建构的差异（以及潜在的社交动机）在攻击性的性别差异中是明显的。简言之，他们的论点是女性避免攻击，因为这可能会破坏一段关系。如果你打伤了某人，那个人可能不想和你继续维持关系。相比之下，他们认为，男性对人际关系的欲望和能力较弱，因此他们愿意保持攻击性，不因可能对人际关系造成伤害而退却。因此，男性缺乏归属感这一主题（尤其是结合克罗斯和马德森搜集的大量证据）是对归属需求理论普遍性的一个极大挑战。

大体上，当评阅一篇对我的研究存有挑战的论文时，我会尝试肯定质疑带来的裨益处，以弥补由于感觉自己受到攻击而产生的任何负性偏见。尽管不同意他们的结论，但我认为克罗斯和马德森有理有据地阐述了自己的观点。因此，我建议发表这篇论文。但是我单独联系了编辑，表明从我的角度来看，他们的发现可以用完全不同的方式来解释。编辑南希·艾森伯格鼓励我为他们的文章写一篇评论。克里斯廷·萨默和我开始重温克罗斯和马德森引用的文献，并寻找更多的证据。

从我们提出的理论来解释性别差异的话，归属分为两类，反映了两种不同的社交方式（Baumeister & Sommer，1997）。大多数心理学家和非专业人员优先考虑紧密和亲近的关系，在这方面也许女性确实是专家。然而，社交也有可能存在于更大的群体和社交网络中，我们认为在这些方面，男性的社交是强于女性的。因此，男性可以被视为同女性一样具有归属需求的社交个体，只是以不同方式在进行社交。

暂时回到攻击性的性别差异问题上来。其基本发现毋庸置疑，已经得到了反复的验证，即一般说来，男人比女人更具攻击性。但这真的反映了男性对亲密关系的漠不关心吗？大量证据表明，在亲密关系中，女性和男性一样具有攻击性（文献综述见 Archer，2000）。因此，女性比男性更有可能对伴侣或配偶进行身体攻击——从一记耳光到使用致命武器进行攻击。女性虐待儿童的次数也比男性多，尽管这在统计上很难更正，因为她们花在孩子身上的时间比男性要多得多。不过，认为女性避免暴力是因为害怕危及亲密关系的观点是站不住脚的。男性暴力不体现在家庭和恋爱关系中，而是对相对陌生和不太熟悉的人。在庞大的人际关系网络中，男性比女性更容易打斗。

因此，我们认为，攻击行为中的性别差异反映的不是对人际关系的冷漠，而是对人际关系的关注。女性看重亲密的关系，所以当觉得有必要的时候，她们会很有侵略性，就像男性一样。但是，女性不太在意大群体和社交网络中相对疏远或随意的联系，而男性不同，所以主要是男性在这些方面表现出了攻击性。

助人行为领域汇集的证据，极大地推动了我们的动机理论。克罗斯和马德森（1997）认识到，大量数据表明男性的助人行为比女性多。这对他们认为女性更具社会性的观点是一个挑战，他们努力将此与自己的理论调和。最终，他们觉得有必要引用女权主义的陈词滥调，即女性不助人是因为她们的社会化目的不是去帮助别人。但在我们的回应中，萨默和我指出，男性乐于助人的证据主要来自对陌生人和大群体的研究。在家庭或亲密关系中，如果有需要，女性比男性更乐于助人。因此，助人（一种主要的亲社会行为）和攻击（一种主要的反社会行为）的模式是一样的：在亲密关系中，男性和女性都会有助人和攻击行为，因为他们都在意亲密关系；但是在更大的社会网络中，男性更多投身助人和攻击行为，因为男性更加关心大型社会网络中的人际关系。

有趣的事情发生了，萨默和我在定稿之际参加了一个会议，利里也在那个会议上做报告。我把文章的手稿给他看，问他有什么想法。第二天，他告诉我，他读了文章的第一页，那一页提出了两类独立的归属感，他当下便认为这是完全错误的（“哦，不！”是他的原话），利里认为我正将我们的理论带向一个不幸、误导甚至有可能是愚蠢的方向。随后，他又补充道，等到他读了我们论文的其余部分，又被大量的证据说服，认为我们是对的！

这两篇论文同时发表，不同的解释激发了后续大量的研究。即便如此，研究证据支持了归属需求理论：在大群体和浅层的关系网络中，男性比女性有更强的社交动机，而女性则更强调亲近关系中的亲密性（例如，Benenson & Heath，2006；Gabriel & Gardner，1999）。

社交方式上的差异，实际上也是归属的两个类别，可以为解释很多人格方面的性别差异提供强有力的基础（参见 Baumeister，in press）。例如，人们普遍认为女性比男性更擅于表达情感。在以相互牵挂、关心和支持为特征的亲密关系中，乐于分享情感是有帮助的，因为两个人越了解对方的感受，他们就越能关心对方。但在一个庞大的群体中，一个人可能会有竞争对手和敌人，表现出所有的感受是有风险的。同样，大型网络比小型网络更具有经济交换关系的特征，相比于买卖双方有策略地隐藏感情，过于轻易表露感情不利于交易的进行。

因此，男性的情绪保留模式适合大群体，而女性的情绪表达模式更适合小群体。类似的论点也适用于许多其他的性别差异，例如能动（agency）与共生（communion）、男性自我中心（male egotism）、对能力的强调（emphasison competence）、竞争性（competitiveness）、等级制（hierarchy）与平等主义情绪（egalitarian sentiment）、平等（equality）与公平（equity）、基于规则的道德（rule-based morality）与所谓的“关怀伦理”（ethic of care）（Baumeister, in press）。

性别并不是我主要感兴趣的话题，我当初也没有想到上述想法会涌现出来，并进而让我修正了大量与性别有关的观点。但这的确是由归属理论衍生出来的另一派不同分支。

理论的检验：拒绝的影响

当我们就快完成归属需求的综述文章时，我开始思考实验室研究应该如何进行。我突然想到，如果归属感是一个基本的动机和需求，那么挫败它应该会产生各种消极的、防御性的或适应性的反应。我认为在实验室里通过操纵归属感可以引起个体强烈的反应。

我们尝试使用启动范示操纵拒绝（Sommer & Baumeister，2002），但效果并不好，一部分原因是我们不清楚启动是让人担心被拒绝还是让人感受到拒绝了他人。我想尝试一种现场互动研究，人们选择同伴，其中一个人可能会被告知，群体中没有人选择他。这似乎足以引发不愉快的情绪，或许还会引发一些行为反应。但组建团队完成这项任务似乎是一件很麻烦的事，而且由于各种原因，我无法说服我的研究生或博士后尝试这项工作。因此，这个想法一直被搁置，直到琼·特文格和我一起合作。她是研究人格的，在社会心理学方面涉猎不深，所以她怀着开放的心态来尝试操纵拒绝。

我们从一个关于攻击性的简单假设开始。被拒绝的人会因为被拒绝而感到不安，这种负面情绪会转化为更高的攻击性。伯科威茨（1989）重新审视了挫折-攻击理论（frustration-aggression theory），即便该理论不是社会心理学领域中的也是攻击领域中的支柱理论之一。他的结论是，所有的负面情感（不仅仅是挫折）都会驱动攻击。目前还不清楚在实验室里被拒绝会产生哪些负面情绪——挫折、失望、焦虑、悲伤、愤怒、嫉妒，等等，但这似乎并不重要，无论以哪种情绪为中介，攻击性都会增加。

关于拒绝和攻击的首次调查结果（Twenge et al.，2001）改变了我的研究计划，它直到今天仍然影响着我。在对行为进行操纵或对攻击性进行测量时，实验常常受到不确定性的影响，又或者因为方差较大而导致效应量较小，抑或遭遇其他问题。相比之下，我们得到的关于拒绝对行为的影响效应，是较强且可信的。被拒绝的被试比对照组被试更具攻击性，甚至对拒绝者以外的人也是如此。一项关于亲社会行为的平行研究也揭示了同样的效应，尽管那篇论文经历了近十年时间才终获发表（Twenge et al.，2007），在此期间，我们开展了一系列后续研究来寻找其中的中介变量，以使审稿人满意。然而，成功会吸引人们的兴趣。很快，我的大多数研究生都想开展关于拒绝和社会排斥的研究。新的研究程序和测量方式被开发出来，理论中关于拒绝的影响的空白也在逐渐被填补。

这些发现有两个方面令人惊奇。一是情绪的完全缺失。我们推论挫败一个强大的动机，如归属需求，会引起情绪上的痛苦，进而造成行为效应。我们反反复复地发现了较大且可信的行为效应，但是情绪却是缺失的。我们尝试了所有情绪的测量方式但依旧如此。被试拒绝表示他们因我们的拒绝操纵而感到不安。即使我们偶尔观察到了实验组和控制组之间的差异，也是因为被接纳组被试的情绪略微愉悦和积极，而被拒绝组被试的情绪是中性的。但是以上情绪的差异并没有间接影响行为。

另一个让人讶异的地方是，为什么被拒绝的人有攻击性，尤其是当他们没有被坏情绪冲昏头脑的时候。据推测，被拒绝的人应该想要与他人建立新的联系。有攻击性反而会适得其反，因为人们不喜欢有攻击性的人。当被拒绝时，最佳的、理性的、适应性的反应应该是努力变得更友善。为什么他们反而变得更有攻击性呢？这个问题也促使我们开展了进一步的研究。

关于情绪的新理论

于是，我们开始了关于归属需求的实验室研究，假设情绪是拒绝的影响的关键且有力的中介变量，换言之，情绪是行为的直接原因。这些假设一直未能得到支持。一项对近 200 项研究的元分析得出结论，被拒绝组的被试往往会产生一个较小但显著的情绪变化，从积极情绪向消极情绪转变，但通常会以情绪中立状态结束，而不是停留在消极情绪状态（Blackhart et al.，2009）。事实上，在实验室里被拒绝的被试表示，他们的感受不好也不坏。而且，即使是情绪上的这些小变化也不能驱动行为。这一出乎意料的失败，促使我们重新思考情绪的意义及其作用机制。

我们很好奇，情绪既不是一个中介变量，它也不是行为的直接原因，这是不是拒绝领域的独特现象？我们极力搜寻了本领域的主要期刊《人格与社会心理学杂志》（*Journal of Personality and Social Psychology*）从 1986 年到现在刊登的所有研究（DeWall et al.，2008），结果有些惊人。有 201 项研究报告了情绪作为中介变量影响行为的分析，但只有 17% 的结果是显著的（在 $p = 0.05$ 水平）。同样，在 146 项分析了情绪作为中介变量影响判断的研究中，只有 18% 达到了显著水平。因此，本领域的核心期刊上充斥着情绪的中介效应检验失败的研究。显然，一些人（包括论文作者、审稿人、编辑，抑或三者）都希望情绪是导致行为的直接原因。至少，在得出任何其他结论之前，研究者们必须先推翻情绪上因果关系的默认假设。

我们认为，情绪直接影响行为这一观点深深植根于心理学理论中。当我们开始阅读有关情绪的文献时，发现直觉上令人信服的理论反复出现，即恐惧使人逃离，从而促进生存，因此，情绪引起行为这一直接因果关系必须具有适应性目的。

然而，当人们对情绪直接导致行为的观点持怀疑态度时，无论是从其本身的差距和不足来看，还是从研究发现来看，它都变得站不住脚。极少研究表明了情绪对行为的直接影响（综述见 Schwarz & Clore，1996，2007）。即使当情绪确实引起行为时，加入适当的控制组似乎可以消除这些效应（Baumeister et al.，2007）。

最终，我们对情绪与行为的关系进行了重建（见 Baumeister et al.，2007）。与直接因果关系不同，情绪似乎是一个反馈系统（feedback system）。事情发生后，有意识的情绪会刺激人们反思、思考、进行反事实重演和其他认知过程，从而促进未来的学习。在这方面，情绪可以促进学习和最终的行为改变，但它并不适用于在当下引导行为。事实上，当人们根据当前的情绪状态采取行动时，结果往往是适得其反和适应不良（例如，Baumeister & Scher，1988；Leith & Baumeister，1996）。

即便如此，在我们的研究中，被试对操纵拒绝缺乏明显的情绪反应仍然令人费解。根据反馈理论（feedback theory）和直觉可以预测，人们对被拒绝会有强烈的情绪反应，即使这些反应并没有驱动行为。一些审稿人开始抱怨说，如果我们操纵社会排斥并没有引起情绪上的痛苦，那我们一定是做错了什么。

基于其他方面的研究，我们找到了可能的答案。潘克塞普（1998，2005）早在20世纪70年代就提出，当动物开始朝着社会化的方向进化时，就需要新的心理机制来应对社会事件。进化并没有创造出全新的社会功能，而是将社会功能附加到现有的、负责记录快乐和痛苦的构造上。这就造成了一种可能性，社会创伤产生了类似身体创伤会产生的影响，包括在休克状态下的短暂麻木，使动物在受伤的情况下完成战斗或逃生，不会因剧烈疼痛而被摧残。社会拒绝会产生同样的麻木感吗？

麦克唐纳和利里（2005）在一篇引人注目的文章中，综述了社会排斥和拒绝对生理痛（physical pain）造成影响的证据，这些研究主要来自动物文献。果然，由于被社会群体排斥，动物似乎对身体疼痛变得麻木。例如，被遗弃的幼鼠对疼痛变得相对不敏感。

出于对这种可能性的好奇，我们购买了一种用于施加和衡定身体疼痛的设备，并开始测量当我们阻碍被试归属需求的满足时，他们的反应是如何变化的。令我们惊讶的是，在经历了实验室操纵排斥的情况下，被试的疼痛敏感性迅速且显著地减弱了。更重要的是，随着痛觉的缺失，情绪反应也随之消失了，这与潘克塞普的理论一致。

显然，社会排斥会导致生理和心理上的麻木。情绪麻木（emotional numbness）甚至延伸到与拒绝没有关联的事情上，比如根据下个月重大足球比赛结果预测自身情绪状态，或是对一个腿骨折同学的困境的共情（DeWall & Baumeister，2006）。人们往往持有一种广泛且重复出现的情绪预告模式（即对自己未来情绪反应的预测）。在这种预告模式中，人们通常会高估自己的情绪反应，而在被拒绝者身上，连这种情绪预告模式都没有出现（Wilson & Gilbert，2003）。

尽管如此，我们凭直觉认为，人们可能会因为在我们的研究中被拒绝而感到稍许不安。也许休克和麻木反应抑制了有意识的情绪，但人们仍然应该有无意识的反应。因此，我们开始检验排斥操纵对内隐情绪的影响。例如，有一种观点认为，人们面对排斥会主动压抑自己的情绪，这样一来，他们不会报告任何外显情绪，但内隐反应仍会表现出相当大的痛苦。

这一系列调查的结果让我们非常震惊，以至于我们用不同的方式和不同的操纵方法进行了一次又一次的重复实验（但总是得到相同的结果）。社会排斥并没有增加无意识的痛苦，但是增加了无意识的积极情绪。经历了拒绝操纵的被试，其情感上积极想法及其联想的易得性增加了；消极想法及其联想在被拒绝组和控制组之间没有区别（Twenge et al.，2007）。

显然，当不好的事情发生时，人类的心

理会在短期内通过某种生化反应来应对（可能包括释放阿片类物质），从而产生麻木感，抑制和阻止即时的情绪反应。与此同时，大脑开始无意识地寻找快乐的想法及其联想。因此，当麻木消退，人们开始感受到情绪时，消极情绪会被在此期间被迫产生的积极想法削弱。

人性与文化

归属需求理论慢慢引导人们反思人性本身。推动这种反思可能需要一本书，一本试图囊括心理学信息，以面向更广泛、跨学科读者的书。可令人遗憾的是，当其他领域学者试图在研究中借鉴心理学思想时，他们依赖的仍然是弗洛伊德的体系。我认为通读我们的研究发现，对人性进行全新的、整合的、系统的解释是很重要的。

我的研究是逐渐推进的，因为我对人的心理是如何整合在一起的缺少总体思路。我基于问题而非答案进行检索。我认为这些问题是其他领域的学者想从心理学中了解的：人们想要什么？他们怎么想？他们的情绪有什么作用？人们如何行动？如何互动？他们是怎么成长的？我积累了大量的具体事实和结论，但直到后期，才获取了更广泛、更综合的见解。

从 1930 年的弗洛伊德回溯到哲学家卢梭，心理学乃至哲学理论长期以来都强调着个体和社会之间的基本冲突。我接受这一观点并撰写了关于个体和社会冲突的文章（Baumeister，1986a，1987）。但是，个体与社会之间是敌对的这一基本思想，与我阐述的人类心理框架不太相符。相反，个体的欲望、思考、感受和行动是用来促进文化互通的，而不是用于逃避文化或弥补文化缺陷的。

这把我带回了社会计量器理论的思想：内部心理过程具备人际功能。或许，人类心理的主要构成，尤其是那些人类专属的部分，主要是为了使得人们能够彼此互动而设计的。人类存在的基本事实不是个体与社会之间的冲突，而是二者的合作。

从亚里士多德到阿伦森，许多思想家都曾说过，人类是一种社会性动物（social animal），“社会性动物”一词已成为社会心理学的标准用语。的确，人类是群居动物，但我觉得这还远远不够。群居动物有很多，但使人类与众不同的，是我们发展出了高度先进的社交生活方式，特别是文化。所以我主张将人类称作文化动物（cultural animal）（Baumeister，2005）。

将人类称作文化动物是合理的吗？传统认为人类先进行了身体上的进化，之后才创造了文化。我倒是认为，愈加复杂的社交生活不断地要求人类进步，进而推动了身体的进化，创造出了更多的功能，事实上也正是这些功能和特征使我们成为人类。我注意到有理论学家已经开始围绕文化和身体功能的共同进化展开了争论（Boyd & Richerson，1985）。

与此同时，生态学家也开始争论说，在其他物种身上也可以观察到基本的文化形式（De Waal，2001）。如果文化存在于其他物种中，那么文化可能早于人类出现在地球上。这里有一个关键的启示，或许其他人还没有注意到。如果文化先于人类存在，那么文化很可能是人类进化过程中环境选择的一部分。这就意味着文化很可能塑造了人类能力的进化，即文化塑造了天性。

在一项令人瞩目的研究项目中，邓巴（1993，1998）提出了关于人类智力的革命性观点。智力在人性理论中占据着特殊地位，因为人类将物种名称（人）排在了智力之后，自称为“智人”（Homo sapiens）。像大多数学者一样，我认为人类智力的进化是为了解决自然环境中的问题，比如寻找食物和战胜捕食者。邓巴检验了各种这样的理论，但没有找到支持它们的证据。相反，他发现大脑的大小与社会网络的大小和复杂性有关，他称之为“社会性大脑”（social brain）假说。虽然他没有把人类纳入研究，但其启示性含义是显而易见的。我们的智力不是为了比熊和兔子更聪明而发展起来的，而是为了相互理解。

所有这些都使我们对归属需求有了新的认识。可以肯定的是，许多动物都有一种群体本能，其促使它们聚在一起。这样也更安全。但对人类来说，社会互动超越了群居本能。社会互动（包括文化）是人类的生物策略。人类建立的关系，不仅仅是亲密关系，还有更大的社交结构。这一结构包含了不同的角色、共享的信息，甚至是市场经济，正是这些给我们人类带来了非凡的生物学上的成功。

因此，文化是一种新的社交方式。归属需求不仅仅使人类想接近他人。随着信息加工能力的提升，它也使人类得以创造文化。当然，信息加工能力本身也是主要用于处理社交信息的，尤其是工作和就业方面的信息。

文化动物观着实让我再一次与我们这个领域的主流脱节，因此我似乎又被认为是逆向思维者。现如今，研究最大的主流方向之一是对大脑的探索。我支持脑研究，但也认为大多数心理学家都高估了从中可以学到的东西。我的感觉是，许多心理学家相信研究大脑将揭示人类行为的根本原因并获得最终解释。这也是为什么他们宁可暂停实际行为的观察研究，也要专注于大脑成像。他们认为社交行为和互动源于大脑内部发生的变化。

我认为事情并不是这样。渐渐地，人们会认识到大脑不过是一台纯粹的交换机，而不是行为的根本原因。根本原因存在于社会互动之中，大脑随之进化成现在的样子是为了促进社交。大脑只是进行内部心理过程的硬件设备，内部心理过程发挥了社交功能。我预测在二十年内，当我们绘制出大脑中所有不同位置及其活动之后，将意识到我们仍没有很好地解释社交行为——事实上，我们需要重新认真地审视社会互动，以理解大脑为什么是现在这样。人际关系不是由大脑创造的；相反，大脑是用来服务人际关系的。

男性、女性与文化

理解文化在人性中的核心地位，为重新思考性别差异指明了方向。最终，这些思想将为重新认识性别政治（gender politics）提供基础。在最近几十年里，性别政治已成为一种主流观点，即男性压迫女性是世界历史的主题。

前面我概括了两类归属感的理论和证据。其核心思想是，男性和女性对归属的需求有着细微的不同，女性主要关注亲密的关系，而男性则倾向于关注更庞大、更浅层的关系网络。

文化进步依赖于庞大的浅层关系网络，因为这些关系为共享信息、传播创新和通过经济贸易创造财富提供了丰富的机会（参见 Baumeister，2005）。我们假设，史前人类在某种程度上将社交划分为了男性和女性两类（可能基于狩猎者 – 采集者和其他任务差异），并且每一类社交都按照其中大多数人喜欢的方式进行。女性社交包含亲近、亲密的关系和成对的联结，男性社交则发展出更庞大、更浅层次的关系网络。因此，相比于女性社交，男性社交为文化发展创造了更优渥的土壤。

因此，财富、知识和权力在很大程度上是由男性社交创造的，这就是造成性别不平等的原因。性别不平等不是因为男人有过人的天赋和才能，也不是因为男人联合起来密谋压迫女人（这是两种主要的解释）。原因很简单，因为不同性别青睐的社会关系类型不同，男性领域在不断发展，而女性领域基本上保持不变。男性的庞大的浅关系网络，不像女性培养的亲密关系那样令人满意或有滋养作用，但它们有利于满足文化进步的要求，如信息传播、竞争性创新和经济交换。

我认为这一思路意味着在所谓的两性之战中，有实现休战的机会（参见 Baumeister，2007，in press）。没有必要认为一种性别优于另一种性别，也没有必要假定男女从根本上是敌人和对手，即男人成为压迫者，女人成为受害者。相反，通过不同的社交倾向和社交结构，男性和女性为群体和物种的福祉做出了各自的贡献。

因此，基于归属需求理论，人们可以对性别政治做出一个更友好、更温和的解释。与其把男性看成压迫者，把女性看成受害者，不如把两性理解为共同协作的关系。与女性的关系相比，男性的关系可能没有那么多情感上的滋养和亲密的满足感，但它们也提供了其他的优势。也许在这些优势中最重要的是，它们促进了各种互动和交流，使文化成为可能，并使其得以进步。

应用与启示

虽然我提出的许多理论的目标是理解人类，而不是改变世界，但在理论中有各种各样的启示和潜在的应用。最明显的是，关于拒绝的负面影响研究表明，培养一个包容的社会，让人们找到与他人建立联系的方式是十分重要的。在我们的实验室研究中，被社会排斥的人表现出更强的攻击性、更少的助人性，在合作任务中缺乏自我控制并表现出自我挫败行为，以及在智力任务中的表现变差。事实上，社会学家经常观察到，在许多社会中被排斥的少数群体表现出的正是这种社会不适应的情况：糟糕的学业和智力表现，暴力和犯罪，以及缺乏亲社会活动。尽管这些行为有时被视为被排斥的基础，但被排斥似乎是加剧甚至造成这些情况的原因之一。

因此，该理论对社会和组织的实践启示之一是，确保所有人，包括底层的人，都能感受到自己被社会接纳和包容。对于处在社会阶层顶端的人而言，他们感到自己影响巨大，这听起来很有诱惑力，但是被排斥者的破坏性反应将对所有人造成损失。

另一个对临床心理学家和其他人的启示是，人们似乎至少需要几段（也许是四段）密切关系，才能满足归属需求。简单地计算一个人感觉亲近的人的数量，可能是了解这个人的生活、圈子和预后的第一步。至于人们在生活中要如何做，那些密切关系太少的人可能会优先考虑寻找新的关系，而那些拥有足够密切关系的人可能很少再考虑建立新关系。在这个充斥着小家庭、单人家庭和短暂关系的摩登时代，越来越多的时间和精力可能被用于建立社会关系。

对性别政治的新认识也预示着社会的重大变革。消除成就方面全部的性别差异这一社会追求可能仍旧是徒劳。认为所有的性别差异源于男性的压迫，而通过造福女性即可消除差异同样会将人们引向失望。事实上，社会为改善女性利益所做的一切努力，可能会对男性造成伤害，这点在美国学校已经非常明显。因此，与其把男性和女性视为基本上完全相同的生物和敌人，不如把他们视为能结为良好伴侣的不同种类的物种。

结　论

归属需求理论已经从一个关于渴望和睦相处的简单见解，演变成了一个由相互关联的思想组成的大综合体。这些思想涉及人性、文化、性别、情绪以及内心和人际过程之间关系等基本问题。

这项工作还远未完成，有可能取得进一步的进展。关于基本理论的一些方面，比如人们在拥有足够的关系后是否会感到满足，仍是有待进一步研究的问题。但是，既然该理论是从一些意料之外的联系和发现中发展起来的，预测其下一步将走向何方似乎稍显鲁莽。

归根结底，对于心理学来说，重新认识人与人之间发生的事情是至关重要的。人类的内心发生了什么也很重要，但往往心理有变化是因为人际有了变化。内部心理过程具备人际功能。归属需求是关于人性的一个基本且强有力的事实。

参考文献

Archer, J. (2000) Sex differences in aggression between heterosexual partners: A meta-analytic review. *Psychological Bulletin, 126*, 697–702.

Baumeister, R.F. (1986a) *Identity: Cultural Change and the Struggle for Self.* New York: Oxford University Press.

Baumeister, R.F. (ed.) (1986b) *Public Self and Private Self.* New York: Springer-Verlag.

Baumeister, R.F. (1987) How the self became a problem: A psychological review of historical research. *Journal of Personality and Social Psychology, 52*, 163–176.

Baumeister, R.F. (2005) *The Cultural Animal: Human Nature, Meaning, and Social Life.* New York: Oxford University Press.

Baumeister, R.F. (2007) Is there anything good about men? Invited address presented to the American Psychological Association, San Francisco, August.

Baumeister, R.F. (2010) *Is There Anything Good About Men? How Cultures Flourish by Exploiting Men.* New York: Oxford University Press.

Baumeister, R.F., Campbell, J.D., Krueger, J.I. and Vohs, K.D. (2003) Does high self-esteem cause better performance interpersonal success, happiness, or healthier lifestyles? *Psychological Science in the Public Interest, 4*, 1–44.

Baumeister, R.F. and Leary, M.R. (1995) The need to belong: Desire for interpersonal attachments as a fundamental human motivation. *Psychological Bulletin, 117*, 497–529.

Baumeister, R.F. and Scher, S.J. (1988) Self-defeating behavior patterns among normal individuals: Review and analysis of common self-destructive tendencies. *Psychological Bulletin, 104*, 3–22.

Baumeister, R.F. and Sommer, K.L. (1997) What do men want? Gender differences and two spheres of belongingness: Comment on Cross and Madson (1997). *Psychological Bulletin, 122*, 38–44.

Baumeister, R.F. and Tice, D.M. (1990) Anxiety and

social exclusion. *Journal of Social and Clinical Psychology, 9*, 165–195.

Baumeister, R.F., Vohs, K.D., DeWall, C.N. and Zhang, L. (2007) How emotion shapes behavior: Feedback, anticipation, and reflection, rather than direct causation. *Personality and Social Psychology Review, 11*, 167–203.

Baumeister, R.F. and Wotman, S.R. (1992) *Breaking Hearts: The Two Sides of Unrequited Love.* New York: Guilford Press.

Baumeister, R.F., Wotman, S.R. and Stillwell, A.M. (1993) Unrequited love: On heartbreak, anger, guilt, scriptlessness, and humiliation. *Journal of Personality and Social Psychology, 64*, 377–394.

Becker, E. (1973) *The Denial of Death.* New York: Free Press.

Benenson, J.F. and Heath, A. (2006) Boys withdraw more in one-on-one interactions, whereas girls withdraw more in groups. *Developmental Psychology, 42*, 272–282.

Berkowitz, L. (1989) Frustration-aggression hypothesis: Examination and reformulation. *Psychological Bulletin, 106*, 59–73.

Blackhart, G.C., Knowles, M.L., Nelson, B.C. and Baumeister, R.F. (2009) Rejection elicits emotional reactions but neither causes immediate distress nor lowers self-esteem: A meta-analytic review of 192 studies on social exclusion. *Personality and Social Psychology Review, 13*, 269–309.

Bowlby, J. (1969) *Attachment and Loss. Vol. 1: Attachment.* New York: Basic Books.

Bowlby, J. (1973) *Attachment and Loss. Vol. 2: Separation Anxiety and Anger.* New York: Basic Books.

Boyd, R. and Richerson, P.J. (1985) *Culture and the Evolutionary Process.* Chicago: University of Chicago Press.

Burkhart, K. (1973) *Women in Prison.* Garden City, NY: Doubleday.

Cross, S.E. and Madson, L. (1997) Models of the self: Self-construals and gender. *Psychological Bulletin, 122*, 5–37.

De Waal, F. (2001) *The Ape and the Sushi Master: Cultural Reflections of a Primatologist.* New York: Basic Books.

DeWall, C.N. and Baumeister, R.F. (2006) Alone but feeling no pain: Effects of social exclusion on physical pain tolerance and pain threshold, affective forecasting, and interpersonal empathy. *Journal of Personality and Social Psychology, 91*, 1–15.

DeWall, C.N., Baumeister, R.F. and Bushman, B.J. (2008) How frequently does emotion mediate behavior: A survey of articles in the *Journal of Personality and Social Psychology.* Manuscript submitted for publication.

Dunbar, R.I.M. (1993) Coevolution of neocortical size, group size, and language in humans. *Behavioral and Brain Sciences, 16*, 681–694.

Dunbar, R.I.M. (1998) The social brain hypothesis. *Evolutionary Anthropology, 6*, 178–190.

Freud, S. (1930) *Civilization and Its Discontents* (J. Riviere, trans.). London: Hogarth Press.

Gabriel, S. and Gardner, W.L. (1999) Are there 'his' and 'her' types of interdependence? The implications of gender differences in collective and relational interdependence for affect, behavior, and cognition. *Journal of Personality and Social Psychology, 75*, 642–655.

Gerstel, N. and Gross, H. (1982) Commuter marriages: A review. *Marriage and Family Review, 5*, 71–93.

Gerstel, N. and Gross, H. (1984) *Commuter Marriage: A Study of Work and Family.* New York: Guilford Press.

Giallombardo, R. (1966) *Society of Women: A Study of a Women's Prison.* New York: Wiley.

Gottman, J.M. (1994) *What Predicts Divorce?* Hillsdale, NJ: Erlbaum.

Greenberg, J. and Pyszczynski, T. (1985) Compensatory self-inflation: A response to the threat to self-regard of public failure. *Journal of Personality and Social Psychology, 49*, 273–280.

Greenberg, J., Pyszczynski, T. and Solomon, S. (1986) The causes and consequences of self-esteem: A terror management theory. In R. Baumeister (ed.), *Public and Private Self.* New York: Springer-Verlag.

Harrison, A.A. and Connors, M.M. (1984) Groups in exotic environments. In L. Berkowitz (ed.), *Advances in Experimental Social Psychology, 18*, 49–87. New York: Academic Press.

Kunz, P.R. and Woolcott, M. (1976) Season's greetings: From my status to yours. *Social Science Research, 5*, 269–278.

Latané, B., Eckman, J. and Joy, V. (1966) Shared stress and interpersonal attraction. *Journal of Experimental Social Psychology Supplement, 1*, 80–94.

Leary, M.R. (1990) Responses to social exclusion: Social anxiety, jealousy, loneliness, depression, and low self-esteem. *Journal of Social and Clinical Psychology, 9*, 221–229.

Leary, M.R. and Baumeister, R.F. (2000) The nature and function of self-esteem: Sociometer theory. In M. Zanna (ed.), *Advances in Experimental Social Psychology, 32*, 1–62. San Diego: Academic Press.

Leary, M.R., Tambor, E.S., Terdal, S.K. and Downs, D.L. (1995) Self-esteem as an interpersonal monitor: The sociometer hypothesis. *Journal of Personality and Social Psychology, 68*, 518–530.

Leary, M.R., Tchividjian, L.R. and Kraxberger, B.E. (1994) Self-presentation can be hazardous to your health: Impression management and health risk. *Health Psychology, 13*, 461–470.

Leith, K.P. and Baumeister, R.F. (1996) Why do bad moods increase self-defeating behavior? Emotion, risk taking, and self-regulation. *Journal of Personality and Social Psychology, 71*, 1250–1267.

Lynch, J.J. (1979) *The Broken Heart: The Medical Consequences of Loneliness*. New York: Basic Books.

MacDonald, G. and Leary, M.R. (2005) Why does social exclusion hurt? The relationship between social and physical pain. *Psychological Bulletin, 131*, 202–223.

Markus, H.R. and Kitayama, S. (1991) Culture and the self: Implications for cognition, emotion, and motivation. *Psychological Review, 98*, 224–253.

Maslow, A.H. (1968) *Toward a Psychology of Being*. New York: Van Nostrand.

McLeod, E. (1982) *Women Working: Prostitution Today*. London: Croom Helm.

Milardo, R.M., Johnson, M.P. and Huston, T.L. (1983) Developing close relationships: Changing patterns of interaction between pair members and social networks. *Journal of Personality and Social Psychology, 44*, 964–976.

Panksepp, J. (1998) *Affective Neuroscience: The Foundations of Human and Animal Emotions*. New York: Oxford University Press.

Panksepp, J. (2005) Why does separation distress hurt? Comment on MacDonald and Leary (2005). *Psychological Bulletin, 131*, 24–230.

Pyszczynski, T., Greenberg, J. and Solomon, S. (1997) Why do we need what we need? A terror management perspective on the roots of human social motivation. *Psychological Inquiry, 8*, 1–20.

Schwarz, N. and Clore, G.L. (1996) Feelings and phenomenal experiences. In E.T. Higgins and A. Kruglanski (eds), *Social Psychology: Handbook of Basic Principles*, pp. 433–465. New York: Guilford Press.

Schwarz, N. and Clore, G.L. (2007) Feelings and phenomenal experiences. In E.T. Higgins and A. Kruglanski (eds), *Social Psychology: Handbook of Basic Principles*, 2nd Edition. New York: Guilford Press.

Sommer, K.L. and Baumeister, R.F. (2002) Self-evaluation, persistence, and performance following implicit rejection: The role of trait self-esteem. *Personality and Social Psychology Bulletin, 28*, 926–938.

Symanski, R. (1980) Prostitution in Nevada. In E. Muga (ed.), *Studies in Prostitution*, pp. 246–279. Nairobi: Kenya Literature Bureau.

Toch, H. (1977) *Living in Prison: The Ecology of Survival*. New York: Free Press.

Twenge, J.M., Baumeister, R.F., DeWall, C.N., Ciarocco, N.J. and Bartels, J.M. (2007) Social exclusion decreases prosocial behavior. *Journal of Personality and Social Psychology, 92*, 56–66.

Twenge, J.M., Baumeister, R.F., Tice, D.M. and Stucke, T.S. (2001) If you can't join them, beat them: Effects of social exclusion on aggressive behavior. *Journal of Personality and Social Psychology, 81*, 1058–1069.

Wahba, M.A. and Bridwell, L.G. (1976) Maslow reconsidered: A review of research on the need hierarchy theory. *Organizational Behavior and Human Performance, 15*, 212–240.

Wheeler, L. and Nezlek, J. (1977) Sex differences in social participation. *Journal of Personality and Social Psychology, 35*, 742–754.

Wilson, T.D. and Gilbert, D.T. (2003) Affective forecasting. In M.P. Zanna (ed.), *Advances in Experimental Social Psychology, 35*, 345–411. San Diego: Academic Press.

第2章

社会计量器理论

马克·R. 利里（Mark·R. Leary）

喻绘先[一] 译 蒋奖[二] 审校

摘 要

社会计量器理论（sociometer theory）提出，自尊（self-esteem）是一种心理度量，用于衡量人们感知到自己在人际关系中被他人看重的程度以及在社会中被接纳的程度。社会计量器理论将自尊作为一个对人际接纳与拒绝进行监测和回应的系统的输出结果，这一点不同于大多数其他理论对于自尊的解释，因为这意味着人们既不需要也没有动机去追求自尊本身。相反，根据社会计量器理论，当人们好像是为了保护或提高自尊而做某件事时，他们的目标通常是保护或提高他们在关系中的价值，从而提高其获得人际接纳的可能性。本章回顾了以前关于自尊的概念理解，考察了社会计量器理论的发展过程和具体内容，回顾了支持该理论三项中心假设的研究证据——接纳和拒绝影响状态自尊，状态自尊与社会接纳感知相关，以及特质自尊反映了人们对其得到接纳的总体能力或关系价值的感知。本章还涉及了对社会计量器理论的常见异议，以及该理论对于临床和社会干预的启示。

引 言

自尊属于社会和行为科学中最被广泛研究的概念之一。超过30000份已发表的文章或书籍章节的题目或摘要中包含了“自尊”这个词，数十万篇文章或书籍章节中也毫无疑问地提到了自尊一词。如此程度的学术兴趣意味着理论家、研究者以及从业者认为自尊是一个格外重要的构念，其有助于解释大量的人类思维、情绪以及行为。对于自尊的痴迷也悄然影响了公众的思维。自尊不仅是畅销书籍和杂志文章中的一个常见话题，而且多数人似乎相信自尊是快乐、幸福以及成功的必备元素。

[一] 北京师范大学心理学部

[二] 北京师范大学心理学部

奇怪的是，尽管自尊受到了如此多的关注，但在20世纪的大部分时间里，很少有理论家试图解释为什么自尊具有心理上的重要性，它的作用是什么，或者为什么它值得如此多的关注。社会计量器理论的提出就是为了解释自尊的功能以及解读它和一系列心理现象之间已知的关系。

知识背景

关于自尊的早期观点

在心理学中，自尊最早为人注意的现身是在詹姆斯（1890）的教科书——《心理学》中。在关于自我的章节中，詹姆斯讨论了和“自我欣赏”（self-appreciation）[在他那里指的是自我评价（self-evaluation）] 相关的感受。根据詹姆斯的观点，人们自我感受（self-feelings）的主要来源包含了他们“实际取得的成功或失败，以及他们在这个世界上实际占有的或好或坏的位置”(James，1890：182）。他还谈到，自尊不仅取决于人们在生活中的实际成果，也取决于他们如何相对于其抱负判断其成果。他提供了一个简单的公式，即自尊反映了一个人的成功与其抱负的比值，并认为人们可以改变他们的自我感受，因为“这个分数的增大不仅可以通过增加分子还可以通过减少分母来实现”(James，1890：187）。尽管詹姆斯认为人们希望自我感觉良好而不是糟糕，但他并没有讨论自尊可能发挥的功能。

后来的大多数理论家都跟随詹姆斯的思路，提出了关于自尊的原因和结果的观点，但是他们都没有想过为何人们有自尊的能力，或者说自尊可能发挥什么功能这个问题。例如，罗杰斯（1959）将自尊看作人们从他人那里获得的积极关注程度的结果。他认为，为了成为机能充分发挥的人，人们本能地需要他人的积极关注（如爱、感情、关注、培育）以及积极的自我关注（self-regard，即自尊）。然而，因为积极关注经常取决于以某种方式行事或做某种人，所以，人们为了获得积极关注，往往朝着与自己自然倾向和最佳兴趣相反的方向扭曲自己。在这个过程中，自我关注也变得具有条件性，以至于只有当自己满足别人的标准而不是实现自己的潜能的时候，人们才会有良好的自我感觉。尽管违逆自己兴趣、价值观、人格以及倾向行事的人往往比那些遵从自己天性倾向的人过得更差，但罗杰斯以及其他人本主义者并没有清晰指出自尊在这个过程中的作用。因为这个过程也可以被解释为人们服从与自己天性相悖的社会压力，而这种解释完全不涉及自尊这个概念。

一旦建立了人们需要自尊这个假设，理论家就开始用人们对自尊的追求来解释某些行为。布兰登（1969）特别强调了对于自尊的基本“需要”在人类行为中的作用。相比于多数理论家，布兰登对自尊的看法特别不具社会性，因为他认为自尊的基本“支柱”存在于心灵内部过程，包括自我觉察、整合性、个人责任，以及诚实面对自己(Branden，1983）。

自尊的功能性解释

基于罗杰斯（1959）、布兰登（1969）以及其他人的著作，人们需要自尊的观念已经成为一个根深蒂固的假设，但是很少有理论家处理一个更为广泛的问题，即人为何需要自尊，它是做什么的，或者为何缺乏自尊看上去与糟糕的心理健康状况相关。然而，在 20 世纪 70 到 80 年代之间，三个关于自尊本质的功能性视角涌现了出来。

自尊促进适应性行为与心理幸福感

对自尊功能的解释中最广受支持的是，自尊促进成功和心理幸福感（Bandura，1977；Greenwald，1980；Taylor & Brown，1988）。自尊与快乐和成功相关联的证据让很多人得出结论，认为自尊促进积极结果。例如，研究表明高自尊的人比低自尊的人在失败之后表现得更好，更有可能在挫折面前坚持（Perez，1973；Shrauger & Sorman，1977）。此外，研究表明特质自尊和更高的学业成就相关（Bowles，1999；Hansford & Hattie，1982），也与更丰富的社交生活相关（Glendinning & Inglis，1999；LePine & Van Dyne，1998）。这些发现让很多人下结论，认为高自尊促进多种积极结果，人们因为这些好处寻求自尊。总的来说，理论家并没有解释为什么自尊和这些结果有关联，但是在当时，这种关联看上去不容置疑（Taylor & Brown，1988）。

然而，对于自尊的这种解释至少有三个缺点。第一，它没有解释为什么只是自我感觉良好就能带来积极结果。这些解释中的很多都混淆了自尊（关于自我的情感体验）和自我效能（对于一个人有能力实现想要结果的信念）。尽管关于自我效能的信念会促进动机、坚韧性以及积极情绪（Bandura，1977；Cervone et al.，2006），但是否仅仅对自我感觉良好就能提高目标导向行为，这一点尚不清晰。

第二，对于自尊和积极结果，包括成就、人际关系成功、适应以及社会问题之间关系的文献回顾表明，这些关系远远弱于我们通常所认为的（Baumeister et al.，2003；Mecca et al.，1989）。这个事实并没有否定高自尊可能与有益结果有关联，但是它提出了一个问题，即是否自尊动机的功能就是促进这些结果。

第三，很多理论家犯了从相关中推断因果的谬误。几乎所有的证据都表明，自尊和积极结果是相关的，但是很多研究者都得出了自尊是原因这个结论。很少有研究者想到这种可能性，即像学业或社会成功这些积极结果才是自尊的原因，或者自尊、积极情绪以及行动有效性是同时由某个其他过程产生的效应。

自尊是地位或主导性的信号

另一种视角是由泰代斯基和诺曼（1985）以及巴尔科（1980）以不同的方式提出来的。他们认为，自尊是一个人对他人的影响力或主导性的一个指标。泰代斯基和诺曼（1985）认为，感到自尊对人们而言意味着他们对别人有影响力或权力，人们之所以寻求自尊是因为它是一个强化物，与之联系的是“社会影响的促进和奖励的获取”（Tedeschi & Norman，1985：310）。换言之，人们寻求自尊是因为能带来高自尊的行为与对他人有影响力相联系。

巴尔科（1980）以进化行为学为基础做了类似的解释。在进化历史中，在一个社会群体中占有主导性的程度与对配偶和其他资源更高的可及性相关，这种相关的程度越高，监测和提高自己相对社会位置就越具有适应优势。当人类发展出思考自我的能力时，他们可能也已经发展出了评价和提高他们相对主导性的机制。自尊与拥有地位和成为主导的联系越大，人们越有可能不因为自尊的内在价值，而因为它意味着主导性去寻求自尊。

很少有研究直接检验自尊监测主导性的假设，尽管有研究表明，相对于主导性不强的人，主导性强的人倾向于有较高的特质自尊（Heaven，1986；Leary et al.，2001；Raskin et al.，1991）。更进一步说，两个操纵了被试对其主导性感知（通过改变他们认为别人愿意他们做组长的程度）的实验表明，主导性感知可以影响状态自尊。尽管自尊与体现地位和主导性有关这个观点有一定的优点，但这些解释没有完全说明所有影响自尊的因素，或者人们追求自尊提升的所有实例（Leary et al.，2001）。

自尊降低存在焦虑

恐惧管理理论（terror management theory）关注人们用来抵御想到自身死亡和绝灭时所感到的存在性恐惧的心理和行为策略（Solomon et al.，1991）。根据恐惧管理理论，自尊会降低令人感到无力的恐惧，因为相信自己是有意义宇宙中的有价值个体能够减轻和死亡相关的焦虑，同时高自尊也与相信自己符合重要的文化价值相关（Pyszczynski et al.，2004）。因此，高自尊的人会因为自己实现了不朽而感到安心，这种不朽要么是字面意义上的进入天堂或者得到转世，要么是象征意义上的其影响在死后会留存后世。不管哪种情况，自尊都缓冲了他们可能感到的焦虑。

和主导性理论（dominance theory）一样，恐惧管理理论偏离了长久以来的认为人们需要自尊本身的假设，走向了人们寻求自尊是因为它有一个重要功能的思想。此外，和主导性理论一样，恐惧管理理论为自尊何以与他人眼中的社会位置有关提供了有说服力的解释：焦虑缓冲机制只有在人们认为他们是文化标准下一个有价值的人时才有效。

作为一个关于普遍的存在焦虑对人类行为的影响的理论，恐惧管理理论有很多值得推荐的地方，而且大量的研究支持了它的中心假设（Pyszczynski et al.，2004）。但它对于自尊的解释的实证支持最为薄弱。尽管如这个理论所预测的，自尊与焦虑有关，但是几乎所有其他自尊理论也可以解释这一发现。

关键问题

上述所有视角都提供了关于自尊的本质洞见，但是每一个视角都留下了悬而未决的问题，没有一个能解释所有已知发现的模式。有两方面问题特别重要。首先，大多数理论家假设自尊反映了一个私己的自我评价，即人们将自己与个人标准或理想自我进行比较。然而，研究表明，自尊与人们认为别人对他们的看法和评价的关联强度并不逊于自尊与自我认知的关联强度（Leary & Baumeister，2000）。如果自尊反映的是人们私己的自我评价，与人际考虑无关，那么为什么他人评价对自尊有如此强烈的影响？如果这样问的话，多数理论家的回答不是重复了库利（Cooley，1902）的观念，即人们用社会反馈来推断他们的特征，就是坚持认为将自尊建立在他人评价上反映了人们对他人观点的不健康依赖（Bednar et al.，1989；Deci & Ryan，1995；May，1983；Rogers，1959）。

其次，这些视角都认为提高或保护自尊的动机总体而言是有益的，即使这样要求人们对自己怀有自我服务错觉（self-serving illusion）（Taylor & Brown，1988）。然而，另一些人认为自我服务偏差（self-serving bias）是适应不良的表现，因为对自己能力和优点的错误认知容易导致错误的行为考量和适应不良（Branden，1969；Colvin & Block，1994；Robins & Beer，2001）。如果我们假设适应和成功要求人们足够准确地估计自己的特点和能力，那么对自己能力的高估、编造借口以及不公平地指责他人可能会降低而非提高表现以及幸福感（Baumeister et al.，1993；Colvin & Block，1994；Robins & Beer，2001）。如果是这样的话，为什么人们有一个提高自尊的内在需要呢？

关于社会计量器理论发展历史的个人叙述

关于社会计量器理论的想法开始于 20 世纪 90 年代前期，当时围绕自尊这个概念有很多问题和争议。受到进化心理学这个新兴领域的部分启发，我开始思考自尊的适应性价值。我一开始的假设是，如果自尊以及自尊动机真如心理学家认为的那么重要，那么它们应该有某个重要的基本功能，而不只是让人对自己感觉良好或糟糕。主导性理论（Barkow，1980）和恐惧管理理论（Solomon et al.，1991）都提供了这种论点，但是缺乏广泛的合理性。一方面，研究发现自尊与得到喜爱而不是占据主导地位的关联更强。另一方面，我不能理解为什么进化过程会创造一个自尊系统来降低有机体对死亡的恐惧，而这正好是恐惧管理理论的观点。我同时也认为由恐惧管理理论指出的根植于文化的过程只有在文化出现之后才会发生，而那仅仅是在四万到六万年前（Leary，2002，2004）。

几乎在同一时间，我也开始感兴趣于人际接纳和拒绝对情绪和行为的效应。我的很多早期研究都涉及人们对他人如何认识和评价自己的关切，但是在 20 世纪 90 年代早期，我开始意识到，人们希望受到积极评价的背后有一个根本的关切，即希望自己被接纳以及有群体归属感。几乎同时，我受邀写了一篇对鲍迈斯特和泰斯文章（Baumeister & Tice，1990）的简短回应，他们提出人们很大一部分焦虑来源于对归属和接纳的重视。我在评论（Leary，1990）中提出，尽管鲍迈斯特和泰斯很可能是正确的，但很多其他社会情绪包括嫉妒、孤独以及抑郁都可能是对拒绝的反应。

不仅如此，在回顾人际拒绝和情绪之间关系的文献时，我发现社会排斥总是不仅和消极情绪有关，也和更低的自尊有关，并且能够激发消极社会情绪的事件往往也能降低自尊。在讨论这个事实时，我提出一个想法，即自尊可能：

> 反映了个体对其所做行为如何影响社会接纳和排斥的评估。“状态”自尊和个体对即刻情境中的接纳评估有关；“特质”自尊是个体所经历的排斥与接纳历史的汇总（Leary，1990：227）。

此外，我认为“人维持自尊的行为，不是因为需要维持自尊本身，而是因为这些行为降低了他们被忽视、回避或拒绝的可能性”，并且被理解为维持自尊的行为方式，比如寻求认可、自我设障（self-handicapping）以及自我服务归因（self-serving attributions），都是保持或提高社会接纳的方式（Leary，

1990：227）。

这两个推断在那时只有间接的实证支持，现在已经成为社会计量器理论的基石。当我和我的学生开始研究这些想法时，现在已故的迈克尔·克尼斯邀请我为他编辑的一本关于自尊的书写一个章节，我借此机会列出了社会计量器理论的基本思想，相比于在有同行评审的文章中，在书里我更少地受到当时因缺乏实证证据而束手束脚（Leary & Downs，1995）。大概在同一时间，我和我的学生发表了一篇包含五个研究的文章，为这个理论提供了最早的直接检验（Leary et al.，1995）。

社会计量器理论：具体内容

社会计量器理论的核心假设是，自尊是人们感知到的，自己在关系中被看重以及在社会中被其他人接纳的程度的一种主观度量。状态自尊，即人们当前对自己的感受随着情境中事件的变化而变化，它反映了在当前情境或很近的将来，人们感觉其受到或可能受到他人看重或接纳的程度。特质自尊，即跨时间跨情境下人们的一般或总体自尊，它反映的是人们感觉总体上受到他人看重或接纳的程度。社会计量器理论和多数早期关于自尊的解释不一样，因为它认为自尊本身没有价值，人们既不需要自尊也不是受自尊本身的驱动而追求自尊。相反，自尊被看作一个对人际接纳和拒绝相关事件进行监控和回应的系统的输出结果。

尽管进化基础并不是这个理论的必要组成部分，但我们还是对人类为何进化出一个监控其关系价值和被接纳程度的系统进行了推断。很多生物学家、动物行为学家和心理学家认为，人类及其先祖之所以得以存活是因为他们生活在合作群体中（Ainsworth，1989；Kameda & Tindale，2006）。由于缺少大多数陆生动物所具有的自然防御能力（比如尖牙、利爪、力量以及快速奔跑的能力），单独的原始人类是不能存活的。然而，通过生活在合作群体中，他们可以过得相对较好。先前的理论家注意到人们有很强的亲和动机以及在群体中生活的动机，但是这些亲社会动机只是故事的一半。为了在自然中生存和繁衍，人们不仅必须想要他人的陪伴，而且必须要保证他们是被他人接纳而不是拒绝的（Baumeister & Leary，1995）。因此，自然选择可能偏爱的那些个体，他们注意他人的接纳程度，以让他人看重、接纳和支持他们的方式行事，以及克制做出可能导致拒绝和排斥的事情。既然社会接纳确实很重要，我们假设人类进化出了一个心理系统，这个心理系统对象征着自己被他人看轻或者拒绝的线索加以监测并进行反应。

在我们早期对该理论的描述中，我们将自尊描述为对这个人“受到他人接纳相对于排斥”程度的一个度量或者对其“被接纳性地位”（inclusionary status）的一个指数（Leary et al.，1995：519）。然而，后面我们开始将自尊作为一个人对于其他人而言的“关系价值”（relational value）的标志。关系价值是指一个人认为他与另一个个体之间的关系有价值或重要的程度。一个人对于其他人的关系价值越高，他们就越可能接纳或者支持他（Leary，2001）。我们改变了术语，是因为像接纳 / 排斥以及接纳 / 拒绝这种概念暗含了二元对立的状态，而人们主观体验到的是被接纳和拒绝的程度。此外，即使人们并没有在严格意义上被排斥或拒绝，他们也可能感到被拒绝。例如，当丈夫选择看电视里的运动比赛而不是和妻子一起吃晚餐的时候，一位知道丈夫爱着自己的女性可能也会感到被拒绝，感到受伤，并且自尊降低。这些反应之所以发生不是因为她在客观意义上被排斥或拒绝了，而是因为在那个时候，她感到的她的关系价值比她希望的要低（Leary，2006）。

因此，根据社会计量器理论，那些降低自尊的事件有一个共同特点，就是它们可能会降低人们对其他人的关系价值。从这个视角来看，失败、被拒绝、尴尬情境、消极评价、批评，以及被其他人超过都会降低自尊。并不是因为它们改变了这个人私己的自我意象（尽管这也有可能），而是因为它们降低了一个人的关系价值以及被接纳的可能性。很重要的是，人们可能从一些线索中推断出低关系价值或被接纳程度，而这些线索本身可能并不是拒绝。比如，被不公平地对待可能让人感到没有被足够地看重（Tyler & Lind，1992），因为他人通常会公平地对待他们看重的关系。因此，人们对待不公正的反应就像他们受到了拒绝一样，表现出自尊的降低（Koper et al.，1993；Shroth & Shah，2000）。

自尊动机

人们具有维持、保护和提高自尊的行为倾向已经得到了充分证实（Blaine & Crocker，1993；Greenwald，1980；Taylor & Brown，1988），并且如前所述，很多心理学家假设这种行为源于对自尊的基本需要。社会计量器理论质疑一个对自尊的独立需要的存在。相反，根据社会计量器理论，当人们做一些看上去是维持或提高自尊的事情时，他们的目标通常是保护和提高他们的关系价值，从而提高被接纳的可能性（Leary & Baumeister，2000）。那些和自尊维持有关联的现象，比如自我服务归因、自我设障、自我抬高偏见（self-promoting prejudices），以及自我防御反应（ego-defensive reactions），都可能反映了促进接纳而不是提高自尊本身的努力（Leary，2006）。诚然，这些行为可能会提升自尊，但那是因为这些行为会提高一个人的关系价值。

当然，人们有时会使用一些认知策略来改善自我感觉，即使这些策略并不会提高他们的关系价值。然而，这一点与社会计量器理论关于自尊系统之根本功能的论断并不冲突，自尊系统的根本功能是对关系价值的威胁进行监控和反应，而不是让人们自我感觉良好。这一点也并不意味着人们有一个自尊“需要”。相反，人们有时能够通过思想进入某种情绪状态，用思维避开古老的监控系统。

证　据

三类证据支持了社会计量器理论的基本命题：①在实验室实验和真实生活中，接纳和拒绝都会影响状态自尊；②状态自尊和感知到的社会接纳有高相关；③特质自尊反映了人们对于其总体被接纳性或关系价值的感知。

接纳和拒绝对自尊的影响

社会计量器理论的核心假设是接纳和拒绝影响状态自尊。与此假设相关的数据来自实验室实验、对自然发生的拒绝研究，以及自尊随时间变化的研究。

实验证据

在对这项假设的最初检验中（Leary et al.，1995），我们想要证明接纳和拒绝影响状态自尊，同时证明这个效应是因为被拒绝而不仅仅是被“遗留”（left out）。被试以五个为一组来到实验室，完成自我描述问卷，这个问卷被直接分享给了其他四个被试。在看了其他人的回答后，每个被试列出两名他想要在接下来的任务中一起合作的被试。然后被试收到虚假反馈，告诉他们被分配到三人一组进行合作或者独自工作，而这个分配是根据其他成员的偏好完成的或者是随机的。正如假设的那样，结果表明没有被选进群体显著地降低了状态自尊，而因为随机原因被排除则没有影响。我和同事们（1995，研究4）重复了这个发现，不过我们使用的是来自个体的反馈而不是群体的。相比于那些认为另一个人不喜欢或不想与自己互动的被试来说，被引导相信另一个人喜欢并想与自己互动的被试对自己的评价更为积极。

很多其他研究证明了被拒绝会降低自尊，这些研究使用了多样化的方法让被试认为自己被拒绝、排斥、忽略或者遗留（Buckley et al.，2004；Leary et al.，1998；Nezlek et al.，1997；Smith & Williams，2004；Snapp & Leary，2001；Wilcox & Mitchell，1977；Zadro et al.，2005）。布莱克哈特等人（2009）开展了一项元分析，综合了70多个检验了拒绝对自尊的效应的实验。尽管不是所有的研究都发现了这个效应，但总的来说，拒绝比接纳导致了更低的自尊，平均效应量是0.30。

我和同事们（1998）开展了四项实验，检验了状态自尊如何反应于一个更大范围的反馈，而不单纯是接纳或拒绝。正如预测的那样，相对于积极的、接纳性的反馈，消极的、拒绝性的反馈一致地降低了自尊，但是数据揭示了一个显著的曲线模式。状态自尊在他人的反馈是拒绝的或者中性时一致很低，接着随着接纳的增加而上升，直到接纳达到一个中等水平，之后自尊就不再随接纳水平的增加而增加了。这个模式表明，在一个中性到中等接纳的范围内，状态自尊对关系价值的变化最为敏感。这可能是因为，在这个范围内关系价值的轻度改变最有可能影响别人对待自己的方式。因为人们会因受到他人轻度、中度或高度重视而受到不同的对待，状态自尊会表现出与关系价值变化同步的改变。然而，一旦关系价值变为轻度消极的时候，人们无疑会被忽视或回避，对于被拒绝的人而言，更强的消极性往往不会带来比轻微消极反馈更坏的结果。同样地，一旦关系价值变得相对较高，其继续增加也不会带来什么可见的效果，所以人们的自尊不会在更高的范围内进一步增加。这些模式意味着社会计量器可以轻松地区别明确的拒绝和明确的接纳，但是在特定范围内它会对人际评估的细微改变特别敏感，所以在这个范围内，关系价值上的细微差别是最有影响的。

很多人坚持认为他们的自尊并不受制于社会计量器理论指出的这些社会性因素，并坚称他们只按照自己个人的标准评价自己，不受他人评价的影响。为了检验这些论断的合理性，我和同事们（2003a）开展了两个实验，比较了相信和不相信自己自尊会受到他人影响的两类人对拒绝的反应。两个研究都提前确定了两组极端的被试——一组被试是坚信其自尊不受否定或拒绝影响的人，另一组被试是完全承认其自尊受到否定或拒绝影响的人。被试收到了接纳或拒绝的反馈，随后测量他们的状态自尊。结果表明，不管被试是否相信别人的评价会影响其自尊，拒绝对他们自尊的影响程度都是一样的。否认其自我感受被接纳和拒绝影响的人的确错了。

这个理论预测，自尊与促进关系价值和他人接纳的特质相关。因为促进关系价值的特征在不同的关系中是不同的，自尊可能在不同的环境背景中对不同的特征有敏感性。在几项研究中，安东尼等人（2007a）发现，相对于社群品质（communal qualities）而言，比如温暖、善良和诚实，自尊一般会更敏感于社交交换价值（social commodities），比如外貌吸引力、受欢迎程度，以及社交技能。这可能是因为社交交换价值更容易被他人观察到。在很多情境下，接纳更多地取决于社交交换价值而非社群品质。然而，在已有的亲近关系和亲密情境中，社群品质则是关系价值更重要的指标。安东尼等人表明，相比于那些不在浪漫关系中的人的社会计量器而言，在浪漫关系中的人的社会计量器更敏感于他们的社群品质。当社会角色强调社群品质以获得接纳时，人们的自尊与他们认为自己善良、有支持力以及诚实的程度有关。

相关性证据

研究也表明拒绝事件会降低人们在日常生活中的自尊（Leary et al.，1998；Sommer et al.，2001；Williams et al.，1998）。在对真实世界的排斥案例进行分析时，威廉斯和同事一再发现排斥会降低自尊（Williams，2001；Williams et al.，1998；Williams & Zadro，2001）。事实上，威廉斯（2001）认为自尊是受到排斥威胁的四个基本需要之一。（在否认自尊需要的存在时，社会计量器理论对数据进行了不同的解读，认为实际上是排斥影响了社会计量器，进而影响了自尊，但关键在于排斥会降低自尊。）类似地，让人们感到受伤的拒绝事件也会降低他们的自尊，并且自尊改变的程度与感到的被拒绝程度相关（Leary et al.，1998）。

在一项对已婚人士的研究中，沙克尔福德（2001）发现自尊和伴侣做出的损害性行为程度呈负相关，这些行为包括不忠、居高临下的行为态度、隐瞒性行为、诋毁对方外貌吸引力。沙克尔福德将这些发现解读为自尊追踪“伴侣代价性伤害”（spousal cost-infliction）的证据，但是这些结果和社会计量器理论是一致的。那些有如此行事方式伴侣的人不太可能感到婚姻中的另一方足够看重和接纳自己。

纵向追踪数据

四项研究检验了接纳感知的改变对自尊跨时间的影响。在一项对人们自我感知的社交技能和日常互动质量的联系的日记研究中，耐兹勒克（2001）在间隔两年的两个两周时间里对83名被试进行了检测。互动质量感知变化跨时间地预测了社交技能自我感知的变化。如果我们如耐兹勒克建议的那样做一个假设，互动质量（如亲密度、回应度）与接纳感知高度相关，并且自我评价的社交技能和自尊高度相关，那么这些数据也表明积极的、接纳性的互动会提高人们的自我评价和自尊。在另一项日记研究中，丹尼森等人（2008）研究了社会互动的数量和质量评价与日常自尊的关系。结果表明，互动的质量（亲密度）而不是互动的数量，预测了当天以及第二天的自尊。

在一项控制了更多变量的研究中，斯里瓦斯塔瓦和比尔（2005）检验了他人的看法对自尊的影响。他们让被试会面四次，合作完成任务并且开展小组讨论。在每次会面的最后，他们会测量被试的自尊、对其他成员态度的感知、对其他成员的喜爱，这些测量让研究者得以检验被试的评价对其他被试自尊的影响。与社会计量器理论的预测一致，实际喜爱和态度感知都预测了被试一周之后的自尊。（没有观察到自尊对随后被喜爱程度的效应。）

默里等人（2003）研究了 154 对已婚或同居伴侣在三周内感知到的关注、带有接纳的关心以及自尊的每日变化。他们发现，对被伴侣接纳的焦虑预测了第二天自尊的降低。简言之，数十项实验性、相关性和追踪性研究支持了下述观点，即关系价值或者接纳 / 拒绝的变化与状态自尊的系统性变化相关。

接纳感知与自尊的一致性

另一个假设是，人们对接纳和拒绝的主观感受与其状态自尊相关。正如预期的那样，感知到的被接纳和状态自尊的高相关已经得到了证实。

我和同事们（1995，研究 2）请被试回想一个社会情境并指出在那个情境中感到的被接纳或拒绝的程度，同时在状态自尊量表上评估那时的自我感受。接纳 / 拒绝感知与状态自尊之间的相关相当高，其范围在 –0.68 到 –0.92 之间（取决于要求被试回忆的是四种情境中的哪一种）。基于这些发现的有力程度，我和同事们得出结论“出于所有可能的实际目的，自我感受都代表了对排斥的感知”（Leary et al.，1995：523）。

如果状态自尊监测接纳 – 拒绝，那么某些事件对状态自尊的影响就应该反映了他们认为的那些事件对社会接纳和排斥的影响。为了检验这个想法，我和同事们（1995，研究 1）让被试想象自己进行一些社会赞许性不同的行为（比如，我给了乞丐一美元、我自愿献了血，以及我在期末考试中作弊了）。在想象每种情境后，被试评估如果他们进行了各项行为，别人会做何反应（1= 很多人会拒绝或回避我；5= 很多人会接纳或包容我），以及自己会对自己有什么感受。这两组评估结果有高度的相关，并且这些评估结果的等级顺序几乎是一致的。正如社会计量器理论所预测的，人们对自己的感受反映了他们认为别人在社会接纳和拒绝方面会对这些事件做何反应。

其他将接纳感知或关系价值与状态自尊联系起来的证据是由上述的实验提供的。在很多研究中，被试因为实验操纵感到被接纳或拒绝，接纳 – 拒绝感知（通常用操纵检验进行测量）与被试的状态自尊高度相关。

特质自尊

尽管社会计量器理论主要关注状态自尊如何监测和管理人们对影响关系价值和接纳的事件的反应，但它也论及了特质自尊的个体差异的本质。在上述对鲍迈斯特和泰斯（1990）文章的评论中，我提出了特质自尊应该与人们对被他人接纳或拒绝的总体感受有关，也和他们被接纳和拒绝的个人历史有关（Leary，1990）。状态自尊监测一个人当前时刻的关系价值，而特质自尊记录人们跨时间的一般性被接纳程度。

对一个人综合的关系价值有一个总体视

角是重要的，因为人们对一个特定的人际事件如何反应会部分地受到他们对于关系和成为群体成员的长期预期的影响。在别处，我用股票市场的类比解释了状态自尊和特质自尊之间的关系，“就像一个机智的投资者必须监测一只股票当前的价格以及长期前景一样，人们必须监测他们关系价值的短期波动（状态自尊）以及他们长期的关系价值（特质自尊）”（Leary & MacDonald，2003：404）。

证据有力地支持了这个假设，即特质自尊反映了人们对关系价值的感知（综述请见 Leary & MacDonald，2003）。特质自尊与人们对于自己被他人看重、支持和接纳程度的感知有关（Lakey et al.，1994；Leary et al.，1995，2001），也与和其他人的互动质量感知有关（Denissen et al.，2008）。同时，相比有低自尊的人，有更高自尊的人更相信其伴侣爱他们以及欣赏他们（Murray & Holmes，2000），并且高自尊者会从新的互动伙伴那里预期得到更多的接纳（Anthony et al.，2007b）。在一项以国家作为分析单位的格外有趣的研究中，31 个国家的数据显示，受访者与朋友互动的平均数量和质量可以预测来自同一国家的受访者的平均自尊水平，即使控制了快乐、神经质、个体主义、国民生产总值之后也是如此（Denissen et al.，2008）。

库珀史密斯（1967）在其对自尊影响因素的开创性著作中明确指出了作为自尊来源的四个主要维度：重要性（社会关注、接纳以及喜爱）、对道德和伦理标准的遵守、影响他人的能力以及胜任力。尽管库珀史密斯没有承认这四个领域内在的社会属性，或者承认它们都是被他人接纳和拒绝的首要决定因素的事实。但他的确注意到，只要被自己的主要参考群体所认可，人们可能会因为在一个或两个领域中的成功而获得高自尊，这个发现和社会计量器理论是一致的。

在一项更为细致地考察自我认知维度和特质自尊关系的研究中，麦克唐纳等人（2003）表明，人们在特定维度上的自我评价对特质自尊的预测程度与人们认为这些维度对社会认可的重要性程度相应。在研究中，被试完成了特质自尊的测量，对自己的诸如胜任力、吸引力以及社交能力等特征进行评估。同时被试也评估了他们认为别人会在多大程度上认可和接纳有较高水平该特征的人，以及在多大程度上否定和拒绝那些没有该特征的人（即，没有胜任力的人、没有吸引力的人等）。与先前的研究一致，认为自己拥有更具社会赞许性特征（即提高关系价值的特征）的人有更高的特质自尊。更重要的是，对于五个领域中的四个，有最高特质自尊的被试是那些既在该领域有很高的自我评价，同时也认为该领域的接纳和拒绝对自己有影响的人。例如，当被试认为能力、吸引力和物质财富可以带来认可时，对这些领域的高自我评估可以预测高自尊；而那些认为更多的物质财富会导致拒绝的被试，越富有反而自尊越低！因此，正如社会计量器理论所预测的，相信一个人有某种好特征能预测其特质自尊的程度与人们认为该特征带来接纳或防止拒绝的程度相应。类似的发现也表明，如果同辈群体不看重成功，那么当人们失败时，他们的自尊反而提高了（Jones et al.，1990）。

社会和心理问题

心理学对自尊的兴趣部分基于如下假设，

即低自尊和某些情绪、行为以及社会问题相关联。低自尊和功能失调行为之间的关系并不像很多人认为的那样强（Baumeister et al.，2003；Mecca et al.，1989）。但是总体而言，相比于有更高自尊的人，低自尊者倾向于表现出更多的抑郁、焦虑、酒精和物质滥用、学业和职业困难、冲突性关系，以及其他问题行为模式（参见 Leary & MacDonald，2003；Leary et al.，1995；Mruk，1995）。因为人们假设低自尊会导致各种困难，所以很多心理学家和社会工程师（social engineers）提倡通过提高自尊来减少这些困难（Mecca et al.，1989；Mruk，1995）。

从社会计量器理论的立场来看，正如我们通常假设的这样，低自尊不会导致这些问题，而会通过三个一般路径与功能失调行为产生关联。第一，没有得到足够的接纳会导致很多厌恶情绪（比如悲伤、生气以及孤独），一些适应不良的人际行为，如防御、攻击，以及对他人的消极评判。不只是在过去被拒绝的人身上常常看到抑郁、焦虑、敌意及攻击性（Kelly，2001；Leary et al.，2001，2003b），在实验室实验中被短期拒绝的被试身上也可以常常看到这些反应（Buckley et al.，2003；Leary et al.，1995；Nezlek et al.，1997；Twenge et al.，2001）。作为一个关系价值监测器，自尊随着拒绝感知而降低，并且因此和其他对拒绝的情绪和行为反应产生关联，但是低自尊并没有导致（cause）这些问题。

第二，没有感到足够的重视一般会提高人们想要被接纳的愿望（Baumeister & Leary，1995）。人们通常更想通过社会赞许性的方式，比如取得成就、做一个好人或者拥有社会喜欢的特征来建立他们的关系价值。然而，当人们感知到这些通向接纳的路径不存在的时候，他们可能会通过与社会脱轨或反社会性行为，比如吸毒或加入帮派来寻求接纳。因此，那些没有得到足够重视的人，以及可能本来就不被接受的人（以及那些因此有更低自尊的人）可能加入与社会脱轨的群体，这些群体的接纳标准要低于被社会接受的群体（Haupt & Leary，1997）。低自尊可能与社会脱轨行为相关的部分原因是，对于那些不被主流群体接纳的人而言，脱轨是一条获得接纳的途径。

第三，多数心理和人际问题会导致其他人不再看重并远离这个个体（Corrigan & Penn，1999），从而降低了他的自尊。因此，有心理困境的人或者行为方式不为社会接纳的人往往自尊更低。例如，物质滥用、家庭暴力、长期的失败可能导致关系价值降低，也因此自尊降低。总体而言，低特质自尊更可能是功能性行为失调的一个结果而不是原因（Baumeister et al.，2003）。

在重新界定自尊和行为之间的关系中，社会计量器理论提供了与临床和社会干预有关的新洞见，这些干预是针对低自尊相关问题的。从社会计量器理论视角来看，低自尊不一定是心理问题的标志，事实上，这可能意味着一个人的社会计量器功能良好。一个因为伤害他人的错误行为被拒绝而有低自尊的人也可能适应良好；人们不可能在自己做了社会不赞许的事情之后仍然感觉良好。当然，人们有时可能不是因为自己的错而被看轻或拒绝，但即使在那种情况下，社会计量器也会自然地降低其自尊，直到它被对情境有意识的理性分析战胜。在这些情况下，重要的第一步是帮助人们看到低自尊不一定意味着他们自己出了问题。

从社会计量器理论的立场来看，治疗的目标不应该是提高自尊（就像临床和社会干预有时会做的那样；参见 Bednar et al.，1989；Mecca et al.，1989；Mruk，1995），因为低自尊被看作低关系价值感知的一个副作用或症状，它本身并不是一个问题。相反，一个基于社会计量器的干预应该承认与低自尊有关的问题的症结在于对接纳和拒绝的关注。因此，任何这样的干预的第一步是确定被考虑的问题是否来源于个体感到没有得到足够的重视，是否反映了其功能失调性的寻求社会接纳的方式，以及这个问题导致了其被看轻和拒绝。接下来，干预应该着重处理问题的真正来源，它包括低关系价值感知。结果是，很多临床心理学家和社会工程师无意间采取了这种方法，因为很多旨在提高自尊的干预依赖于提高人们对其社会赞许性和关系价值感知的项目（Leary，1999）。但是社会计量器理论将注意力集中在和低自尊相关的多数问题的真正起因上，即关系价值不足。

问题与批评

在结论部分，我会考察一些反复出现的与社会计量器理论相关的问题。

自尊内在的人际本质

可能对社会计量器理论最常见的抵制来自坚持这一点的人，即，从定义上来说，真正或健康自尊只应该基于对自己个人标准的遵从，而不应该受到其他人评价的影响（Deci & Ryan，1995；May，1983）。这种反对意见很值得深思，因为它暗含了关心他人对自己的印象和评价本来就是不可取的，如果它不具有适应性的话。不过，志趣相投的、合作性的以及支持性的人际关系，还有人们的社会福祉（social wellbeing），都要求人们注意自己是如何被其他人感知、评价以及接纳的。事实上，如果人们有一个因适应性优势而进化来的归属需要的话，那么我们应该预期一个机能良好的人会关注他人对自己的反应。社会计量器理论认为，健康的自尊会对他人的评价做出反应，至少在一定范围内是这样的。

敏感于对他人的反应，特别是他人接纳和拒绝的程度，远远不是不安全、被操控或者虚荣的表现，而是对个人幸福和社会福祉而言必不可少的。尽管人们可能会过度关注他人的反应，因而产生不必要的痛苦，或者表现出伤害自己或他人的行为，但是拥有一个机制可以监测他人反应，并且当探查到人际情境不够有利时，其可以影响人们的自我感受，这对于个人以及与个体互动的群体而言都是有益的。事实上，维持亲密关系和群体合作关系要求人们留心别人的评价，敏锐地识别何时他们自己的行为可能导致他人不再那么看重与他们的关系，在他们的行为增加社会距离的时候感到难受，以及促进关系或群体的社会联结。这不是说，在有需要的时候人们不应该做出危害关系或群体的行为，但是原则上，社会计量器帮助人们维持作为合作和社会支持的基础的关系。

自尊的其他来源

另一个问题是，关系价值以外的因素是否也会影响自尊。即使承认人们在被接纳时的自己感觉比被拒绝时更好，但仍然可以争辩说，其他结果，例如熟练掌握任务、职业成功、完成困难的目标或者行为符合道德典范，也会提高自尊。

社会计量器理论的支持者们一致认为上述行为的确影响自尊，但是也认为这些模式反映了优秀、成就以及道德行为对关系价值和接纳的影响。当人们是胜任、成功以及道德的时候更容易被看重和接纳，所以任何可能提高或降低关系价值的行为或结果都应该会影响自尊。即使目前没有其他人知道一个人的行为或结果，但当私下的行为或行为结果可能会影响到关系价值的时候，社会计量器应该会通过状态自尊的变化来示警个体（Leary & Baumeister，2000）。

寻求自尊

一些理论家将社会计量器理论误解为人们应该通过社会接纳来寻求自尊。不仅有很多理论家认为健康自尊与社会认可绝对没有关联（Deci & Ryan，1995；May，1983），而且有证据显示，通过寻求社会认可和接纳来建立自尊的努力与消极情绪、自我调控问题、防御、糟糕的人际关系，以及更低的心理和身体健康状况有关（Crocker & Knight，2005；Deci & Ryan，1995；Schimel et al.，2001）。社会计量器理论的支持者同意这一点，即如果自尊仅仅是一个计量器，人们就不应该试图通过任何方式来直接影响自己的自尊。

跨文化差异

研究表明，日本被试没有像欧美样本那样存在自我增强偏差（self-enhancing biases），这让一些研究者得出某些文化中的人要么不关心自尊要么根本体验不到自尊的结论（Heine et al.，1999，2000，2001）。社会计量器理论对这些结果提供了一个不一样的解读。在不同文化中，衡量关系价值的标准是不一样的。人们倾向于在他们的文化中做出与社会接纳相关的行为，并且克制做出会带来社会拒绝的行为。在美国，保持自信和自我增强的人格是可接受的。但是在日本，自我增强不会促进接纳，事实上，其可能导致否定和轻视。因此，日本人更少自我增强，且当他们这样做的时候会有不好的自我感受。研究表明，在日本，促进关系价值的行为，例如谦逊和顺从，会带来高自尊，并且日本人对一些与社群相关的谦逊特征进行了“增强”（Sedikides et al.，2003）。

有多少社会计量器

我们最初假设人们只有一个社会计量器，它可以监测人们在很多关系和群体中的关系价值。然而，基于进化的逻辑，柯克帕特里克和埃利斯（2001）认为人们可能在很多分领域中都有社会计量器，用于监测不同类型关系中的关系价值。他们注意到，在不同类型的关系中（比如家庭关系、功利同盟以及伴侣关系），接纳和拒绝的标准差异很大，并且促进接纳的方式也大不相同。鉴于进化过程应该不太可能创造一个单一的多用途的社会计量器来管理所有类型关系中的关系价值，人类可能为不同社会领域的人际问题进化出了特定的社会计量器。柯克帕特里克和埃利斯也认为，除了促进社会接纳，这些社会计量器可能还有其他的功能，比如促进人格发展、处理个人缺点，以及引导适应性的关系选择（Kirkpatrick & Ellis，2001，2006）。

结　论

不管这个领域会如何裁定它的优点，社

会计量器理论作为对自尊的一个解释，其最终的贡献不只在于理论本身的细节，还在于它重新抛出了一些久存的关于自尊问题的思考。社会计量器理论迫使研究者考虑自尊的功能，特别是考虑单纯防御自我或减少焦虑之外的自尊功能。它也有助于将研究者的注意集中于人们如何对人际拒绝做出反应所涉及的基本社会心理过程上。

此外，社会计量器理论让很多心理学家开始质疑人有一个自尊动机或需要的假设。当进行更严格的考察时，我们会发现很难精确地确定对自己感觉良好的需要会服务于什么目的，除非它与可见的重要结果相关联。即便如此，很多理论家仍然试图用保护或提高自尊来解释各种行为。在几乎所有的实例中，社会计量器理论都为对自尊和自尊威胁提供了一个更简约的解释，即那是人们为维持最低限度的社会接纳所做的努力。人有一个自尊需要的思想应该退场了，即便最后发现社会计量器理论作为自尊的解释还是有所欠缺，也应该如此。毋庸置疑，一个像自尊这样如此普遍而且与重要结果关联的心理过程，其作用不应该只是让人自我感觉良好。

参考文献

Ainsworth, M.S. (1989) Attachments beyond infancy. *American Psychologist*, *44*, 709–716.

Anthony, D.B., Holmes, J.G. and Wood, J.V. (2007a) Social acceptance and self-esteem: Tuning the sociometer to interpersonal value. *Journal of Personality and Social Psychology*, *92*, 1024–1039.

Anthony, D.B., Wood, J.V. and Holmes, J.G. (2007b) Testing sociometer theory: Self-esteem and the importance of acceptance for social decision-making. *Journal of Experimental Social Psychology*, *43*, 425–432.

Bandura, A. (1977) Self-efficacy: Toward a unifying theory of behavioral change. *Psychological Review*, *84*, 191–215.

Barkow, J.H. (1980) Prestige and self-esteem: A biosocial interpretation. In D.R. Omark, F. Strayer and D.G. Freedman (eds), *Dominance Relations: An Ethological View of Human Conflict and Social Interaction*, pp. 319–332. New York: Garland STPM.

Baumeister, R.F., Campbell, J.D., Krueger, J.I. and Vohs, K.D. (2003) Does high self-esteem cause better performance, interpersonal success, happiness, or healthier lifestyles? *Psychological Science in the Public Interest*, *4*, 1–44.

Baumeister, R.F., Heatheton, T.F. and Tice, D.M. (1993) When ego threats lead to self-regulation failure: Negative consequences of high self-esteem. *Journal of Personality and Social Psychology*, *64*, 141–156.

Baumeister, R.F. and Leary, M.R. (1995) The need to belong: Desire for interpersonal attachments as a fundamental human motivation. *Psychological Bulletin*, *117*, 497–529.

Baumeister, R.F. and Tice, D.M. (1990) Anxiety and social exclusion. *Journal of Social and Clinical Psychology*, *9*, 165–195.

Bednar, R.L., Wells, M.G. and Peterson, S.R. (1989) *Self-esteem: Paradoxes and Innovations in Clinical Theory and Practice*. Washington, DC: American Psychological Association.

Blackhart, G.C., Nelson, B.C., Knowles, M.L. and Baumeister, R.F. (2009) Rejection elicits emotional reactions but neither causes immediate distress nor lowers self-esteem: A meta-analytic review of 192 studies on social exclusion. *Personality and Social Psychology Review*, *13*, 269–309.

Blaine, B. and Crocker, J. (1993) Self-esteem and self-serving biases in reactions to positive and negative events: An integrative review. In R.F. Baumeister (ed.), *Self-esteem: The Puzzle of Low Self-Regard*, pp. 55–85. New York: Plenum.

Bowles, T. (1999) Focusing on time orientation to explain adolescent self concept and academic achievement: Part II. Testing a model. *Journal of Applied Health Behaviour*, *1*, 1–8.

Branden, N. (1969) *The Psychology of Self-esteem*. New York: Bantam.

Branden, N. (1983) *Honoring the Self*. Los Angeles. Bantam Books.

Buckley, K.E., Winkel, R.E. and Leary, M.R. (2004) Reactions to acceptance and rejection: Effects of level and sequence of relational evaluation. *Journal of Experimental Social Psychology, 40*, 14–28.

Cervone, D., Artistico, D. and Berry, J.M. (2006) Self-efficacy and adult development. In C. Hoare (ed.), *Handbook of Adult Development and Learning*, pp. 169–195. New York: Oxford University Press.

Colvin, C.R. and Block, J. (1994) Do positive illusions foster mental health? An examination of the Taylor and Brown formulation. *Psychological Bulletin, 116*, 3–20.

Cooley, C.H. (1902). *Human Nature and the Social Order*. New York: Scribner.

Coopersmith, S. (1967) *Antecedents of Self-esteem*. San Francisco: Freeman.

Corrigan, P.W. and Penn, D.L. (1999) Lessons from social psychology on discrediting psychiatric stigma. *American Psychologist, 54*, 765–776.

Crocker, J. and Knight, K.M. (2005) Contingencies of self-worth. *Current Directions in Psychological Science, 14*, 200–203.

Deci, E.L. and Ryan, R.M. (1995) Human agency: The basis for true self-esteem. In M.H. Kernis (ed.), *Efficacy, Agency, and Self-esteem*, pp. 31–50. New York: Plenum.

Denissen, J.J.A., Penke, L., Schmitt, D.P. and van Aken, M.A.G. (2008) Self-esteem reactions to social interactions: Evidence for sociometer mechanisms across days, people, and nations. *Journal of Personality and Social Psychology, 95*, 181–196.

Glendinning, A. and Inglis, D. (1999) Smoking behaviour in youth: The problem of low self-esteem? *Journal of Adolescence, 22*, 673–682.

Greenwald, A.G. (1980) The totalitarian ego: Fabrication and revision of personal history. *American Psychologist, 35*, 603–613.

Guay, F., Delisle, M., Fernet, C., Julien, É. and Senécal, C. (2008) Does task-related identified regulation moderate the sociometer effect? A study of performance feedback, perceived inclusion, and state self-esteem. *Social Behavior and Personality, 36*, 239–254.

Hansford, B.C. and Hattie, J.A. (1982) The relationship between self and achievement/performance measures. *Review of Educational Research, 52*, 123–142.

Haupt, A.H. and Leary, M.R. (1997) The appeal of worthless groups: Moderating effects of trait self-esteem. *Group Dynamics: Theory, Research, and Practice, 1*, 124–132.

Heaven, P.C. (1986) Authoritarianism, directiveness, and self-esteem revisited: A cross-cultural analysis. *Personality and Individual Differences, 7*, 225–228.

Heine, S.H., Lehman, D.R., Markus, H.R. and Kitayama, S. (1999) Is there a universal need for positive self-regard? *Psychological Review, 106*, 766–794.

Heine, S.J., Kitayama, S. and Lehman, D.R. (2001) Cultural differences in self-evaluation: Japanese readily accept negative self-relevant information. *Journal of Cross Cultural Psychology, 32*, 434–443.

Heine, S.J., Takata, T. and Lehman, D.R. (2000) Beyond self-presentation: Evidence for self-criticism among Japanese. *Personality and Social Psychology Bulletin, 26*, 71–78

James, W. (1890) *The Principles of Psychology*. New York: Henry Holt.

Jones, E.E., Brenner, K.J. and Knight, J.G. (1990) When failure elevates self-esteem. *Personality and Social Psychology Bulletin, 16*, 200–209.

Kameda, T. and Tindale, R.S. (2006) Groups as adaptive devices: Human docility and group aggregation mechanisms in evolutionary context. In M. Schaller, J.A. Simpson, and D.T. Kenrick (eds), *Evolution and Social Psychology*, pp. 317–341. New York: Psychology Press.

Kelly, K.M. (2001) Individual differences in reactions to rejection. In M.R. Leary (ed.), *Interpersonal Rejection*, pp. 291–315. New York: Oxford University Press.

Kirkpatrick, L.A. and Ellis, B.J. (2001) An evolutionary-psychological approach to self-esteem: multiple domains and multiple functions. In G.J.O. Fletcher and M.S. Clark (eds), *Blackwell Handbook of Social Psychology: Interpersonal Processes*, pp. 411–436. Oxford: Blackwell.

Kirkpatrick, L.A. and Ellis, B.J. (2006) The adaptive functions of self-evaluative psychological mechanisms. In M.H. Kernis (ed.), *Self-esteem: Issues and Answers*, pp. 334–339. New York: Psychology Press.

Koper, G., van Knippenberg, D., Bouhuijs, F., Vermunt, R. and Wilke, H. (1993) Procedural fairness and self-esteem. *European Journal of Social Psychology, 23*, 313–325.

Lakey, B., Tardiff, T.A. and Drew, J.B. (1994) Negative social interactions: Assessment and relations to social support, cognition, and psychological distress. *Journal of Social and Clinical Psychology, 13*, 42–62.

Leary, M.R. (1990) Responses to social exclusion: Social anxiety, jealousy, loneliness, depression, and low self-esteem. *Journal of Social and Clinical Psychology, 9*, 221–229.

Leary, M.R. (1999) The social and psychological importance of self-esteem. In R.M. Kowalski and M.R. Leary (eds), *The Social Psychology of Emotional and Behavioral Problems: Interfaces of Social and Clinical Psychology*, pp. 197–221. Washington, DC: American Psychological Association.

Leary, M.R. (2001) Toward a conceptualization of interpersonal rejection. In M.R. Leary (ed.), *Interpersonal Rejection*, pp. 3–20. New York: Oxford University Press.

Leary, M.R. (2002). The interpersonal basis of self-esteem: Death, devaluation, or deference? In J. Forgas and K.D. Williams (eds), *The Social Self: Cognitive, Interpersonal, and Intergroup Perspectives*. New

York: Psychology Press.

Leary, M.R. (2004) The function of self-esteem in terror management theory and sociometer theory: A comment on Pyszczynski, Greenberg, Solomon, Arndt, and Schimel (2004). *Psychological Bulletin, 130,* 478–482.

Leary, M.R. (2005) Varieties of interpersonal rejection. In K.D. Williams, J.P., Forgas, and W. von Hippel (eds), *The Social Outcast,* pp. 35–51. New York: Psychology Press.

Leary, M.R. (2006) Sociometer theory and the pursuit of relational value: Getting to the root of self-esteem. *European Review of Social Psychology, 16,* 75–111.

Leary, M.R. and Baumeister, R.F. (2000) The nature and function of self-esteem: Sociometer theory. In M.P. Zanna (ed.), *Advances in Experimental Social Psychology, 32,* 1–62. San Diego: Academic Press.

Leary, M.R., Cottrell, C.A. and Phillips, M. (2001) Deconfounding the effects of dominance and social acceptance on self-esteem. *Journal of Personality and Social Psychology, 81,* 898–909.

Leary, M.R. and Downs, D.L. (1995) Interpersonal functions of the self-esteem motive: The self-esteem system as a sociometer. In M. Kernis (ed.), *Efficacy, Agency, and Self-esteem,* pp. 123–144. New York: Plenum.

Leary, M.R., Gallagher, B., Fors, E.H., Buttermore, N., Baldwin, E., Lane, K.K. and Mills. A. (2003a) The invalidity of disclaimers about the effects of social feedback on self-esteem. *Personality and Social Psychology Bulletin, 29,* 623–636.

Leary, M.R., Haupt, A., Strausser, K. and Chokel, J. (1998) Calibrating the sociometer: The relationship between interpersonal appraisals and state self-esteem. *Journal of Personality and Social Psychology, 74,* 1290–1299.

Leary, M.R., Kowalski, R.M., Smith, L. and Phillips, S. (2003b) Teasing, rejection, and violence: Case studies of the school shootings. *Aggressive Behavior, 29,* 202–214.

Leary, M.R. and MacDonald, G. (2003) Individual differences in self-esteem: A review and theoretical integration. In M.R. Leary and J.P. Tangney (eds), *Handbook of Self and Identity,* pp. 401–418. New York: Guilford Press.

Leary, M.R., Schreindorfer, L.S. and Haupt, A.L. (1995) The role of low self-esteem in emotional and behavioral problems: Why is low self-esteem dysfunctional? *Journal of Social and Clinical Psychology, 14,* 297–314.

Leary, M.R., Springer, C., Negel, L., Ansell, E. and Evans, K. (1998) The causes, phenomenology, and consequences of hurt feelings. *Journal of Personality and Social Psychology, 74,* 1225–1237.

Leary, M.R., Tambor, E.S., Terdal, S.K. and Downs, D.L. (1995) Self-esteem as an interpersonal monitor: The sociometer hypothesis. *Journal of Personality and Social Psychology, 68,* 518–530.

LePine, J.A. and Van Dyne, L. (1998) Predicting voice behavior in work groups. *Journal of Applied Psychology, 83,* 853–868.

MacDonald, G., Saltzman, J.L. and Leary, M.R. (2003) Social approval and trait self-esteem. *Journal of Research in Personality, 37,* 23–40.

May, R. (1983) *The Discovery of Being.* New York: Norton.

Mecca, A.M., Smelser, N.J. and Vasconcellos, J. (1989) *The Social Importance of Self-esteem.* Berkeley, CA: University of California Press.

Mruk. C. (1995) *Self-esteem: Research, Theory, and Practice.* New York: Springer.

Murray, S.L., Griffin, D.W., Rose, P. and Bellavia, G.M. (2003) Calibrating the sociometer: The relational contingencies of self-esteem. *Journal of Personality and Social Psychology, 85,* 63–84.

Murray, S.L. and Holmes, J.G. (2000) Seeing the self through a partner's eyes: Why self-doubts turn into relationship insecurities. In A. Tesser, R.B. Felson and J.M. Suls (eds), *Psychological Perspectives on Self and Identity,* pp. 173–198. Washington, DC: APA Publications.

Nezlek, J.B. (2001) Causal relationships between perceived social skills and day-to-day social interaction: Extending the sociometer hypothesis. *Journal of Social and Personal Relationships, 18,* 386–403.

Nezlek, J.B., Kowalski, R.M., Leary, M.R., Blevins, T. and Holgate, S. (1997) Personality moderators of reactions to interpersonal rejection: Depression and trait self-esteem. *Personality and Social Psychology Bulletin, 23,* 1235–1244.

Perez, R.C. (1973) The effect of experimentally-induced failure, self-esteem, and sex on cognitive differentiation. *Journal of Abnormal Psychology, 81,* 74–79.

Pyszczynski, T., Greenberg, J., Solomon, S., Arndt, J. and Schimel, J. (2004) Why do people need self-esteem? A theoretical and empirical review. *Psychology Bulletin, 3,* 435–468.

Raskin, R., Novacek, J. and Hogan, R. (1991) Narcissistic self-esteem management. *Journal of Personality and Social Psychology, 60,* 911–918.

Robins, R.W. and Beer, J.S. (2001). Positive illusions about the self: Short-term benefits and long-term costs. *Journal of Personality and Social Psychology, 80,* 340–352.

Rogers, C. (1959) A theory of therapy, personality, and interpersonal relationships, as developed in the client-centered framework. In S. Koch (ed.), *Psychology: A Study of a Science, 3,* 184–256. New York: McGraw-Hill.

Schimel, J., Arndt, J., Pyszczynski, T. and Greenberg, J. (2001) Being accepted for who we are: Evidence that social validation of the intrinsic self reduces general defensiveness. *Journal of Personality and Social Psychology, 80*, 35–52.

Sedikides, C., Gaertner, L. and Toguchi, Y. (2003) Pancultural self-enhancement. *Journal of Personality and Social Psychology, 84*, 60–70.

Shackelford, T.K. (2001) Self-esteem in marriage. *Personality and Individual Differences, 30*, 371–390.

Shraugher, J.S. and Sorman, P.B. (1977) Self-evaluations, initial success and failure, and improvement as determinants of persistence. *Journal of Consulting and Clinical Psychology, 45*, 784–795.

Shroth, H.A. and Shah, P.P. (2000) Procedures: Do we really want to know them? An examination of the effects of procedural justice on self-esteem. *Journal of Applied Psychology, 85*, 462–471.

Smith, A. and Williams, K.D. (2004) R U there? Ostracism by cell phone text messages. *Group Dynamics: Theory, Research, and Practice, 8*, 291–301.

Snapp, C.M. and Leary, M.R. (2001) Hurt feelings among new acquaintances: Moderating effects of interpersonal familiarity. *Journal of Social and Personal Relationships, 18*, 315–326.

Solomon, S., Greenberg, J. and Pyszczynski, T. (1991) A terror management theory of social behavior: The psychological functions of self-esteem and cultural worldviews. In M. Zanna (ed.), *Advances in Experimental Social Psychology, 24*, 91–159. Orlando, FL: Academic Press.

Sommer, K.L., Williams, K.D., Ciarocco, N.J. and Baumeister, R.F. (2001) Explorations into the intra-psychic and interpersonal consequences of social ostracism. *Basic and Applied Social Psychology, 23*, 227–245.

Srivastava, S. and Beer, J.S. (2005) How self-evaluations relate to being liked by others: Integrating sociometer and attachment perspectives. *Journal of Personality and Social Psychology,* 89, 966–977.

Taylor, S.E. and Brown, J.D. (1988) Illusion and well-being: A social psychological perspective on mental health. *Psychological Bulletin, 103*, 193–210.

Tedeschi, J.T. and Norman, N. (1985) Social power, self-presentation, and the self. In B.R. Schlenker (ed.), *The Self and Social Life,* pp. 293–322. New York: McGraw-Hill.

Twenge, J.M., Baumeister, R.F., Tice, D.M. and Stucke, T.S. (2001) If you can't join them, beat them: Effects of social exclusion on aggressive behavior. *Journal of Personality and Social Psychology, 81*, 1058–1069.

Tyler, T.R. and Lind, E.A. (1992) A relational model of authority in groups. In M. Zanna (ed.), *Advances in Experimental Social Psychology, 25*, 115–191. New York: Academic Press.

Wilcox, J. and Mitchell, J. (1977) Effects of group acceptance/rejection of self-esteem levels of individual group members in a task-oriented problem-solving group interaction. *Small Group Behavior, 8*, 169–178.

Williams, K.D. (2001) *Ostracism: The Power of Silence.* New York: Guilford Press.

Williams, K.D., Shore, W.J. and Grahe, J.E. (1998) The silent treatment: Perceptions of its behaviors and associated feelings. *Group Processes and Intergroup Relations, 1*, 117–141.

Williams, K.D. and Zadro, L. (2001) Ostracism: On being ignored, excluded and rejected. In M.R. Leary (ed.), *Interpersonal Rejection,* pp. 21–53. New York: Oxford University Press.

Zadro, L., Williams, K.D. and Richardson, R. (2004) How low can you go? Ostracism by a computer lowers belonging, control, self-esteem and meaningful existence. *Journal of Experimental Social Psychology, 40*, 560–567.

Zadro, L., Williams, K.D. and Richardson, R. (2005) Riding the 'O' train: Comparing the effects of ostracism and verbal dispute on targets and sources. *Group Processes and Intergroup Relations, 8*, 125–143.

第3章

依恋理论

菲利普·R. 谢弗（Phillip R. Shaver） 马里奥·米库利茨（Mario Mikulincer）

孙颖[㊀] 译

摘　要

在本章中，我们将讲述依恋理论（attachment theory）的起源和发展，解释它是如何被拓展到成人人格和社会心理学领域中的，并介绍该理论的六大组成部分：①先天的依恋行为系统（attachment behavioral system）；②与依恋有关的情感调节策略（affect-regulation strategies）；③自我和他人的内部工作模式（internal working models）；④依恋模式或依恋“风格”（attachment patterns or “styles”）；⑤可以提供复原力的安全依恋（attachment security）；⑥不安全依恋（attachment insecurity）导致的功能失调。我们回顾了一些基于这些构念的实证研究，论述了与依恋相关的策略是如何影响诸如自尊、情感和情感调节、心理健康、个体知觉、关系功能和满意度、偏见和群际敌意（intergroup hostility）、亲社会行为（prosocial behavior）、领导力和群体功能等社会心理学构念的。我们还简要论述了依恋理论与本书中其他一些理论的关系，介绍了该理论及其相关研究在当下的应用方式和未来的应用前景。

引　言

在本章中，我们介绍了依恋理论（Bowlby, 1982），它的起源、发展及其在人类婴儿和他们父母相关研究中的操作化；然后介绍了我们对该理论所进行的拓展，即使其适用于针对青少年、成年人及其亲密人际关系的人格和社会心理学研究（Mikulincer & Shaver, 2007a; Shaver et al., 1988）。该理论主要研究亲密关系及其心理基础和结果。它整合了来自精神分析理论、灵长类动物行为学（primate ethology）、认知发展和社会认知心理学、压力与应对理论以及当代关于人格发展、情感调节和关系互依（relational

㊀ 郑州师范学院教育科学学院

interdependence）研究的观点。

本章首先将介绍二十世纪六七十年代时，依恋理论在约翰·鲍尔比和玛丽·安斯沃思研究工作中的起源。然后，我们将解释我们是如何在20世纪80年代参与到该理论的拓展工作中来的。接下来，我们将详细介绍该理论本身，并会特别强调我们提出的理论。我们的理论始于哈赞和谢弗（1987）的研究工作，它是为当代社会心理学家量身定制的，同时也受到他们的影响。我们将论述建立在回应性与支持性关系基础上的安全依恋如何在人格与社会心理学家感兴趣的个人和社会问题中发挥作用，这些问题包括自尊、个人知觉、人际行为、探索和成就，以及亲社会行为和群际关系。然后，我们将介绍依恋关系的阴暗面，包括不安全依恋带来的防御和个人及关系上的困难。最后，我们将简要讨论依恋理论与其他社会心理学理论之间的联系，并对该理论及其研究的应用前景进行简要阐述。

依恋理论的起源

依恋理论最初由英国精神分析学家约翰·鲍尔比提出。随后，美国发展心理学家玛丽·安斯沃思从理论、心理测量和实证方面对其进行了进一步发展。正如本章后面所解释的，哈赞和谢弗（1987）将鲍尔比的理论和安斯沃思的研究发现拓展到了社会心理学领域中，并于20年后出版了一本包含该理论的概述和大量研究文献的著作（Mikulincer & Shaver，2007a）。

约翰·鲍尔比

鲍尔比于1907年出生在英国，他的家庭经济富裕，父母都受过良好的教育。他的父亲是一名医生，鲍尔比最终也成为一名精神科医生。在学习如何成为一名儿童精神科医生的过程中，鲍尔比接受了著名导师梅兰妮·克莱因的精神分析培训，也接受了克莱因的一个亲密合作者琼·里维埃长达几年的精神分析治疗。鲍尔比从这些导师那里了解到了儿童与照料者的早期关系，问题儿童处理痛苦经历（特别是分离和失去）的倾向是防御性地将这些经历排除在有意识的记忆之外，也了解到了焦虑、愤怒和悲伤情绪。尽管吸纳了克莱因和里维埃的许多观点，鲍尔比还是反对她们对以牺牲现实为代价的幻想的极度重视，以及对性驱力而非其他类型关系动机的极度重视。

依恋理论还来源于鲍尔比在伦敦的塔维斯托克诊所（Tavistock Clinic）担任家庭治疗师的经历。在那里，社会和家庭关系与个体的心理动力学都被视为导致心理和社会失调的原因。在为世界卫生组织编写一份关于第二次世界大战后无家可归儿童的报告时，鲍尔比也受到了影响。

随着鲍尔比临床经验的增加，他越来越感兴趣于解释自己在依恋理论中提出的第一个重要论点，即“儿童与母亲的联结”（the child’s tie to his mother）（Bowlby，1958）。在系统阐述这一理论时，他尤其受到了康拉德·洛伦茨（1952）关于早熟鸟类拥有“印记”（imprinting）的观点，以及其他动物行为学家和灵长类动物学家，包括罗伯特·欣德著作（1966）的影响。这些作者和哈里·哈洛（1959）一样，都认为未发育成熟的动物与母亲的联结并非像学习理论家（或者换了一种表述方式的精神分析学家）认为的那样，只是基于喂养的经典条件作用。相反，鲍尔比将人类婴儿对母亲的依赖和情绪联结视为一种基础的本能行为系统（instinctual behavioral system）产生的结果，这种结果不同于弗洛伊德提出的力比多（sexual libido）概念，即它是一种社会关系而非性。由于鲍尔比非常重视动物研究和行为系统这一构念，他受到了其他精神分析学家的强烈批判，被认为是一名“行为主义者”。尽管如此，他仍然认为自己是一名精神分析学家和弗洛伊德的合法继承人，这也是如今人们对他的普遍看法。

鲍尔比最终将他最初关于依恋核心内容的文章扩展为了三本主要著作，即《依恋与丧失》（*Attachment and Loss*）的第一、二、三卷，这一系列著作现在被视为现代心理学、精神病学和社会科学的里程碑。第一卷《依恋》（*Attachment*）于 1969 年出版，1982 年修订；第二卷《分离：焦虑和愤怒》（*Separation: Anxiety and Anger*）于 1973 年出版；第三卷《丧失：悲伤和抑郁》（*Loss: Sadness and Depression*）于 1980 年出版。1979 年，这几卷内容与鲍尔比的一系列演讲被整合成了一本更加全面的著作，即《情感纽带的建立与破裂》（*The Making and Breaking of Affectional Bonds*）。1988 年，鲍尔比又出版了一本名为《安全基地》（*A Secure Base*）的著作，对依恋理论及其研究在心理治疗领域的应用进行了补充。鲍尔比于 1990 年去世，他曾获得过许多专业奖项。

玛丽·安斯沃思

鲍尔比的主要合作者玛丽·索尔特·安斯沃思于 1913 年出生在美国俄亥俄州。受到导师威廉·布拉茨提出的安全感理论（security theory）的启发，她完成了一篇关于安全感和依赖性的学位论文，并于 1939 年在多伦多大学获得发展心理学博士学位。在她的博士论文《基于安全感概念的适应性评估》（An Evaluation of Adjustment Based on the Concept of Security）（1940）中，安斯沃思首次提到了安全基地（secure base）概念。她认为儿童可以在安全基地中探索世界，强调了父母所提供的安全基地在亲子依恋关系中的重要性。安全基地概念后来成了依恋理论的核心部分。

当她和她的人类学家丈夫搬到伦敦后，安斯沃思应聘了鲍尔比刊登在报纸上的一个研究岗位，但她事先并不了解鲍尔比和他的工作。她的一部分工作任务是分析儿童与母亲分离的视频。这些视频使她相信了行为观察的价值，行为观察法的使用也是她对依恋研究的核心贡献。1953 年，当她的丈夫决定去乌干达从事文化研究以推进事业时，安斯沃思也搬去了那里，并开始对母亲和婴儿进行观察研究。在几个月的时间里，她每两周进行一次观察，每次观察两个小时。最终，在回到北美并成为约翰斯·霍普金斯大学的一名教职员工后，她于 1967 年出版了一本名为《乌干达人的婴儿期：婴儿照料和爱的成长》（*Infancy in Uganda: Infant Care and the Growth of Love*）的著作。

在安斯沃思于 1967 年出版的这本著作中有一个在学术和历史上都具有重要意义的特点，它就是在附录中描绘了婴儿不同的依恋模式，安斯沃思根据实证证据将这些模式与母亲可观察到的行为联系在一起。尽管这些模式与后来让安斯沃思举世闻名的三种依恋类型（attachment types）[在我们的研究中被称为，安全型（secure）、焦虑型（anxious）和回避型（avoidant）；原始内容详见 Ainsworth et al.，1978］并不完全相同，但存在一些明显的相似之处。安斯沃思1978 年出版的那本书中描述的三种主要依恋模式（patterns of attachment）基于 1967 年那本书，通过对美国巴尔的摩中产阶级婴儿的深入研究，这几种模式又得到了极大的完善。在这些美国研究中，安斯沃思和她的学生在婴儿出生后的第一年里详细记录了在婴儿家中观察到的内容，并辅以一种新的实验室评估程序：陌生情境（the Strange Situation）。安斯沃思等人在 1978 年的书中解释了如何对婴儿在陌生情境中与母亲的互动行为进行编码，还说明了婴儿依恋的三种主要模式与母亲在家中的特定行为模式有何关联。1978 年的书中提出的测量方式和观点与鲍尔比关于依恋、分离和丧失的理论著作相结合，构成了后来所有关于规范性依恋过程（normative attachment process）和依恋行为中个体差异的讨论的支柱。这项工作为后来成千上万的研究奠定了基础。

将依恋理论拓展到社会心理学领域

当我们在 20 世纪 80 年代末开始使用依恋理论时，它已经在儿童发展研究中得到了广泛验证，安斯沃思对婴儿依恋的分类也已众所周知。由于各种原因，包括（我们认为）越来越多的女性进入社会心理学领域（伊莱恩·哈特菲尔德和埃伦·贝尔伊德就是两位杰出且极具影响力的女性代表）、美国不断上升的离婚率、工业化社会对孤独感（loneliness）的关注（例如，Peplau & Perlman，1982），社会心理学家开始关注亲密关系的形成、维持和破裂。这种关注体现在专注于研究浪漫关系和婚姻关系的新专业组织的建立，也体现在 1983 年出版的里程碑式著作《亲密关系》（*Close Relationships*）中。这本书由当时（或其他任何时候）最杰出的社会心理学家之一哈罗德·凯利和埃伦·贝尔伊德等人所著。突然间，爱情研究不仅在专业上变得可接受，而且非常引人注目，甚至在《心理学评论》（*Psychological Review*）这样的杂志上也有很多相关研究（例如，Sternberg，1986）。

那个时期（至少在我们的判断中）存在一个问题，那就是态度（attitude）这一构念在社会心理学中的突出地位，它几十年来一直是研究的核心。它在大众心中的熟悉程度使研究者起初认为爱只是另一种态度（例如，Hendrick & Hendrick，1986）。很少有人考虑到浪漫的爱和父母的爱已经存在了几千年（Jankowiak，1995；Singer，1987），并且在非人类灵长类动物的生活中也可以看到爱和失去的内在重要性（例如，Harlow，1959）。这些都是在进化心理学（evolutionary psychology）出现之前发生的故事。此外，社会心理学家尚未意识到从弗洛伊德到鲍尔比的这些精神分析学家已经从心理动力学角度写了大量关于孝道、浪漫的爱，以及浪漫的爱与性行为之间关系的文章。我们与其他社会心理学家不同，因为我们在本科阶段第一次接触到精神分析时就对它产生了浓厚的兴趣。

在我们看来，任何密切关注人们生活中发生了什么事情的人，或者阅读浪漫小说、诗歌或研究艺术、电影的人，都会意识到自弗洛伊德以来的精神分析学家所提出的问题至关重要。这些问题包含性吸引力和欲望，浪漫的爱和渴望，在严峻家庭关系考验下的人格发展，痛苦的、腐蚀性的、会导致心理内部冲突、防御和精神病理问题的情绪（如愤怒、恐惧、嫉妒、悲伤、仇恨、羞耻和悔恨），群际敌意和战争。鉴于我们的兴趣点，我们起初觉得与精神分析相比，社会心理学显得很肤浅。然而，社会心理学的强项（也是精神分析的致命弱点）就是使用实验方法和创新性的实验干预。精神分析理论家似乎有能力无止境地创造出假想的构念和看不见的心理过程，而不受限于操作性定义、合理的心理测量学或可重复的实证研究方法。因此，社会心理学能够使心理动力学理论具有可验证性。

我们俩的职业生涯都以实验研究员的身份开始，主要研究当时社会和人格心理学领域的热门话题（米库利茨研究压力和习得性无助，谢弗研究自我觉察和对成功的恐惧），但我们对精神分析理论的兴趣从未消退。当我们读到鲍尔比的书时，我们意识到一位精神分析思想家可以整合关于人类行为的全部科学观点，为精神分析提出的假设寻找实证证据，并根据实证研究修正或重构精神分析理论。安斯沃思开发的实验室陌生情境评估程序使她能够系统地对婴儿的依恋模式进行分类，并将其与在家庭中对亲子互动进行的可靠观察联系起来，这一评估程序增加了我们的信心，即将依恋理论及其研究方法拓展到青少年和成人的爱情关系领域是可能的。

20 世纪 80 年代中期，谢弗正在研究青少年和成人的孤独感（例如，参见 Rubenstein & Shaver，1982；Shaver & Hazan，1984）。他注意到依恋理论在定义孤独感时能够发挥作用（例如，Weiss，1973），而且长期孤独感的模式在某些方面与安斯沃思及其同事（1978）所发现的婴儿不安全依恋模式很相似。基于这一见解，谢弗的一个博士生辛迪・哈赞撰写了一篇研讨会论文，提出依恋理论可以用来研究浪漫之爱，或者称为“浪漫依恋”（romantic attachment），浪漫依恋是他们在最初的文章中所用的术语（Hazan & Shaver，1987）。

这篇文章引起了米库利茨的注意，他在以色列研究与习得性无助、抑郁、作战应激反应（combat stress reaction）和创伤后应激障碍（post-traumatic stress disorder）有关的情感调节过程时就对依恋理论产生了兴趣。他注意到：①成年期某些形式的无助感与婴儿期父母不在身边造成的影响有相似之处；②创伤后应激障碍中的侵入性画面（intrusive image）和侵入性情绪（intrusive emotion）与安斯沃思等人（1978）及哈赞和谢弗（1987）描述的焦虑型依恋模式有相似之处；③应对压力的回避策略与上述这些作者描述的回避型依恋模式也有相似之处。1990 年，米库利茨、弗洛里安、托尔马茨发表了一篇关于依恋模式和有意识及无意识死亡焦虑的研究（Mikulincer，Florian & Tolmacz，1990），这是最早使用哈赞和谢弗开发的成人依恋模式初版自我报告量表（1987）的研究之一，也是第一个证实依恋模式能够阐明无意识心理过程的研究。

从那时起，我们俩就继续研究依恋理论在成人的情绪、情绪调节策略和亲密关系中的应用，并且发现我们都对依恋相关心理动力学（即各种心理过程，包括强烈的需求、强烈的情绪和冲突，以及防御策略，这些曾吸引了弗洛伊德和鲍尔比的注意）的实验研究感兴趣。我们决定集思广益，对成人依恋理论进行更严谨的表述（例如，Mikulincer & Shaver，2003，2007a；Shaver & Mikulincer，2002），阐明并扩展我们的依恋行为系统模式，用多种方式（包括由认知导向的社会心理学家开发的启动技术）验证该模式，并将积极心理学中的个人成长和社会美德（例如，Gable & Haidt，2005；Seligman，2002）以及组织心理学中的领导力和团体动力（例如，Davidovitz et al.，2007；Rom & Mikulincer，2003）纳入我们的理论框架中。正如我们在 2007 年那本著作中总结的那样，成人依恋理论如今已是研究社会关系、人格过程和人类的心理动力学本质的主流方法之一。我们将在下一节对该理论当前的形式进行总结。

成人依恋理论

我们所说的成人依恋理论（Mikulincer & Shaver，2007a）包括六大概念：①先天的依恋行为系统（Bowlby，1982；Mikulincer & Shaver，2006）；②与依恋有关的情感调节策略（Main，1990；Mikulincer et al.，2008）；③自我和他人的内部工作模式（Bowlby，1982；Mikulincer & Shaver，2005）；④依恋模式或依恋“风格”（Ainsworth et al.，1978；Shaver & Mikulincer，2009）；⑤能够增强自尊、促进亲社会情绪和行为的复原力资源——安全依恋（Bowlby，1988；Mikulincer & Shaver，2007b）；⑥不安全依恋导致的功能失调（Cassidy & Kobak，1988；Shaver & Mikulincer，2002）。接下来我们将依次讨论这些概念。

行为系统

为了描述个人和社会发展的动机，弗洛伊德曾试图用性和攻击性、生和死、“本能”（instinct）或“驱力”（drive）来解释这些动机，鲍尔比（1982）从动物行为学中提取了行为系统（behavioral systems）这一概念。行为系统是生物进化而来的一种具有物种普遍性的神经程序，该程序通过增加动物生存和繁殖的可能性来组织动物行为。他认为这些系统类似于控制论系统（cybernetic control system），它们并不由驱力所驱动。

根据鲍尔比（1982）的观点，在人类发展中，很早出现的行为系统之一是依恋系统（attachment system），其生物学功能是通过确保一个人（尤其是在婴儿期和童年早期）与关心和支持他的人——鲍尔比将其称为“依恋对象”（attachment figures）保持亲近关系，来避免遭遇危险。在鲍尔比（1982）看来，人们需要寻求和保持与依恋对象的亲近关系是由于人类儿童长期依赖于“更强大且更聪明”的他人（通常是父母，但不绝对），他们可以保护儿童免受捕食者和其他危险的伤害，还能支持儿童逐渐掌握知识和技能。

因为人类（和其他灵长类动物）的婴儿似乎天生就会寻找“特定”他人（那些他们熟悉，并且至少有时会帮助他们的人）并被其吸引，而且比起其他人，婴儿更喜欢这些人来照料自己，所以鲍尔比用“情感联结”（affectional bond）和“依恋”这两个术语来表示人与人在亲密关系中建立联系的过程。这就是他将自己的理论称为“依恋理论”的原因。尽管依恋系统在生命早期是最重要和最突出的，但鲍尔比（1988）认为它在整个生命过程中都扮演着重要角色，并且当一个人从亲密关系对象那里寻求支持、感情或保护时，该系统会最常表现出来。这种生命全程观（lifespan orientation）促使发展心理学家和社会心理学家（例如，Main et al.，1985；Shaver et al.，1988）将该理论扩展到了青少年和成人关系领域。

在婴儿期，主要照料者（通常是父母一方或双方，也包括祖父母、邻居、年长的兄弟姐妹、日托人员等）可能扮演着依恋对象的角色。安斯沃思（1973）发现，婴儿在疲惫或生病时往往会试图接近他们的主要照料者。海尼克和韦斯特海默（1966）发现，婴儿往往最容易被他们的主要照料者安抚。在青春期和成年期，其他关系中的交往对象（包括亲密的朋友和恋爱的伴侣）往往成为人们试图接近和寻求情感支持的目标。大学里的教师和督导或临床上的治疗师也可以作为实际的或潜在的安慰和支持来源。此外，群体、组织和象征性人物（如上帝、佛祖或圣母玛利亚）都可以被视为精神上的依恋对象。这一系列真实和象征性的人物在重要性或中心性上有所不同，他们形成了鲍尔比（1982）所提出的“依恋对象层级”（hierarchy of attachment figures）。

根据依恋理论，只有当关系对象完成或被要求完成三个重要功能时，特定的关系对象才能被称为依恋对象，这段关系才能被称为依恋关系（例如，Ainsworth，1991；Hazan & Shaver，1994；Hazan & Zeifman，1994）。第一，依恋对象要是依恋者在有压力或有需要时试图接近的人。此外，与这个人分离或失去这个人会引起痛苦、抗议，也会使依恋者为重聚（无论是字面上的重聚，还是在悲伤时的象征性重聚）付出努力。第二，依恋对象要能被视为一个真实或潜在的“安全港湾”（safe haven），因为他要在依恋者需要时为其提供或被认为能提供安慰、支持、保护和安全感。第三，依恋对象要能被视为一个“安全基地”。在这里，儿童或成人能够追求与依恋无关的目标而不必过于担心安全问题，能继续探索、冒险和追求自我发展。

依恋理论所谓的“依恋系统激活”（activation of the attachment system）在人类婴儿的行为中可见一斑。如果婴儿听到奇怪或意外的声音，或者有陌生人进入房间，他们往往会停下自己正在做的事情（例如，玩有趣的玩具），并试图从依恋对象那里寻求安慰和支持（Ainsworth et al.，1978）。鲍尔比（1982）认为这些刺激以及发现自己在黑暗中或感到不舒服都是很自然的危险提示，在整个人类进化史上对生存有着重要意义。在受到有意识或无意识威胁的成年人心目中，依恋系统激活同样很重要。例如，我们（Mikulincer et al.，2002）进行了一项实验，在阈下向成年人呈现一些威胁性词语（例如，失败、分离），然后间接评估（用词语识别任务的反应时或颜色－姓名匹配的斯特鲁普任务反应时）在被无意识威胁之后，哪些关系对象的名字在心理加工时更容易被识别。结果发现，在无意识地接触到具有威胁性的词语后，个体依恋对象的名字更容易被识别。这些威胁性词语对那些不被视为依恋对象的人的名字在心理上的可及性没有影响，即使这些人和被试很熟悉。也就是说，依恋对象不是人们在任一关系中的普通对象，而是一群特殊的人。当人们需要安慰或支持时，就会下意识地、自动地寻找他们。

根据鲍尔比（1982）的观点，依恋系统的基本目标是增加个体的安全感［为了强调其情感属性，斯鲁夫和沃特斯（1977）将安全感称为“感到安全”（felt security）］。安全感让个体觉得世界是一个安全的地方，个体可以依赖他人以获得保护、安慰和支持，也可以自信地探索周遭环境，参与社会性和非社会性活动，而不用过度担心自己受到伤害。如果遇到实质上或象征性的威胁，或者认为依恋对象不能充分为自己提供支持或回应，“增加安全感”这一目标就会显得尤为突出。在这种情况下，依恋系统会被激活，个体需要重新建立与依恋对象实质性或象征性的亲近关系——依恋研究者称之为依恋系统的“初级策略”（primary strategy）（Main，1990）。这种寻求亲近的需求会一直持续到安全感恢复为止，这时依恋系统将被关闭或下调到不重要的水平，个体就可以平静而熟练地重新开始进行其他活动。也就是说，寻求保护、支持和安全感不仅是目标本身，它们也是实现非依恋性目标的重要基础。这使依恋理论有别于其他将自尊、归属感、认知一致性、社会影响或社会支配作为主要目标的社会心理学理论。这些目标中许多都与安全感和不安全感有关，但我们认为它们只是社会动机的分支而非根源。

在婴儿期，初级依恋策略包括非言语需求表达（如伸手、哭泣、恳求）和爬向或蹒跚地走向依恋对象以增加亲近感和安全感（Ainsworth et al.，1978）。成年后，这些策略的范围变大，包含了其他许多建立联系的方法（例如交谈，给依恋对象打电话、发送电子邮件或短信），以及使用与依恋对象有关的抚慰性、安慰性心理表征，甚至是与其相关的自我表征（self-representation），例如模仿依恋对象的一些品质，或被依恋对象爱和安慰的感受（Mikulincer & Shaver，2004）。许多研究（参见综述 Mikulincer & Shaver，2007b）表明，通过有意识或无意识的方法“启动”与依恋对象相关的表征可以增加个体的安全感，从而改变个体对物体、情境和人的感受，减少对外群体成员的敌意，促进共情、同情心和利他助人行为的出现，并鼓励个体更多使用创新性探索方式。

鲍尔比（1988）总结了寻求亲近的许多适应性好处。例如，他认为成功获得亲近感以及由此带来的安全感提升对于建立和维持一段成功且令人满意的关系而言至关重要。每一次与依恋有关的能够恢复个体安全感的互动都可以再次肯定人际亲密的价值，并加强个体与依恋对象的情感联结。这就是依恋研究者解释由非依恋社会心理学研究者（例如，Murray et al.，2006；Reis et al.，2004；Rusbult et al.，1991）提出的关系稳定性和关系质量重要决定因素带来影响的方式。

此外，成功获得亲密和情绪支持在帮助一个人调节和缓解负面情绪（如愤怒、悲伤、焦虑和意志消沉）方面起着重要作用（Bowlby，1973，1980）。根据依恋理论，成功的自我调节最初是在依恋对象的帮助下学会的。依恋对象能准确感知到个体的负面情绪和造成这些情绪的环境原因，然后会温柔有效地抚慰个体不安的心灵，并为解决问题或重新评估问题情境提供有用的建议。因此，他们能帮助人们在面对压力时保持情绪稳定和复原力。

依恋系统功能的个体差异

依恋理论是关于社会和情绪发展的整体理论，但如果仅仅是这样的话，它就不会吸引发展心理学家、人格心理学家、社会心理学家和临床心理学家的注意。吸引心理学研究者注意的是鲍尔比理论中所强调，又在安斯沃思的母婴研究中被进一步操作化的依恋模式或风格。受依恋理论启发的大多数研究和临床应用都与依恋模式或风格的个体差异有关。

依恋对象的可得性与次级依恋策略

除了在各物种中普遍存在的特征，依恋行为系统还包括一些调节因素，这些因素会受到个体与依恋对象互动经历的影响。在婴儿早期，经验的影响可以通过简单的学习原则被概念化。如果一种特定的行为策略（例如，哭着寻求帮助、愤怒地抗议、压抑痛苦的信号）得到了特定照料者的回应，就会被强化。如果一种特定的策略导致个体受到惩罚或被照料者无视，它在婴儿的行为系统中就会变得不那么有效（可能会被压抑）。对于其他哺乳动物的幼崽来说，情况也是如此。

然而，就人类儿童而言，他们不仅学到了自动化的行为模式，还获得了生动的记忆、抽象的假设，以及对照料者反应的预期和对自己的行为可能是有效还是无效的预期。因为鲍尔比和安斯沃思进行研究工作的那段时期被称为心理学的认知革命（cognition revolution），所以他们对记忆、认知图式和其他心理表征在调节依恋系统时发挥的作用非常敏感。在依恋理论中，这些心理结构和过程被称为自我和他人的内部工作模式（Bowlby，1982）。随着时间的推移，一个人的工作模式（包含有意识和无意识因素）会被与依恋对象的互动质量所塑造，从而能对依恋系统进行“编程”（programming）以预测和满足依恋对象的特征行为。通过这个过程，个体学会了调整自己的依恋系统以适应环境的要求，也学会了依靠对可能能获得保护和安全的途径的期望。这些工作模式被认为是人们目前具有的依恋策略或风格的个体差异，以及个体内部依恋系统长期运作的连续性的基础。

根据鲍尔比的观点（1973，1988），工作模式变化及其导致的依恋系统功能变化，取决于依恋对象在其被需要时的可得性、敏感性和反应性。当个体的主要关系对象是可得的、敏感的，对他所做出的寻求亲近和支持的努力也是有反应的，那么个体就有可能体验到“安全感”，从而增加个体将寻求亲近作为一种有效的痛苦调节策略的信心。在这样的互动中，个体也获得了关于痛苦管理的程序性知识，这些知识是围绕依恋研究者（例如，Mikulincer et al.，2009）所描述的“安全基地脚本”（secure-base script）来组织的。研究者们认为这个脚本包含了以下的“如果 – 那么”命题（if-then proposition）：“如果我遇到障碍并变得痛苦，那么我可以向重要他人寻求帮助；我能够找到他，他也能向我提供支持；我能在试图亲近这个人的过程中体验到痛苦的减少和安慰；我可以继续从事其他活动。”

然而，当个体发现主要依恋对象不可得、不敏感或不能对自己做出反应时，就无法获得安全感，最初引导其努力寻求亲近的痛苦也会被与依恋相关的怀疑和担忧加重（例如，“在有需要时，我可以信任别人吗”）。这些令人不安的互动表明，初级依恋策略（寻求亲近和支持）没能实现个体的目标，应该采用替代策略来应对当前的不安全感和痛苦。依恋理论家（例如，Cassidy & Kobak，1988；Main，1990）将这些替代策略称为“次级依恋策略”（secondary attachment strategy）。安斯沃思等人（1978）认为，这种策略有两种主要的组织形式，即依恋行为系统的过度激活（hyperactivation）和去激活（deactivation）。

过度激活策略包括鲍尔比（1982）提

出的依恋需求受挫时的抗议（protest）反应。在依恋对象有时做出不可靠的回应，有时又不回应的关系中，抗议经常发生。这些依恋对象会将有需要的个体置于一个部分强化（partial reinforcement）的情境中，这种做法似乎是对坚持使用精力充沛、刺耳、吵闹的接近寻求策略的奖励，因为这些尝试有时会成功。在这种情况下，个体并没有放弃寻求亲近，事实上，他还会为了博得依恋对象的关注、爱和支持而更努力地寻求亲近。这些策略的主要目的是迫使一个不可靠或反应不充分的依恋对象给个体提供支持和安全感。这包括在加倍索要关注、照顾和爱的同时夸大威胁评估，并过度强调依恋对象不可得的事实。矛盾的是，这种策略可以被视为一种情绪调节形式，尽管它是向上调节（upregulation）而非被理所当然地认为是有效的向下调节（downregulation）（Gross，1999）。

与此相反，去激活策略则是为了逃离、避免或减少由不可得、无同情心或无反应的依恋对象所引起的痛苦和挫折。这种反应通常发生在与那些不赞成或惩罚寻求亲近以及表达需要、依赖和脆弱的依恋对象的关系中（Ainsworth et al.，1978）。在这种关系中，如果寻求亲近的需求被抑制，依恋系统被去激活，威胁和危险只能由自己处理，有需求的个体就只能学会期待更好的结果——鲍尔比（1982）称这种策略为“强迫性自我依赖”（compulsive self-reliance）。去激活策略的主要目标是保持依恋系统的静止或下调，以避免与冷漠、忽视或惩罚性依恋对象互动而体会到反复的受挫和痛苦。这种去激活策略要求个体否认依恋需求，避免关系中的亲密和相互依赖，并使自己远离一些威胁，这些威胁可能会激活不需要的和潜在无法控制的与依恋相关的需求、想法、感受或行为。

内部工作模式

如前所述，鲍尔比（1982）的理论认为，与依恋对象进行重要社会互动的记忆会被储存起来，并最终在联想记忆网络中形成图式。这种储存的知识使人能够预测未来与依恋对象互动的可能过程和结果，并相应地调整自己寻求亲近的需求。对这些模式的反复强化和调整通常会使自我、依恋对象和依恋关系的心理表征越来越稳定。鲍尔比（1982）提出了工作模式的两种主要形式，即对依恋对象反应和倾向的表征（他人的工作模式）和对自我可爱性和效能的表征（自我的工作模式）。一旦依恋系统在依恋关系中发挥了几年作用，它就会与对这些依恋对象可得性、反应性和敏感性的复杂表征以及对自我在需要时引起依恋对象关注和喜爱能力的表征联系起来。

在婴儿期和儿童期，工作模式基于与特定依恋对象的具体互动或互动类型。因此，孩子可以持有多个关于自我和他人（特定的情境或人）的情景表征（episodic representation），这些表征在互动的结果（尤其是在获得安全感方面的成功或失败）和在互动过程中用于处理不安全感的次级策略（过度激活或去激活）有所不同。随着经验的积累和认知的发展，这些情景表征之间形成了兴奋性（excitatory）和抑制性（inhibitory）关联。例如，经历或想象一个关于获得安全感的情景会激活类似的安全感增强情景的记忆，并使关于依恋不安全感和烦恼的记忆不那么容易被提取。这些关联有利于形成对特定对象更抽象和更具概括性的依恋表征。然后，通过在不同代表和其他依恋对象互动的模式之间建立兴奋性和抑制性联系，可以形成更通用的工作模式来概括一般关系。随着时间的推移，这种持续的模式构建、更新和整合过程会产生一个层级关联网络，其中包括情景记忆、特定关系模式以及自我和他人的一般工作模式。欧弗罗尔等人（2003）为这种依恋工作模式的层级网络提供了统计学证据。

不幸的是，关于依恋的理论文献有时让人觉得，在重要关系的问题上，工作模式似乎是简单而单一的。然而，研究证据表明，根据鲍尔比（例如，Bowlby，1980）最初关于多重模式、冲突模式以及有意识和无意识模式的想法，大多数人可以记住与依恋对象的安全感增强型互动和安全感降低型互动并受到其影响（例如，Baldwin et al.，1996；Mikulincer & Shaver，2007b）。因此，在评估与依恋相关的过程和结果时，个体被提醒思考或正在思考的东西非常重要。一种关系的心理表征可能与另一种关系的心理表征不同，关注某一特定问题（例如，性方面的不忠）也可能会导致先前的相关经历暂时变得比平时更容易提取，并对心理产生更大的影响。

每个人都有由分层认知网络组织起来的多种依恋模式，这一观点提出了一个问题，即在特定情况下，哪种模式最容易被提取（即容易被激活并用于指导与依恋相关的期望、防御和行为）。与其他心理表征一样，依恋工作模式的可提取性由以下因素决定：它所基于的经验数量、在过去被应用的次数、与其他工作模式的关系密度，以及在特定情况下使其变得重要的问题（例如，Shaver et al.，1996）。在特定关系层面上，能够代表与依恋对象典型互动的模式具有最高的可提取性，也最可能指导随后与该对象的互动。在一般关系层面上，能够代表与主要依恋对象（如父母和恋爱伴侣）互动的模式通常会成为最常见的表征，并且随着时间的推移，这种模式会在不同关系中对与依恋相关的期望、感受和行为具有最强的影响。

根据鲍尔比（1973）的观点，巩固一个规律可得的工作模式是最重要的心理过程。它可以解释婴儿期、儿童期和青少年期的依恋互动对成年后与依恋相关的认知和行为的持久性、长期性影响。鉴于人们在婴儿期和儿童期与主要照料者的互动模式相当一致，这些互动中最具代表性的工作模式成了一个人关于亲密关系、社会互动和痛苦调节方法的内隐程序性知识的一部分。它倾向于自动且无意识地运作，且不会有所改变。因此，在童年期一开始就成为与特定主要照料者互动的表征，往往会被应用于新的情境和关系中，并且最终会对与依恋相关的经历、决定和行动产生影响，甚至在成年后也是如此（Sroufe et al.，2005）。

如前所述，除了依恋历史对工作模式可提取性的普遍影响外，依恋理论还强调情境因素的重要性，这些因素会影响特定模式或模式组成部分的可提取性（例如，Shaver et al.，1996）。最近的研究表明，与依恋对象的可提取性和反应性有关的情境线索，以及在现实或想象中遇到支持性或不支持性对象的经历，都可以影响具体哪些工作模式会在记忆中变得活跃，即使它们与个体更一般和更典型的工作模式并不一致（例如，Mikulincer & Shaver，2007b；Shaver & Mikulincer，2008）。如此看来，在个体的联想记忆网络中，一般可提取的和更通用的工作模式与不太典型的工作模式共存，而不太典型的模式会受到情境因素的影响，这对于理解个体在特定情况下的行为十分重要（Mikulincer & Shaver，2007b）。

依恋模式或风格的概念和测量

根据依恋理论（Bowlby，1988；Shaver & Hazan，1993），特定的依恋经验和由此形成的长期可提取工作模式的巩固导致了依恋风格（即在人际交往和亲密关系中，期望、需要、情绪和行为的习惯模式）中相对稳定的个体差异（Hazan & Shaver，1987）。根据它的测量方式，依恋风格可以指个体在特定关系中——特定关系风格（relationship-specific style）或不同关系中——总体依恋风格（global attachment style）与依恋相关的典型心理过程和行为。

依恋模式或风格的概念最早由安斯沃思（1967）提出，她用这一概念来描述婴儿在家里和实验室的陌生情境程序（旨在激活婴儿的依恋系统）中与母亲分离和重聚时的反应模式。根据陌生情境程序，婴儿最初被分为三类：安全型、焦虑型或回避型。梅因和所罗门（1990）后来又增加了第四种类型，即无组织/无定向型（disorganized/disoriented），其特点是表现出古怪且不合适的行为，以及在焦虑型和回避型之间的异常波动。

被归为安全型的婴儿在与母亲分离时通常会表现出明显的痛苦，但在与母亲重聚后会迅速恢复，并重新开始探索陌生环境中的许多有趣的玩具。他们会高兴地和母亲打招呼，主动与母亲接触，被抱起时还会做出积极反应（Ainsworth et al.，1978）。回避型婴儿的反应则截然不同，似乎表现出了依恋系统的去激活。这些婴儿在与母亲分离时很少表现出痛苦，而在与母亲重逢时可能会主动远离或躲避母亲。焦虑型婴儿则表现得过度活跃，它们在分离时会愤怒地哭闹和抗议，在重逢时又会表现出愤怒、抵抗和亢奋的反应（即鲍尔比所谓的“抗议”），这使他们难以平静下来并重新回到创造性游戏中。

20世纪80年代，来自心理学不同分支学科（发展、临床、人格和社会）的研究者开发了新的依恋测量方法，将依恋理论拓展到了青少年和成年期。基于发展和临床的方法，梅因及其同事（George et al.，1985；Main et al.，1985；综述可参见Hesse，2008）设计了成人依恋访谈（Adult Attachment Interview，AAI）来研究青少年和成人在童年时期对父母依恋的心理表征。通过这种研究成人依恋的方法发现的主要结果之一是，成人的依恋访谈类型［包括安全型、拒绝型（dismissing）、先占型（preoccupied）及未解决型（unresolved）］可以预测他的孩子在婴儿期在陌生情境中的依恋模式（综述可参见van IJzendoorn，1995），即使访谈是在婴儿出生前进行的。换句话说，有力的证据表明，依恋模式存在代际传递，但这似乎不是一个涉及遗传基因的问题（例如，Vaughn et al.，2008）。

在一系列独立研究中，哈赞和谢弗（1987）希望将鲍尔比和安斯沃思的观点应用于浪漫关系的研究中，并开发了一份成人依恋风格的自我报告量表。在其最早版本中，该量表包含三条对亲密关系中感觉和行为的简短描述，旨在与安斯沃思等人（1978）确定的三种婴儿依恋模式相对应。大学生和社区成年人被要求阅读这三条描述，并根据自己在恋爱关系中的主要感受和行为将自己归入其中一种类型。这三条描述如下：

1. 安全型：我觉得与他人亲近是一件相对容易的事，依赖他们和被他们依赖都让我感觉很舒服。我不担心被抛弃，也不担心有人与我太亲近。

2. 回避型：我与他人亲近时会感到有些不舒服。我发现自己很难完全信任他们，也很难让自己依赖他们。当有人靠我太近时，我会很紧张。他人往往想要和我更亲密，而这会让我感到不舒服。

3. 焦虑型：我发现别人不愿意像我希望的那样接近我。我经常担心我的伴侣并不是真的爱我，或者不想和我在一起。我想和我的伴侣非常亲近，但这有时会把人吓跑。

在哈赞和谢弗（1987）的研究之后，又有许多人使用简单的迫选式自我报告量表来检验成人依恋风格的人际间和个体内相关因素（综述可参见 Shaver & Hazan，1993；Shaver & Mikulincer，2002）。随着时间的推移，依恋研究者对最初的自我报告量表进行了方法和概念上的改进，并且得出结论，认为最好以二维空间区域来定义依恋风格（例如，Bartholomew & Horowitz，1991；Brennan et al.，1998）。我们将第一个维度称为与依恋相关的回避，它包括对亲密和伴侣依赖感到不适，倾向于在情感上和伴侣保持距离以及自力更生。被自我报告量表确定为回避依恋的个体会采用去激活依恋和情感调节策略来处理不安全感和痛苦。第二个维度是与依恋有关的焦虑，包括强烈渴望亲密和保护，强烈担忧伴侣的可得性、反应性和自己对伴侣而言的价值，以及使用过度激活策略来处理不安全感和痛苦。在这两个维度上得分均较低的人被视为具有安全依恋风格。

依恋风格的这两个维度可以用36题版的亲密关系经历量表（Experiences in Close Relationships scale，ECR；Brennan et al.，1998）来测量。该量表具有可靠的内部一致性信度和重测信度，并且具有很高的结构效度、预测效度和区分效度（Crowell et al.，2008）。其中，18个题目有关回避维度（例如，“我尽量避免与我的伴侣过于亲密”“我宁愿不向伴侣表达我内心深处的感受”），其余18个题目有关焦虑维度（例如，“我需要一再确保我的伴侣是爱我的”“我讨厌伴侣不在我身边的时刻”）。这两个分量表在概念上相互独立，并且在大多数研究中都被发现不存在相关或只存在微弱相关。以自我报告的方法测量成人依恋风格的研究，有的基于三个维度，有的基于四个维度（包括两个回避维度，即恐惧维度和拒绝维度），还有的基于两个维度。这些测量方法使研究者能够从理论上论述在关系质量、心理健康、社会适应、应对方式、情绪调节、自尊、人际行为和社会认知方面可预测的依恋风格变异（综述可参见 Mikulincer & Shaver，2003，2007a）。

使用自我报告量表（例如，Crawford et al.，2007；Donnellan et al.，2008）或成人依恋访谈（Torgersen et al.，2007）考察依恋不安全感两种主要形式的遗传性研究相对较少。自我报告研究为遗传影响焦虑依恋提供了相当一致的证据。焦虑依恋与神经质（一种受基因影响的人格特质）相关（例如，Noftle & Shaver，2006）。关于基因影响回避依恋的证据不太一致，但吉拉斯等人（2008）发现焦虑依恋和回避依恋都与特定的等位基因有关：焦虑与DRD2多巴胺受体基因的多态性有关，回避则与5HT2A 5-羟色胺受体基因的多态性有关。这方面研究仍处于起步阶段，但迄今为止没有一项研究表明，基因是依恋风格的最重要决定因素。

依恋对象的可得性和安全依恋的拓延 – 建构环

在概述了依恋理论的主要构念以及操作化这些构念的一些方法和程序之后，我们将继续讨论依恋系统功能的变化对个人、互动和社会系统的一些影响。在本章的这一部分，我们对感知到的依恋对象可得性以及由此产生的安全感对社会判断、自我意象、人格发展、心理健康和关系质量产生的有益影响特别感兴趣。在考虑了安全感的有益影响之后，我们将讨论与次级依恋策略（焦虑性过度激活和回避性去激活）有关的防御性过程，以及当个体依赖防御性过程时产生的情绪和适应困难。

根据依恋理论，一个真正的安全感提供者在身体和情感上的可得性，或个体随时获得支持性依恋对象心理表征的可能性会产生一种安全感，也会促进安全依恋拓延 – 建构环（broaden-and-build cycle of attachment security）的建立（Fredrickson，2001）。这个循环是一连串心理和行为过程，可以被视为一种在压力下保持情绪稳定的资源，能够促进与他人开放而深度互依的纽带，优化个人适应，并扩展个人的视野和能力。从长远来看，依恋对象可得性的重复体验对心理内部组织（intrapsychic organization）和人际行为具有持久影响。在心理层面上，这些经历可以被视为复原力资源，可以维持情绪健康和个人适应，并形成积极的自我和他人工作模式。这些模式在需要时可以随时从记忆中被提取，以增强个体的情绪调节和应对能力。在人际关系层面上，依恋对象可得性的重复体验可以使个体发展出与安全依恋风格相关的技能和态度，有利于形成和维持温暖、满意、稳定且和谐的关系。

能够可靠地拥有一个可得的、敏感的、有反应的依恋对象产生的最直接的心理效应是能有效控制痛苦，并在受到威胁和压力后相对迅速地平复情绪。由于与依恋对象保持着良好的关系，安全依恋的个体在压力下仍能相对不受干扰，可以体验较多积极情感，这有助于保持稳定的心理健康。事实上，一些研究表明，安全依恋与幸福感呈正相关，与疼痛感、消极情绪、抑郁和焦虑呈负相关（综述可参见 Mikulincer & Shaver，2003，2007a；Shaver & Mikulincer，2002，2009）。

依恋对象可得性的经历也有助于构建一个广泛的积极心理表征网络，这在维持情绪稳定和适应方面起着重要作用。这个网络的一部分涉及将生活中的问题评价为可以处理的，这有助于个体保持乐观和充满希望的态度。依恋风格相对安全的个体能够以积极的方式评估和重新评估压力事件，从而更有效地处理这些事件。研究者们一致发现，自我报告的依恋安全感与对压力事件的建设性、乐观性评估之间存在正相关（更广泛的综述可参见 Mikulincer & Shaver，2007a）。

另一组与安全感相关的心理表征涉及其他人的意图和特质。许多研究表明，依恋安全感更高的个体对人性持有更积极的看法，在描述关系伴侣时会使用更积极的词汇，会认为关系伴侣更具有支持性，对伴侣的行为有更积极的期望，倾向于少用消极方式解释伴侣的伤害行为（综述可参见 Mikulincer & Shaver，2003；Shaver & Mikulincer，2006）。

与可得且敏感的关系对象互动可以减少对被拒绝、批评或虐待的担忧。这样的互动表明，一个体贴的伴侣不可能背叛个体的信任，不可能对个体表达出的需求做出冷淡或侮辱性的反应，也不可能对寻求亲近和安慰的要求做出消极回应。许多研究证实，安全依恋的个体在自我表露、寻求支持、亲密感、信任、公开交流、亲关系行为（prorelational behavior）和关系满意度等方面得分较高（综述可参见 Feeney，2008；Shaver & Mikulincer，2006）。

与能提升安全感的依恋对象互动也会加强个体真正积极的自尊和社会价值感（Mikulincer & Shaver，2003）。也就是说，安全依恋的个体通常会感到安全和受到保护，认为自己是有价值的、值得爱的、特别的，这要归功于他们被体贴的关系对象所重视、爱护和珍视。研究一致表明，安全依恋的个体比不安全依恋的个体具有更高的自尊（例如，Bartholomew & Horowitz，1991），也认为自己更有能力和效力（例如，Cooper et al.，1998）。

一个依恋风格相对安全的个体拥有的压力处理资源会使他们不太需要依赖心理防御，这些防御会扭曲感知，限制应对灵活性并产生人际冲突。一个安全依恋的个体可以不用将心理资源用于预防和防御性策略，而可以将其投入到个人成长中。他们还可以关注其他人的需求和感受，而不是只能关注自己，或者在关注自己以外顺便关注他人。由于确信在有需要时可以得到支持，一个安全依恋的个体可以承担预期风险并接受重要的挑战，这有助于拓宽对他们个人成长很重要的视野和技能。事实上，研究表明，尽管经验的增长可能会带来不确定性和困惑，但安全依恋与好奇心增强和学习提升有关，可以鼓励个体放松地探索新的、不寻常的信息和现象，有利于个体形成开放且灵活的认知结构（例如，Elliot & Reis，2003）。

安全依恋与对伴侣需求反应的自我报告测量得分更高有关（例如，Kunce & Shaver，1994），也与对痛苦的伴侣做出更多支持性回应有关（例如，Simpson et al.，1992）。特质性和情境性增强的安全依恋都与对遭遇痛苦的个体具有较多同情和减轻他们痛苦的意愿有关（例如，Gillath et al.，2005；Mikulincer et al.，2005）。

次级依恋策略、情绪困扰和心理适应不良

根据依恋理论（Main，1990；Mikulincer & Shaver，2003，2007a；Shaver & Mikulincer，2002），次级依恋策略（焦虑性过度激活和回避性去激活）是对个体有需要时依恋对象不可得、不可靠或没有反应所造成的挫折和痛苦的防御。尽管这些次级策略最初是为了与一个不稳定、遥远或不可得的依恋对象建立一种可行的关系，但在之后的关系情境中，这些策略就不合适了。因为在这些情况下，寻求亲近、心理上的亲密和合作性的相互依赖会更有成效和回报。此外，这些策略会导致个体维持扭曲或局限的工作模式和情感调节技术，这可能对心理健康、个人成长和社会适应产生不良影响。

焦虑依恋会导致个体的痛苦加剧，唤起其消极记忆、期望和情绪，这反过来又会干扰心理一致性，在某些情况下还会催生严重的心理病症（Mikulincer & Shaver，2003）。尽管回避依恋的个体可以保持安全和冷静的防御姿态，但他们会忽视或误解自己的情绪，并且难以处理长期高要求的压力源，而这些压力需要个体积极面对问题并调动外部

支持来源才能应对（Mikulincer & Shaver，2003）。此外，尽管回避依恋的个体能够有意识地压抑或忽略痛苦，但痛苦仍然可以通过躯体症状、睡眠障碍和对疾病的免疫力下降等形式间接表现出来。此外，回避依恋的个体可以将个人的痛苦转化为敌意、孤独感和与他人的疏远感（Shaver & Hazan，1993）。

许多研究证实，焦虑依恋与幸福感呈负相关，而与广泛性痛苦、抑郁、焦虑、进食障碍、物质滥用、行为障碍和严重的人格障碍呈正相关（参见综述 Mikulincer & Shaver，2007a）。许多研究发现，回避依恋与自我报告的幸福感和广泛性痛苦之间没有显著相关（参见综述 Mikulincer & Shaver，2007a）。然而，一些研究表明，回避依恋与特定的情绪和行为问题模式有关，如以完美主义、自我惩罚和自我批评、躯体抱怨为特征的抑郁症状，物质滥用和行为障碍，以及分裂样和回避型人格障碍（参见综述 Mikulincer & Shaver，2007a）。此外，虽然在社区样本中没有发现回避依恋和广泛性痛苦之间的一致关系，但关注高要求和高压力事件（如生下一个严重残疾的婴儿）的研究表明，回避依恋与较高的痛苦水平和较差的长期结果有关（例如，Berant et al.，2008）。

依恋理论：与其他理论的关系和潜在应用

依恋理论与本书中讨论的其他理论衔接，并且有很多共同点。例如，依恋理论是一种早期的进化心理学理论，其理论建构部分参考了对鸟类和非人灵长类动物的行为学研究。它与亲密关系的互依理论（interdependence theories）密切相关，后者关注人际交往，强调一个人的反应对另一个人的影响。依恋理论和互依理论都强调了关系对象之间相互信任的重要性。然而，依恋理论并不完全是关系性的。它包含一个重要观点，即与依恋对象的互动可能会受与次级依恋策略相关的防御过程影响而产生偏差。由于这种偏差，自我和他人的工作模式并不只反映个体和关系对象在特定互动中的实际行为方式。相反，它们既反映了实际的社会经历，也反映了已经确立的防御性策略所产生的主观偏差。此外，成年后依恋系统的激活可以发生在大脑中，而不一定直接表现在行为上，也不一定需要真正的关系对象在场。

依恋理论和社会认知理论（包括本系列第一册“分析认知水平”部分的理论）都强调人们在多大程度上主观解释了人与环境的交互，储存了典型交互的表征，并使用这些表征来理解新的交互和行动组织方案。在这两种理论方法中，这些心理表征指导和协调情绪调节、自我意象、个人知觉，以及人际环境中的认知、目标、感受和行为。此外，依恋理论将工作模式进行概念化的方式与社会认知理论家将心理表征概念化的方式相同：它们都被储存在联想记忆网络中，与其他表征保持兴奋性和抑制性联系，具有由过往经历和其他因素决定的特定可提取性水平，并且特定情境下的相关环境线索会增强这种可提取性。

然而，尽管具有这些共同点，将依恋工作模式等同于社会认知领域中通常研究的认知结构是错误的。谢弗等人（1996）在对依恋工作模式的性质、内容、结构和功能进行综述时列举了这些构念之间的四个区别。与其他心理表征相比：①工作模式还倾向于处理个体的愿望、恐惧、冲突和心理防御，并且它们会受到这些心理动力学过程的影响；

②工作模式似乎比大多数社会图式具有更多且更有力的情感成分，并倾向于受到情绪调节过程的塑造；③工作模式更多地被关系术语解释，并以高度互依的方式组织自我、他人和社会互动的表征；④工作模式是更广泛、更丰富、更复杂的结构，并且它们可以包括在情景、语义和程序层面编码的同一个人与环境交互的串联表征或相反表征。

在本章中，我们已经或明或暗地提到了依恋理论及其研究的大量应用。例如，我们自己的研究已经表明，无论是有意识还是无意识的安全感提升，都具有一些值得称赞的亲社会效应，如减少教条主义（dogmatism）、对模棱两可的不容忍和群际敌意，增加共情、同情心、利他主义，以及社区活动的参与。与被认为可以提高自我完整性（self-integrity）和对他人的温暖情感（Crocker et al.，2008）的自我肯定（self-affirmation）程序（Sherman & Cohen，2006）一样，安全依恋启动程序可以减少对自我的威胁性感知，使其更容易欣赏和帮助他人。一些我们提到的研究已经证明了依恋理论及其研究与关系和婚姻满意度、领导力发展、团体动力和组织功能的相关性（Mikulincer & Shaver，2007a）。依恋研究从一开始就旨在应用于亲子教育和个体心理治疗。现在，它也被广泛用于婚姻治疗。

从该理论的具体内容和它所激发的数以千计的实证研究中回过头来看，很明显，如果人们由有回应的父母抚养，由有回应的教师和导师指导，与有回应的配偶生活，由有回应的领导监督和指导，那么社会生活的每个层面都会得到加强，破坏、暴力和压抑都会减少。许多新的干预措施都建立在依恋研究的基础上，到目前为止，它们的结果都非常令人鼓舞。在我们看来，依恋理论及其研究正在帮助实现社会心理学的初心，也正在为个体和社会生活的改善提供科学依据。

参考文献

Ainsworth, M.D.S. (1940) An evaluation of adjustment based on the concept of security. Unpublished doctoral dissertation, University of Toronto, Ontario, Canada.

Ainsworth, M.D.S. (1967) *Infancy in Uganda: Infant Care and the Growth of Love*. Baltimore, MD: Johns Hopkins University Press.

Ainsworth, M.D.S. (1973) The development of infant-mother attachment. In B.M. Caldwell and H.N. Ricciuti (eds), *Review of Child Development Research, 3*, 1–94. Chicago: University of Chicago Press.

Ainsworth, M.D.S. (1991) Attachment and other affectional bonds across the life cycle. In C.M. Parkes, J. Stevenson-Hinde, and P. Marris (eds), *Attachment Across the Life Cycle*, pp. 33–51. New York: Routledge.

Ainsworth, M.D.S., Blehar, M.C., Waters, E. and Wall, S. (1978) *Patterns of Attachment: Assessed in the Strange Situation and at Home*. Hillsdale, NJ: Erlbaum.

Baldwin, M.W., Keelan, J.P.R., Fehr, B., Enns, V. and Koh Rangarajoo, E. (1996) Social-cognitive conceptualization of attachment working models: Availability and accessibility effects. *Journal of Personality and Social Psychology, 71*, 94–109.

Bartholomew, K. and Horowitz, L.M. (1991) Attachment styles among young adults: A test of a four-category model. *Journal of Personality and Social Psychology, 61*, 226–244.

Berant, E., Mikulincer, M. and Shaver, P.R. (2008) Mothers' attachment style, their mental health, and their children's emotional vulnerabilities: A seven-year study of children with congenital heart disease. *Journal of Personality, 76*, 31–66.

Bowlby, J. (1958) The nature of the child's tie to his mother. *International Journal of Psychoanalysis, 39*, 350–373.

Bowlby, J. (1973) *Attachment and Loss: Vol. 2. Separation: Anxiety and Anger*. New York: Basic Books.

Bowlby, J. (1979) *The Making and Breaking of Affectional Bonds*. London: Tavistock.

Bowlby, J. (1980) *Attachment and Loss: Vol. 3. Sadness and Depression*. New York: Basic Books.

Bowlby, J. (1982) *Attachment and Loss: Vol. 1. Attachment*, 2nd Edition. New York: Basic Books. (Originally published 1969).

Bowlby, J. (1988) *A Secure Base: Clinical Applications of Attachment Theory*. London: Routledge.

Brennan, K.A., Clark, C.L. and Shaver, P.R. (1998) Self-report measurement of adult romantic attachment: An integrative overview. In J.A. Simpson and W.S. Rholes (eds), *Attachment Theory and Close Relationships*, pp. 46–76. New York: Guilford Press.

Cassidy, J. and Kobak, R.R. (1988) Avoidance and its relationship with other defensive processes. In J. Belsky and T. Nezworski (eds), *Clinical Implications of Attachment*, pp. 300–323. Hillsdale, NJ: Erlbaum.

Cooper, M.L., Shaver, P.R. and Collins, N.L. (1998) Attachment styles, emotion regulation, and adjustment in adolescence. *Journal of Personality and Social Psychology, 74*, 1380–1397.

Crawford, T.N., Livesley, W.J., Jang, K.L., Shaver, P.R., Cohen, P. and Ganiban, J. (2007) Insecure attachment and personality disorder: A twin study of adults. *European Journal of Personality, 21*, 191–208.

Crocker, J., Niiya, Y. and Mischkowski, D. (2008) Why does writing about important values reduce defensiveness? Self-affirmation and the role of positive, other-directed feelings. *Psychological Science, 19*, 740–747.

Crowell, J.A., Fraley, R.C. and Shaver, P.R. (2008) Measurement of adult attachment. In J. Cassidy and P.R. Shaver (eds), *Handbook of Attachment: Theory, Research, and Clinical Applications, 2nd Edition*, pp. 599–634. New York: Guilford Press.

Davidovitz, R., Mikulincer, M., Shaver, P.R., Izsak, R. and Popper, M. (2007) Leaders as attachment figures: Leaders' attachment orientations predict leadership-related mental representations and followers' performance and mental health. *Journal of Personality and Social Psychology, 93*, 632–650.

de Wolff, M. and van IJzendoorn, M.H. (1997) Sensitivity and attachment: A meta-analysis on parental antecedents of infant attachment. *Child Development, 68*, 571–591.

Donnellan, M.B., Burt, S.A., Levendosky, A.A. and Klump, K.L. (2008) Genes, personality, and attachment in adults: A multivariate behavioral genetic analysis. *Personality and Social Psychology Bulletin, 34*, 3–16.

Elliot, A.J. and Reis, H.T. (2003) Attachment and exploration in adulthood. *Journal of Personality and Social Psychology, 85*, 317–331.

Feeney, J.A. (2008). Adult romantic attachment and couple relationships. In J. Cassidy and P.R. Shaver (eds), *Handbook of Attachment: Theory, Research, and Clinical Applications, 2nd Edition* pp. 456–481. New York: Guilford Press.

Fredrickson, B.L. (2001) The role of positive emotions in positive psychology: The broaden-and-build theory of positive emotions. *American Psychologist, 56*, 218–226.

Gable, S.L. and Haidt, J. (2005) What (and why) is positive psychology? *Review of General Psychology, 9*, 103–110.

George, C., Kaplan, N. and Main, M. (1985) The Adult Attachment Interview. Unpublished protocol, Department of Psychology, University of California, Berkeley.

Gillath, O., Shaver, P.R., Baek, J. and Chun, D.S. (2008) Genetic correlates of adult attachment style. *Personality and Social Psychology Bulletin, 34*, 1396–1405.

Gillath, O., Shaver, P.R., Mikulincer, M., Nitzberg, R.A., Erez, A. and van IJzendoorn, M.H. (2005) Attachment, caregiving, and volunteering: Placing volunteerism in an attachment-theoretical framework. *Personal Relationships, 12*, 425–446.

Gross, J.J. (1999) Emotion and emotion regulation. In O.P. John and L.A. Pervin (eds), *Handbook of Personality: Theory and Research*, 2nd Edition, pp. 525–552. New York: Guilford Press.

Harlow, H.F. (1959) Love in infant monkeys. *Scientific American, 200*, 68–86.

Hazan, C. and Shaver, P.R. (1987) Romantic love conceptualized as an attachment process. *Journal of Personality and Social Psychology, 52*, 511–524.

Hazan, C. and Shaver, P.R. (1994) Attachment as an organizational framework for research on close relationships. *Psychological Inquiry, 5*, 1–22.

Hazan, C. and Zeifman, D. (1994) Sex and the psychological tether. In K. Bartholomew and D. Perlman (eds), *Advances in Personal Relationships: Attachment Processes in Adulthood, 5*, 151–177. London: Jessica Kingsley.

Heinicke, C. and Westheimer, I. (1966) *Brief Separations*. New York: International Universities Press.

Hendrick, C. and Hendrick, S.S. (1986) A theory and method of love. *Journal of Personality and Social Psychology, 50*, 392–402.

Hesse, E. (2008) The Adult Attachment Interview: Protocol, method of analysis, and empirical studies. In J. Cassidy and P.R. Shaver (eds), *Handbook of Attachment: Theory, Research, and Clinical Applications*, 2nd Edition pp. 552–598. New York: Guilford Press.

Hinde, R. (1966) *Animal Behavior: A Synthesis of Ethology and Comparative Psychology*. New York: McGraw-Hill.

Jankowiak, W.R. (1995) *Romantic Passion*. New York: Columbia University Press.

Kelley H.H., Berscheid, E., Christensen, A., Harvey, J.H., Huston, T.L., Levinger, G., McClintock, E., Peplau, L.A. and Peterson, D.R. (1983) *Close Relationships*. New York: W.H. Freeman.

Kunce, L.J. and Shaver, P.R. (1994) An attachment-theoretical approach to caregiving in romantic relationships. In K. Bartholomew and D. Perlman (eds), *Advances in Personal Relationships, 5*, 205–237. London: Kingsley.

Lorenz, K.Z. (1952) *King Solomon's Ring*. New York: Crowell.

Main, M. (1990) Cross-cultural studies of attachment organization: Recent studies, changing methodologies, and the concept of conditional strategies. *Human Development, 33*, 48–61.

Main, M., Kaplan, N. and Cassidy, J. (1985) Security in infancy, childhood, and adulthood: A move to the level of representation. *Monographs of the Society for Research in Child Development, 50*, 66–104.

Main, M. and Solomon, J. (1990) Procedures for identifying infants as disorganized/disoriented during the Ainsworth strange situation. In M.T. Greenberg, D. Cicchetti, and M. Cummings (eds), *Attachment in the Preschool Years: Theory, Research, and Intervention*, pp. 121–160. Chicago: University of Chicago Press.

Mikulincer, M., Florian, V. and Tolmacz, R. (1990) Attachment styles and fear of personal death: A case study of affect regulation. *Journal of Personality and Social Psychology, 58*, 273–280.

Mikulincer, M., Gillath, O. and Shaver, P.R. (2002) Activation of the attachment system in adulthood: Threat-related primes increase the accessibility of mental representations of attachment figures. *Journal of Personality and Social Psychology, 83*, 881–895.

Mikulincer, M. and Shaver, P.R. (2003) The attachment behavioral system in adulthood: Activation, psychodynamics, and interpersonal processes. In M.P. Zanna (ed.), *Advances in Experimental Social Psychology, 35*, 53–152. New York: Academic Press.

Mikulincer, M. and Shaver, P.R. (2004) Security-based self-representations in adulthood: Contents and processes. In W.S. Rholes and J.A. Simpson (eds), *Adult Attachment: Theory, Research, and Clinical Implications*, pp. 159–195. New York: Guilford Press.

Mikulincer, M. and Shaver, P.R. (2005) Mental representations of attachment security: Theoretical foundation for a positive social psychology. In M.W. Baldwin (ed.), *Interpersonal Cognition*, pp. 233–266. New York: Guilford Press.

Mikulincer, M. and Shaver, P.R. (2006) The behavioral system construct: A useful tool for building an integrative model of the social mind. In P.A.M. Van Lange (ed.), *Bridging Social Psychology: Benefits of Transdisciplinary Approaches*, pp. 279–284. Mahwah, NJ: Erlbaum.

Mikulincer, M. and Shaver, P.R. (2007a) *Attachment in Adulthood: Structure, Dynamics, and Change*. New York: Guilford Press.

Mikulincer, M. and Shaver, P.R. (2007b) Boosting attachment security to promote mental health, prosocial values, and inter-group tolerance. *Psychological Inquiry, 18*, 139–156.

Mikulincer, M., Shaver, P.R., Cassidy, J. and Berant, E. (2008) Attachment-related defensive processes. In J.H. Obegi and E. Berant (eds), *Clinical Applications of Adult Attachment*, pp. 293–327. New York: Guilford Press.

Mikulincer, M., Shaver, P.R., Gillath, O. and Nitzberg, R.A. (2005) Attachment, caregiving, and altruism: Boosting attachment security increases compassion and helping. *Journal of Personality and Social Psychology, 89*, 817–839.

Mikulincer, M., Shaver, P.R., Sapir-Lavid, Y. and Avihou-Kanza, N. (2009) What's inside the minds of securely and insecurely attached people? The secure-base script and its associations with attachment-style dimensions. *Journal of Personality and Social Psychology, 97*, 615–633.

Murray, S.L., Holmes, J.G. and Collins, N.L. (2006) The relational signature of felt security. *Psychological Bulletin, 132*, 641–666.

Noftle, E.E. and Shaver, P.R. (2006) Attachment dimensions and the Big Five personality traits: Associations and comparative ability to predict relationship quality. *Journal of Research in Personality, 40*, 179–208.

Overall, N.C., Fletcher, G.J.O. and Friesen, M.D. (2003) Mapping the intimate relationship mind: Comparisons between three models of attachment representations. *Personality and Social Psychology Bulletin, 29*, 1479–1493.

Peplau, L.A. and Perlman, D. (eds) (1982) *Loneliness: A Sourcebook of Current Theory, Research, and Therapy*. New York: Wiley.

Reis, H.T., Clark, M.S. and Holmes, J.G. (2004) Perceived partner responsiveness as an organizing construct in the study of intimacy and closeness. In D.J. Mashek and A. Aron (eds), *Handbook of Closeness and Intimacy*, pp. 201–225. Mahwah, NJ: Erlbaum.

Rom, E. and Mikulincer, M. (2003) Attachment theory and group processes: The association between attachment style and group-related representations, goals, memories, and functioning. *Journal of Personality and Social Psychology, 84*, 1220–1235.

Rubenstein, C. and Shaver, P.R. (1982) The experience of loneliness. In L.A. Peplau and D. Perlman (eds), *Loneliness: A Sourcebook of Current Theory, Research, and Therapy*, pp. 206–223. New York: Wiley.

Rusbult, C.E., Verette, J., Whitney, G.A., Slovik, L.F. and Lipkus, I. (1991) Accommodation processes in close relationships: Theory and preliminary empirical evidence. *Journal of Personality and Social Psychology, 60*, 53–78.

Seligman, M.E.P. (2002) *Authentic Happiness: Using the New Positive Psychology to Realize Your Potential for Lasting Fulfillment.* New York: Free Press.

Shaver, P.R., Collins, N.L. and Clark, C.L. (1996) Attachment styles and internal working models of self and relationship partners. In G.J.O. Fletcher and J. Fitness (eds), *Knowledge Structures in Close Relationships: A Social Psychological Approach,* pp. 25–61. Mahwah, NJ: Erlbaum.

Shaver, P.R. and Hazan, C. (1984) Incompatibility, loneliness, and limerence. In W. Ickes (ed.), *Compatible and Incompatible Relationships,* pp. 163–184. New York: Springer-Verlag.

Shaver, P.R. and Hazan, C. (1993) Adult romantic attachment: Theory and evidence. In D. Perlman and W. Jones (eds), *Advances in Personal Relationships, 4*, pp. 29–70. London: Jessica Kingsley.

Shaver, P.R., Hazan, C. and Bradshaw, D. (1988) Love as attachment: The integration of three behavioral systems. In R.J. Sternberg and M. Barnes (eds), *The Psychology of Love,* pp. 68–99. New Haven: Yale University Press.

Shaver, P.R. and Mikulincer, M. (2002) Attachment-related psychodynamics. *Attachment and Human Development, 4*, 133–161.

Shaver, P.R. and Mikulincer, M. (2006) Attachment theory, individual psychodynamics, and relationship functioning. In D. Perlman and A. Vangelisti (eds), *Handbook of Personal Relationships,* pp. 251–272. New York: Cambridge University Press.

Shaver, P.R. and Mikulincer, M. (2008) Augmenting the sense of security in romantic, leader-follower, therapeutic, and group relationships: A relational model of psychological change. In J.P. Forgas and J. Fitness (eds), *Social Relationships: Cognitive, Affective, and Motivational Processes,* pp. 55–74. New York: Psychology Press.

Shaver, P.R. and Mikulincer, M. (2009) Attachment theory and attachment styles. In M.R. Leary and R.H. Hoyle (eds), *Handbook of Individual Differences in Social Behavior,* pp. 62–81. New York: Guilford Press.

Sherman, D.K. and Cohen, G.L. (2006) The psychology of self-defense: Self-affirmation theory. In M.P. Zanna (ed.), *Advances in Experimental Social Psychology, 38*, 183–242. San Diego: Academic Press.

Simpson, J.A., Rholes, W.S. and Nelligan, J.S. (1992) Support seeking and support giving within couples in an anxiety-provoking situation: The role of attachment styles. *Journal of Personality and Social Psychology, 62*, 434–446.

Singer, I. (1987) *The Nature of Love: Courtly and Romantic.* Chicago: University of Chicago Press.

Sroufe, L.A., Egeland, B., Carlson, E. and Collins, W.A. (2005) *The Development of the Person: The Minnesota Study of Risk and Adaptation from Birth to Adulthood.* New York: Guilford Press.

Sroufe, L.A. and Waters, E. (1977) Attachment as an organizational construct. *Child Development, 48*, 1184–1199.

Sternberg, R.J. (1986) A triangular theory of love. *Psychological Review, 93*, 119–135.

Torgersen, A.M., Grova, B.K. and Sommerstad, R. (2007) A pilot study of attachment patterns in adult twins. *Attachment and Human Development, 9*, 127–138.

van IJzendoorn, M. (1995) Adult attachment representations, parental responsiveness, and infant attachment: A meta-analysis on the predictive validity of the Adult Attachment Interview. *Psychological Bulletin, 117*, 387–403.

Vaughn, B.E., Bost, K.K. and van IJzendoorn, M.H. (2008) Attachment and temperament: Additive and interactive influences on behavior, affect, and cognition during infancy and childhood. In J. Cassidy and P.R. Shaver (eds), *Handbook of Attachment: Theory, Research, and Clinical Applications*, 2nd Edition, pp. 192–216. New York: Guilford Press.

Weiss, R.S. (1973) *Loneliness: The Experience of Emotional and Social Isolation.* Cambridge, MA: MIT Press.

第4章

共享现实理论

杰拉尔德·埃希特霍夫（Gerald Echterhoff）

陶塑[⊖] 译

摘要

本章在概述共享现实理论（shared reality theory）时，首先介绍了该理论的当前表述，重点聚焦共享现实产生的关键条件及关于其基本心理过程的假设。其次有选择性地回顾了实证证据，将重点放在人际沟通上，它是支撑共享现实产生和驱动的主要场合。再次概述了共享现实理论的思想史。据E.托里·希金斯及其同事们的最初文献记载，该理论可追溯到语言和沟通领域、社会学和哲学中的现象学取向以及社会影响研究。本章最后说明了该理论的适用性，并讨论了该理论的效用。

引言

创建关于世界的共享观点的现象无处不在。例如，当人们在工作场所遇到新员工时，他们倾向于与同事一起形成对新员工的印象，当别人认同自己形成的印象时，他们就对这种印象更加自信。人们会考虑他人的观点，尤其是重要他人的观点（参见 Andersen & Chen，2002），用以评估经验和事件，并构建或验证关于各种问题的观点（Hardin & Higgins，1996）。例如，社交共享（social sharing）使我们能够评估其他人或群体；形成普遍的政治、道德信念或宗教信仰；甚至发展和维持我们是谁以及我们想要什么的意识（Higgins，1996b；James，1890；Sullivan，1953）。缺乏社交共享会给人们的幸福感、联结感和现实感带来不利影响。当人际互动伙伴没能提供预期的共享现实时，比如在阿希的经典从众研究（Asch，1951）中，人们会变得不确定、不舒服甚至在生理上激动不安。

长期以来，在社会科学和心理学领域中，各种不同形式的强调人们现实表征的

⊖ 中国地质大学（北京）马克思主义学院

社会基础和人际本质的论述广为流传（例如Asch，1952；Bar-Tal，1990，2000；Cooley，1964；Festinger，1950；Heider，1958；Lewin，1947；Mead，1934；Merton & Kitt，1950；Moscovici，1981；Newcomb，1959；Resnick et al.，1991；Rommetveit，1974；Schachter，1959；Schütz，1967；Sherif，1935，1936）。鉴于上述取向历史悠久，而且与本手册所涵盖的大多数理论相比，共享现实理论作为一种阐释社会影响现实建构的独特理论相对较为年轻。尽管其概念框架主要是在近二十年中发展起来的（Hardin & Higgins，1996；Higgins，1992，1999），但根据该理论获得的实证研究成果大多是在过去五年内发表的（综述参见 Echterhoff et al.，2009a）。

共享现实理论关注现实的建构，这是数十年来一直困扰着哲学、认知心理学和神经科学领域学者们的一个经典问题。鉴于人类思维高度的建构性和独立运作性，人们如何区分真实的事物和纯粹的想象、梦想或幻想？显然，人类配有相应的认知和神经机制，例如对预期的和实际的感觉输入进行比较，从而分辨心理操作的输出及心理模型是否与外部刺激条件充分一致，即他们是否与现实世界保持联系（例如 Frith，2007；Johnson & Raye，1981）。与之相反，共享现实理论侧重于与这种低水平的现实监控不同的或在其之后的过程。例如，当一个工作团队的成员遇见一个新同事时，他们会试图弄清新来的人是一个什么样的人，他是否值得信赖、善于交际、思想开阔。这使得他们能够评估新人，预测他的举动并有目的地与他互动。这里涉及的问题不是观察到的事件是否真实，即团队成员是否相信自己对新人的表现和行为的感知是真实的（与想象的相比）。而是目标人物的特质和品质以及所观察到的事件的意义，即团队成员根据他们的看法和观察如何思考、分类、判断和评价新人（参见Higgins，2011）。

在过去的几十年中，社会心理学家对现实建构的认知因素（例如，知识的可获得性及其语义适用性）进行了广泛而深入的研究（参见，例如 Higgins，1996a，2011），但他们通常很少关注真正的社会因素。在前面的例子中，对于新人的经验性的现实或真相有可能源于认知加工过程，例如相关知识的激活和应用，但也可能源于老团队成员们对新人的共有印象（Levine & Higgins，2001）。例如，团队成员们可以通过谈话就新人的健谈达成共识，即健谈是否意味着他善于交际或热情友好（积极特质）而不是自负或讨好（消极特质）。

如今，大多数心理学家可能会接受或至少不会主动质疑对世界的心理表征存在社会基础这一普遍主张。但是，基于该学科长期以来以个人为中心的取向，心理学家很少将这一问题作为更深入的分析和实证研究的主题。而后者恰好精准地代表了共享现实研究的议程。考虑到早期相关理论的偶然性和多样性，理论建构的一个关键挑战是将共享现实的概念引向更大的、足够特异性的水平，并挖掘其与众不同和独一无二的潜力。实证研究面临的挑战之一是在实验中捕获新颖的理论假说和研究假设以说服同行，并在实证上测量共享现实的产生（即人们的经验）。本章概述了这项工作的研究结果和一些历史发展脉络。

本章首先专门介绍共享现实的概念、关于共享现实产生的关键条件及其特定心理机制的假设。其次，我将简要回顾支持该理论的实证证据，聚焦人际沟通中创建的共享现实及其动机基础。再次，我将概述共享现实理论的思想史，包括E. 托里·希金斯及其同事们的原创贡献；该理论可追溯到语言和沟通领域、社会学和哲学中的现象学取向，以及社会影响研究。最后，我将阐述该理论的适用性和实用性。

共享现实理论：概念和关键条件

根据最新的建议（Echterhoff et al.，2009a），共享现实被定义为：与他人建立关于世界的内部心理状态共性的动机过程的产物。这一概念假定了构成共享现实的四个主要基础条件。第一，共享现实所隐含的个体之间的共性指的是他们的内部心理状态，而不仅仅是外显行为。第二，共享现实是“关于某事的”，也就是说，它意味着人们创建的共享现实针对着一个目标对象。第三，共享现实作为一种产物不能脱离实现它的过程，特别是实现它的潜在动机。第四，除非人们与他人的内心状态建立了成功的联结，否则就不存在共享现实。接下来将依次阐述这些条件。

根据第一个条件，共享现实涉及人们内部心理状态之间的共性，其中包括他们对目标对象的信念、判断、感受或评价。为了达成共享现实，人们不能简单地复制他人的可观察行为，而是需要了解他人关于世界的内部心理状态。为了产生共享现实，仅与外部可观察状态或行为保持协调一致是不够的——它还需要涉及内部心理状态之间的共性（参见Brickman，1978）。上述说法获得了支持，因为感知他人的内部心理状态在人类发展、动机和社会性中发挥着根本的和公认的作用。人们不仅知道针对个体（自己或他人）的结果在很大程度上取决于另一个人对该人的外显反应（例如Ostrom，1984），而且知道另一个人的反应是由他的内部心理状态（例如态度和信念）所中介的（Higgins，2005，2010）。确实，发现他人的内部心理状态在他们对世界的反应中起着中介作用是人类发展的重要一步（参见Higgins & Pittman，2008）。一旦达到了这种社会意识水平，他人的内部心理状态就开始在人类的自我调节中发挥至关重要的作用（Higgins，2010）。

要达到第一个条件，人们需要一个心理过程，使其能够了解或推断他人的内部心理状态。心理学研究表明，这一目标可以通过多种机制来实现（例如，参见Higgins & Pittman，2008；Malle & Hodges，2005）。例如，人们利用他人非语言行为的各个方面（例如面部表情和手势）直觉地感知到他人的感受、需求和意图。人们基于各种机制来掌握他人的心理状态（如信念、态度和感受等），这些机制包括有意识推理（conscious reasoning）、无意识模仿（unconscious simulation）和心理理论（theory of mind）（例如Keysers & Gazzola，2007）；因果理论和图式（causal theories and schemata）（例如Heider，1958；Malle，1999）；或自身内心状态的投射（projection）（例如Keysar & Barr，2002；Nickerson，2001）。这个前提是共享现实第一个条件的基石，即感知到内部心理状态的共享，而不仅仅是外显行为的共享。

前面的论证过程隐含地提到了共享现实的第二个条件，即共享现实是关于某个目标对象的。要使共享现实产生，人们仅仅表现出相应的内部心理状态（例如相应的心率或情绪状态）是不够的。如果相应的内部心理状态不是关于（即不涉及）世界的某个方面，那么人们就谈不上共享现实。这是因为“现实”涉及知识的客体或对象——行动者在当前以及过去和未来所经历的现象是世界的一部分，例如未来期望的最终状态（future desired end-states）（Higgins & Pittman，2008）。因此，共享现实不仅仅是简单地复制他人的内部心理状态，还需要共享与某些目标对象“有关”的状态：例如，关于工作中的新同事、关于某个电视节目、关于某个政客或关于抽象的政治或宗教问题（参见Jost et al.，2007）。

像第一个条件一样，第二个条件（即共享现实是“关于”某个目标对象的）需要满足一个关键的前提。具体来说，它需要一个机制使得人们能够推断共享伙伴关于目标对象的内部心理状态（比如指向另一个人的感受）。研究已经明确指出了可以实现这一目标的各种心理机制。一种基本的机制是跟随他人注视的方向（例如Baron-Cohen，1995；Tomasello et al.，2005；Tomasello，2008），以识别持续其兴趣或情感反应（例如恐惧）的对象。视线跟随，加上对他人的有意归因，使得人们找到共同感兴趣的客体（Baron-Cohen，1995）。其他机制包括跟随他人指向客体的动作或操纵客体（Clark，2003；Tomasello，2008），以及将言语表达解释为指向某个客体（Clark，1996；Clark & Marshall，1981）。

第三个条件指出，共享现实的产生依赖于驱动人们实现共同内部心理状态的动机。根据这一观点，需要考虑的是人们内部心理状态共性的来源或加工过程。仅有共性的事实或客观存在是不够的。可以这样类比，民主不仅涉及作为达成协议的结果或状态的共识，而且还涉及人们达成共识的过程（例如，参见Bohman & Rehg，1997）。在许多情况下，如何达成共识或一致以及是否遵循正确的程序达成共识比产物或结果本身更为重要（Mackie & Skelly，1994）。从广义上说，最终状态的价值通常来自它们的实现方式，而不仅仅是结果本身（Higgins，2006）。

那么，驱动人们创建共享现实的动机是什么？在社会动机领域的文献中，特别是在共享现实领域文献中，有两种动机尤为突出，即认知动机（epistemic motives）和关系动机（relational motives）（Bar-Tal，2000；Fiske，2007；Hardin & Conley，2001；Hardin & Higgins，1996；Jost et al.，2007）。认知动机指一种获取对世界的有效和可靠的理解（Hardin & Higgins，1996）并确定什么是真实的（Higgins，2011）的需要。人们受到巴特利特（Bartlett，1932）所说的“寻求意义”（effort after meaning）的驱动，这是理解他们生活中的事件和情境的一种基本需求（例如Kagan，1972），其目的是不断地扩展知识（Loewenstein，1994），并且同样重要的是，人们在这种努力中体验自身的成功（Higgins，2011）。实现这种认知目标会带来各种有益的后果。例如，对世界的足够准确的了解可以使人类在其环境中成功地运作。它的涵盖范围从如何通过获取必要的资源来生存并避免重大风险的基本知识，到如何建立和维持重要关系或发展职业生涯的复杂心理模型。认知动机的强度通常随着目标对象的不确定性或模棱两可而增加（例如Berlyne，1962；Hogg，2007）。与此观点一致的是，费斯廷格（1950）指出，经验越模糊、越难以解释，人们就越容易寻求由适当的（即足够值得信赖的）他人提供的社会现实（另见 Byrne & Clore，1967；Deutsch & Gerard，1955；Sherif，1936）。由于共享现实与目标对象有关，因此，创建共享现实至少在某种程度上一直服务于认知动机。

关系动机促使人们与他人建立联系并感受与他人的联结。与他人建立联系会产生一些积极的后果，包括情绪健康、安全感和自尊（例如 Baumeister & Leary，1995；Diener & Seligman，2002）。例如，人们在面对潜在的焦虑唤起情境时所表现出的关系倾向就反映了人们对联结的渴望（Schachter，1959）。

导致内部心理状态共性的动机过程对于决定该共性是否属于共享现实至关重要。比如，采用他人的内部心理状态可能受到确保有益的社会反应或最大化个人成果等工具性目标的驱动（参见 Higgins，1981；Jones & Thibaut，1958）。社会参与者会追求这样的工具性目标，例如当他们迎合他人时（Jones，1964），或对竞争者进行观点采择以在社会冲突中取胜时（Epley et al.，2006）。在这些情况下，行动者会采用他人的内部心理状态，不是因为他们希望更好地理解目标对象或确定什么是真实的，而是因为他们希望实现其他别有用心的目的。在这些情况下，采用的共性不是共享现实。

根据第四个条件，共享现实要求参与者实际体验到共享，即体验到与他人的内部心理状态的共性。与此观点相一致，巴塔尔（2000）认为，信念共享不仅需要人与人之间的客观共性，即这种共性可以被外部观察者所识别，而且，共享必须涉及主观经验或对共性的认识。即使人们被驱动与他人共享内部心理状态，他们最终也可能没有建立起体验到的共性。因此，仅靠适当的动机（例如关系或认知动机）而采取行动，与他人的内部心理状态形成共性是不够的。实际上，个体有必要认识到共性已经建立起来了。

通过把个人实际体验到共享作为第四个条件，我和同事们（Echterhoff et al.，2009a）强调了共享主观感受性的关键作用。这方面可以在共享现实的第一和第二个条件背景下进一步展开阐述，以发现各个条件之间可能存在的关联。为了实现共享现实，人们既需要主观地体验到自己内部心理状态的共性，也需要体验到目标对象内部心理状态的共性。从这个角度来看，即使二者的共享假设在客观上都是错误的，也可能存在共享现实。也就是说，要使 A 与 B 经历共同的现实，B 不必真正具有与 A 相同的内部心理状态，B 的内部心理状态也不必实际参照 A 所想到的相同对象。关键是，A 相信 B 的内部心理状态和其内部心理状态的目标对象与 A 的内部心理状态和目标对象相匹配。例如，想象一个研究实验室中的新成员 A，他认为实验室中的现有成员们是傲慢的，并希望与另一个新来者 B 建立关于这些成员的共享现实。为了使新来者 A 与 B 拥有共享现实，关键是 A 推断（例如，通过观察 B 在实验室讨论会上紧张和不舒适的行为表现）B 具有对当前成员相同的内部心理状态（即 B 也认为他们是傲慢的）。如果新来者 B 后来明确表示现有成员是她的学术偶像，并且遇到崇拜的人时她总是感到不自在，那么 A 的共享现实感将消失。

从四个关键条件及其构成要素的表述中，可以看出共享现实概念的独特贡献。这种对共享现实理论的补充增强了该理论的精确性、整合性和可检验性，并且鲜明地区分了共享现实与其他相关概念，例如共识（common ground）、共情（empathy）、观点采择（perspective-taking）、具身同步（embodied synchrony）（参见 Semin，2007），以及社会分布式知识（socially distributed knowledge）（有关讨论参见 Echterhoff et al.，2009a）。

支持共享现实理论的实证证据

在下文中，我将回顾一些实证研究，这些研究考察了人际沟通中共享现实的创建，人际沟通可以说是社会共享的主要媒介（Berger & Luckmann，1966；Higgins，1992；Higgins & Rholes，1978）。当人们有动机与他人建立共享现实时，他们经常与这些人就目标对象进行沟通。这里呈现的人际沟通研究基于这样的假设，即关于目标对象的沟通交流可能会影响沟通者对该目标对象的认知表征。使用“说即信”范式（“saying-is-believing” paradigm）的研究已经证明了这种沟通对沟通者后续认知的影响（例如 Higgins & Rholes，1978；Higgins et al.，2007；Sedikides，1990；综述参见 Higgins，1992，1999；McCann & Higgins，1992）。在这种范式中，表面上告知被试参与的是一项“指称沟通任务”（referential communication task），这个任务包括一个沟通者（communicator）、一个目标人物（target）和一个听众（audience）。在这个任务中，被试扮演沟通者的角色。被试（通常是大学生）阅读了一篇关于另一名学生（目标人物）的短文，其称该学生自愿参加了一项关于人际知觉的长期研究项目。被试被告知，他们的任务是向认识目标人物的另一名志愿者（听众）描述目标人物的行为，而不提及目标人物的名字。“听众”志愿者将根据被试给出的信息描述，尝试从所谓的研究项目的多个可能目标中识别出目标人物。

一篇由几个段落组成的短文提供了关于目标人物的输入信息。每个段落中描述的行为看起来都模棱两可的，即它们可以被解释为一种积极或消极特质的可能性非常相近（例如，“坚持”对“顽固”，或“独立”对“冷漠”）。比如，以下示例段落中描述的行为既可以被标记为“独立”，也可以被标记为“冷漠”：“除了业务往来之外，迈克尔与人的联系惊人地有限。他觉得自己真的不需要依靠任何人。”（例如 Echterhoff et al.，2008）。为了操纵听众对目标人物的假定态度，研究人员（以一种随意的方式）告诉被试，听众要么喜欢目标人物（积极的听众态度），要么不喜欢目标人物（消极的听众态度）。在随后的交流中，被试通常会表现出听众调谐（audience tuning）：他们根据听众的态度来“调整”自己给出信息的评价性（即，他们为喜欢目标人物的听众创建积极的评价性信息，而为不喜欢目标人物的听众创建消极的评价性信息）。

经过一段时间的延迟（大约10分钟到几周不等），研究人员检测了被试对原始输入信息的记忆。要求被试尽可能准确地自由回忆关于目标人物的原始短文并写下来。结果显示，沟通者对原始输入信息回忆的评价性与他们先前的听众调谐信息的评价性相匹配，这证明了“说即信”效应。换句话说，沟通者对信息主题的记忆表征反映了自己传达的信息中听众调谐的观点，而不仅仅是原始的目标信息。沟通者最终会相信并记住他们所说的内容，而不是最初了解的目标人物内容。

在这种“说即信”效应被初步证明了之后（例如 Higgins & Rholes，1978；Higgins & McCann，1984），许多使用其他范式的研究也表明，人们通过言语向他人描述经验的方式，可以深刻地影响对经验的心理表征（例如 Adaval & Wyer，2004；Tversky & Marsh，2000；综述参见 Chiu et al.，1998；Marsh，2007）。因此，言语沟通对后续认知的影响已得到充分证实。此外，“说即信”效应已经被多种不同的研究方法复制，并已扩展到了新的研究领域。例如，尽管这种效应最初是针对听众对目标人物态度的调谐（Higgins & Rholes，1978），但后来也发现这种调谐可以针对听众对目标人物的知识（Higgins et al.，1982）。而且，无论沟通者在编码输入信息之前还是之后了解到听众的观点，这种效应都会发生（Kopietz et al.，2010，实验 1）。这种效应已经从沟通主题是单个个体的情况扩展到一个小群体（Hausmann et al.，2008）。此外，这种效应不仅发生在以言语刺激材料作为目标人物的输入信息中，而且还发生在复杂的视觉输入材料中，即目标人物行为的视频录像中（Hellmann et al.，2011；Kopietz et al.，2009）。

多项研究表明，“说即信”效应是否发生依赖于沟通者与听众就目标人物创造共享现实的程度而定，这正如前面概述的四个条件所表征的那样（例如 Echterhoff et al.，2005，2008；Echterhoff et al.，2009b；Hellmann et al.，2011；Higgins et al.，2007；Kopietz et al.，2009；Kopietz et al.，2010）。例如，在我、希金斯及同事们的研究中，沟通者对目标人物的记忆表征（通过自由回忆进行测量）在支持创建共享现实的条件下，由于听众调谐现象出现偏差，但在破坏创造共享现实的条件下却没有出现偏差。如果未能充分满足前面描述的四个条件中的任何一个条件，共享现实就无法创建。

现有的大量实证证据都与共享现实的第三个条件有关，即建立人际共性的动机，因此，本综述着重介绍与此条件有关的研究发现。关于其他三个条件的研究发现的讨论可以在我和同事们的文章中找到（2009a），我们还综述了“说即信”效应之外其他替代性解释的证据，例如不同程度认知失调的降低（reduction of cognitive dissonance）（Festinger，1957）、自我知觉（self-perception）（Bem，1967）和来源混淆。研究表明，只有适当地被激发起产出与听众一致信息的动机时，沟通者才能与听众创建共享现实；也就是说，与另一个人的内部心理状态形成共性的动机对于共享现实至关重要。

在一组研究中，我和同事们（2008）直接操纵了听众调谐的目的。假设在标准的“说即信”条件下（例如 Higgins & Rholes，1978），听众调谐服务于共享现实特有的认知动机。具体而言，关于目标人物行为的输入信息中带有的模棱两可的评价性，应该引发认知动机以减少不确定性。通过调谐信息以迎合听众，沟通者可以构建与听众一致的目标表征，从而对目标人物到底是怎样的人有更大的确定感。在我和同事们的研究中（2008），我们将这一标准“共享现实目的”条件下的听众调谐与非共享现实目的的条件下的听众调谐进行了对比。非共享现实目的包括获得金钱激励以产生与听众一致的信息，和以夸张的、漫画的方式对目标人物进行描述来娱乐听众（Echterhoff et al.，2008，实验2a和2b）。基于上述理论基础，假设在共享现实目的条件下，沟通者应在信息产生过程中采择听众的内部心理状态，以减少对目标人物的不确定性。相反，在非共享现实目的条件下，沟通者应主要采择听众的内部心理状态，以实现与共享现实所特有的认知动机无关的目的；他们追求的是替代目标，即“别有用心的”目标，这不会诱导出共享现实。

正如预测的那样，研究发现那些在替代性、非共享现实目的条件下的沟通者甚至比在共享现实目的条件下的沟通者更强地调谐其信息，使其适应听众的态度（出于激励或娱乐目的），但是研究却没有发现听众调谐的记忆偏差。相反，标准的共享现实目的条件下会发现记忆偏差。与共享现实假设相一致，进一步的测量结果表明，与共享现实目的条件相比，在受外部需要驱动的替代性目的条件下，听众调谐更强。而在共享现实目的条件下，沟通者对听众及其与听众一致的信息的认知信任（epistemic trust）要比在非共享现实目的条件下更高。

这些发现表明，当人们只想附和另一个人时（例如，为了从他人那里获得报酬），就不会与其产生共享现实。当人们生成了与他人内部心理状态一致的表征，但没有动机去创建关于目标的共享观点时，他们也不会达成共享现实。重要的不是与他人本身具有共性这一事实，而是产生共性的动机。

在另一组研究中，共享现实的创建被证明其取决于沟通者是否愿意与特定的人（即信息的听众）共享内部心理状态（Echterhoff et al.，2005，实验2；Echterhoff et al.，2008，实验1；Kopietz et al.，2010）。可以假定沟通者不会把任意一个人视为与之共享内心状态的合适伙伴。正如社会比较（social comparison）和群体锚定知识（group-anchored knowledge）的研究（例如Festinger，1950；Kruglanski et al.，2006）所指出的那样，个人将具有某些特质（例如足够的相似性和可信赖性）的其他人视为更合适的伙伴，相比于其他缺乏这些特质的人，个人更能与这些人建立共享现实。在这些特质中，感知者内群体（相对于外群体）的成员资格尤为重要。

正如不同的群体间研究所指出的那样（例如Hogg，2007；Kruglanski et al.，2006；Levine & Higgins，2001），与内群体成员相比，人们与外群体成员创建共享现实的动机更弱。但是，在包含指称沟通任务的标准“说即信”范式中，仍然可以预期沟通者根据外群体听众调谐信息。但是，与向内群体听众调谐信息相比，向外群体听众调谐信息的动机更多是出于完成任务和礼貌，而并非出于认知和关系动机的原因与听众实现共享现实。标准的“说即信”范式必须诱发出共享现实动机，但是当听众是外群体成员时，非共享现实动机会被优先加工。因此，如果听众调谐的动机很关键，则沟通者根据外群体听众调谐过的信息应该表现出较少的听众一致回忆偏差。

这些预测在我、希金斯及同事们的研究中得到了证实。尽管对外群体和内群体的信息均产生了听众调谐，但与外群体听众交谈的沟通者并未将听众调谐后的信息纳入自己对目标人物的记忆中。与对内群体听众调谐的沟通者相比，他们对听众的认知信任程度也较低（Echterhoff et al.，2005，实验2；Echterhoff et al.，2008，实验1）。此外，相比于跟内群体（德国）听众交流的被试，与被污名化的外群体（土耳其人）听众进行交流的被试（一所德国大学的德国学生）报告，他们更主动地努力使自己的观点适应听众的观点（Echterhoff et al.，2008，实验 1）。这些结果表明，人们仅仅为了满足外部需求（例如以礼貌或无偏见的方式行事；参见 Dovidio et al.，2002；Richeson & Trawalter，2005）而产生与听众一致的信息并不能创造共享现实。

尽管先前的文献回顾集中在共享现实驱动的交流对沟通者自身的影响上，但这些影响也可能同样适用于接收者。斯图卡斯等人（2010）最近的一项研究支持了这一观点。这些研究者发现，沟通者根据推测的接收者的信念调谐了信息，这使得接收者对目标群体的信念产生了偏差，而实际上，他们最初并不了解目标群体，因此不持有既存的态度。与共享现实理论相一致，如果接收者与沟通者共享现实的意愿和感受更强，则其受到的影响更大。因此，沟通者对接收者关于某个群体的态度的期望可以启动一个确认过程，通过这个过程，沟通者和接收者都将持有期望的态度，从而产生共享现实，而最初并没有任何人对这种“现实”持有观点！

共享现实理论的思想史

长期以来，不同学科对基本心理现象的社会基础进行了概念化和讨论，这些学科包括社会心理学（例如 Asch，1952；Bar-Tal，1990；Festinger，1950；Hardin & Higgins，1996；Heider，1958；Levine & Higgins，2001；Lewin，1947；Moscovici，1981；Schachter，1959；Sherif，1935，1936）、普通社会科学和社会学（Cooley，1964；Mead，1934；Schütz，1967；Thompson & Fine，1999）、记忆和认知学科（Graf et al.，2010；Hirst & Echterhoff，2008；Hirst & Manier，2002；Marsh，2010；Smith & Semin，2004；Weldon，2001）、心理语言学（Pickering & Garrod，2004）、组织行为学（Salas & Fiore，2004）、发展心理学（Meltzoff & Decety，2003）、进化心理学（Caporael，2007，2010；de Waal，2008）、社会神经科学（例如 Gallese et al.，2004；Iacoboni，2008，2011）、生物学（例如 Dunbar & Shultz，2007）和哲学（例如 Thagard，1997）。尽管共享现实领域涵盖了多种理论取向，其采用的术语也不尽相同，但共享现实这一独特概念却有明确的提出者和产生日期。它由希金斯于 20 世纪 90 年代创立并一直被“培育”（nurtured）至今。多年来，希金斯与合作者一起，为这一理论奠定了基础，并不断发展这一理论。因此，下面的简史是以希金斯及其同事在共享现实理论发展的每个阶段的发表物为导向的。

这些文献主要来自希金斯（1992，1999）、哈丁和希金斯（1996）、我和同事们（2009a），甚至在某种程度上，希金斯早期的文章（1981）也被包含在内。上述文章不仅阐述了共享现实概念的实质，还综述了作为其理论依据的学术著作。综合起来，理论灵感的各种前身和来源可以分为三个主要领域：人际沟通和语言使用、哲学和社会学中的现象学取向，以及社会影响研究。理论发展的个人维度，包括传记式情境也间或被提及。

让我从理论沿袭的第一条，也许是最重要的一条线索开始。在该理论的整个发展过程中，人际沟通是共享现实理论实证研究的关键影响源和主要领域。希金斯将沟通定义为一种人际游戏（interpersonal game），并在《语言与社会心理学杂志》（*Journal of Language and Social Psychology*）上发表的一篇文章中（Higgins，1992）明确介绍了共享现实理论的这一背景，这篇文章的内容与期刊的主题非常切合。“沟通游戏”（Communication Game）也是希金斯早期撰写的一个章节的主题，这预示着他随后将对其进行明确的阐述（Higgins，1981）。他的理论受到了语言的语用学取向的启发（例如Austin，1962；Grice，1975；Rommetveit，1974），尤其是维特根斯坦（1953）将言语沟通描述为一种游戏。从语用学角度来看，语言是一种有动机的、依赖于语境的人际沟通手段，遵循（显性和隐性的）规则和假设。沟通的动机包括传达信息或意义、建立或维持社会关系、与他人达成共识，同时也包括影响他人的行为、最大化有益的社会反应，以及完成共同的任务。

希金斯（1981，1992）的文章指出，（除其他特点外）沟通的特点是，它是一种社会行为，涉及共享的且与情境相关的期望和规则，这些期望和规则与对话者的角色和适当的语言有关，并且它需要双方相互考虑对方的特征，特别是他们的知识、态度和意图。从这些和其他关于社会互动中语言使用的假设中，希金斯得出了沟通游戏的一些规则，其中包括在“说即信”范式中有关听众调谐效应（audience-tuning effect）的核心实证研究。例如，沟通者应该说出相关的信息，提供的信息不要太多也不要太少（Grice，1975），并在语言使用时要考虑到听众的观点、知识、态度和偏好。后一条规则引发了沟通者信息产生中的听众调谐。如上一部分所述，人际沟通中的听众调谐展示了“说即信”范式中共享现实过程的实证研究的主要舞台。

希金斯早期撰写的章节里提到了“社会联结的共享”（sharing of a social bond）和“社会现实”（social reality）（Higgins，1981），这一章节包含了在后续共享现实理论中被明确阐述的要素。尤其是，这一早期章节预示了目的和动机在创建共享现实中的关键作用。“意见和判断的聚合性”（convergence of opinions and judgments，Higgins，1981：376）（在当前术语中代表内部心理状态的共性）被假设为取决于对话者是否有“欲望去维持社会联结并分享对社会现实的共同定义”（Higgins，1981：376）。这些动机无缝地转换为关系和认知这两种主要动机，根据最近的理论表述（请参见本章的“支持共享现实理论的实证证据”），这两种动机被假设为驱动共享现实的动机。

在1981年和1992年的文章中，希金斯从“说即信”及其密切相关研究中获得的实证结果，在很大程度上说明了沟通游戏取向的潜力和效度。但是，第一篇“说即信”的发表物（Higgins & Rholes，1978）与其后续的实证研究文章的框架大相径庭，后续文章主要是基于新兴的社会认知取向的信息加工术语，这种取向在20世纪70年代开始吸引越来越多社会心理学家的兴趣。希金斯花了将近十年的时间才重新回到他的沟通游戏分析中，以解释“说即信”效应。

具有讽刺意味的是，当希金斯开始进行“说即信”研究时，他的主要兴趣是语言、思维和社会之间的相互关系，尤其是语言相对性假说（linguistic relativity hypothesis）（希金斯曾是蒙特利尔麦吉尔大学的一名人类学－社会学双学位荣誉学生）。1981年出版的那个章节的重点和灵感，尤其是它对语用学和沟通的关注，主要归结于这种兴趣。讽刺性体现在，这种兴趣最初强调了人际关系中的人际方面以及与社会相关的方面，正如“沟通游戏”这一名称所反映的那样。但是，当“说即信”的研究文章正式发表后，人际关系中的语言和思维方面反而凸显出来。这种框架与那个时期对社会认知的强调不谋而合，更不用说发表第一篇文章的期刊编辑鲍勃・怀尔的关注重点也是社会认知。

语言相对性假说的核心思想是，语言提供了人类思维的本质，我们头脑中所容纳的心理表征都无法摆脱语言的特征。萨丕尔－沃夫假说（Sapir-Whorf hypothesis）概括了这一思想，该假说是以人类学家爱德华・萨丕尔和他的学生本杰明・李・沃夫的名字命名的。在其强式表述（strong version）中，该假设指出我们对世界的体验本质上是语言的，认知是由思维者的语言决定的（参见 Hunt & Agnoli，1991）。萨丕尔（1964）和他的学生沃夫都认为，说话者语言结构的差异会导致认知差异：“我们按照母语所确定的方式来剖析自然”（Whorf，1956：213）。自 20 世纪 50 年代这一假说首次引起人们的兴趣以来，它引发了诸多争议，并激发了大量研究，尤其是在不同语言群体的说话者，如说汉语普通话、英语或纳瓦霍语（Navajo）的人之间的认知差异上进行了研究。

该领域的研究主要针对语言的结构在多大程度上影响说话者的认知。从这种观点来看，语言主要被视为一种潜在结构，与乔姆斯基所谓的语言能力（linguistic competence）的意义一致。同样，传统上关于语言和思维的争论集中在词汇层面的语言影响上，例如对颜色刺激的记忆是否取决于该语言提供了（相对于缺乏）特定颜色术语。但是，希金斯和他在哥伦比亚大学的学位论文导师鲍勃・克劳斯㊀（例如 Chiu et al.，1998）一样，都对确定语用对认知的影响感兴趣。这是“说即信”研究的一个主要灵感来源，根据这一想法，语言可能不会在结构或词汇层面上影响思维，而会在基于动机和规则的人际沟通中语用的层面上影响思维。这种影响不是由于语言的类型，而是由于言语沟通的具体实例或语言符号（Holtgraves & Kashima，2008）。如上所述，根据某位听众的特征（态度、知识）来调整信息是一种核心现象，体现了言语沟通中语言的务实使用。

第二条理论源起的线索可以追溯到哲学和社会学中的现象学取向。关于上面概述的共享现实的第二个条件，胡塞尔（1931）和布伦塔诺（1974）等哲学家认为指向性（directedness）或“关涉性”（aboutness）是人类思维的普遍特征。这种理解与社会心理学概念一致，共享现实理论也强调了这一点，即人们希望增加对世界的了解，因此将自己和他人的行为反应表征为“关于”（about）某种事物（参见 Heider，1958）。该概念提示人们注意共享现实理论的许多表述所暗含的三元关系，具体是指一个体验到共享的人、另一个（“共享伙伴”）或一群与之共享经验的人，以及共享目标对象三者之间的关系（参见 Tomasello et al.，2005）。

正如本章之前所述，共享现实允许感知者与另一个人对目标对象有共同的体验。有些社交共享例子不符合此条件，诸如共情（de

㊀ 在英语中，Bob 是 Robert 的简称。Bob Krauss 与《社会心理学经典理论手册（第 1 卷・生物、进化和认知）》第 4 章中的 Robert Krauss 是同一人。——译者注

Waal，2008）及情绪和心境感染（Neumann & Strack，2000）等现象并不要求感知者与他人共享对目标对象的看法。希金斯（1999）首先强调了指向性或关涉性对于共享现实的重要性。在之前发表的一篇论文（Higgins，1998）中，希金斯叙述了关涉性的基础，其中强调了关涉性作为人类推理和判断的一般原理的重要性。

人们对现实的体验是在社会上确立的，这一观念与现象社会学（phenomenological sociology），尤其是知识社会学（sociology of knowledge）的早期概念类似（Berger & Luckmann，1966；Garfinkel，1967；Schütz，1967）。例如，伯杰和卢克曼指出："日常生活的现实……向我展示了一个主体间的世界，一个我与他人共享的世界。"（Berger & Luckmann，1966：23）这些领域的学者还把社会参与者理解为"被激励去创造一种感觉，甚至是一种虚幻的感觉，即他们共享一个共同的经验体系"，因此他们可能"产生一种默认的假设，即有一个外部事实就摆在那里"（J. H. Turner，1987：19）。强调共享世界观的动机基础与共享现实理论中提出的第三个条件是相容的，该条件认为如果仅将内部心理状态的共性作为一种结果或最终产物，就会忽略重要的心理基础，尤其是潜在的动机和共享的经验。此外，早期的社会学家意识到，虽然人们无法直接接触到彼此的内部心理状态，但他们仍然可以通过诸如交换和解释线索之类的人际行为"将自己置于对方的位置"（Turner，1987：18）。据推测，这种人际行为产生了成功连接到他人内心状态的主观体验。

共享现实理论随着时间的推移不断发展并吸引了众多合作者，第二条理论起源线索中的灵感也随之得到了重视，并被更全面地加以引用。在早期的发表物中希金斯（1981，1992）就已经引用过社会学和人类学交叉学者，例如哈罗德·加芬克尔的著作。但是，伴随着后续密切合作者的贡献，人文科学，尤其是哲学和社会学方面的理论源起越来越得到认可，这在共享现实理论的第一篇全面论述性文章（Hardin & Higgins，1996）以及该理论的其他后续发展性文章中（Echterhoff et al.，2009a）都得到了体现。

关于社会影响的研究代表了理论思想灵感的第三条线索。当个人的反应（例如行为、态度和判断）因与他人的接触或互动，而转变为与一个或多个他人的立场保持一致时，社会影响就发生了。说服是社会影响的一个典型例证。社会影响的一个可能结果是内部心理状态（例如至少两个人之间对某事的态度和判断）的共性。在大多数有关共享现实的发表物中，社会影响和共享现实之间有着密切的联系（直接的实证研究参见Pinel et al.，2010）。希金斯在他早期撰写的章节中（Higgins，1981）讨论了沟通游戏概念对社会影响的意义，特别是语言使用在说服中的作用。同样，在对理论的首次全面阐述中，柯蒂斯·哈丁和希金斯（1996）讨论了如何通过共享现实理论的视角（另见Levine & Higgins，2001）解释群体中的社会影响（例如Asch，1951；Deutsch & Gerard，1955；Festinger，1950；Latané & Wolf，1981）。在我和同事们的文章中（Echterhoff et al.，2009a），有一节专门讨论共享现实概念与群体和工作团队中的社会影响研究之间的关系。

我本人对社会和沟通情境对记忆和回忆的影响感兴趣，这在很大程度上促成并促进了我进行人际沟通中的共享现实研究

（例如 Echterhoff et al.，2007；Echterhoff & Hirst，2009；Lindner et al.，2010）。研究始于 2001 ～ 2002 年，当时我在哥伦比亚大学跟随鲍勃·克劳斯和托里，担任博士后研究员。我的博士论文指导老师是新学院大学的著名记忆研究者比尔·赫斯特，他后来对社会情境在记忆过程中的作用越来越感兴趣（例如 Cuc et al.，2007；Hirst & Manier，2002）。这种取向促使人们将注意力集中在记忆上，尤其是与听众一致的回忆偏差，这是我在博士后研究期间与希金斯一起开展的共享现实理论“说即信”研究中的主要因变量。在 2001 年 9 月 11 日纽约市发生令人震惊的事件之后，我站在了罕见的个人和全球历史的交叉口，我几乎放弃了在博士生斯蒂芬·格罗尔帮助下完成的第一个实验——我们都被吓呆了，被试也不再出现在实验室中。

这些研究的初衷是寻求对“说即信”效应的一种真正的社会解释或共享现实的解释，这种解释要超越 20 世纪 80 年代的开创性研究所取得的结论（见 McCann & Higgins，1992）。考虑到我当时的学术背景，“说即信”效应令我震惊，它是一种不同于“经典”（classical）社会影响的社会影响，因为它影响的是沟通的来源而不是接受者，并且体现出一种微妙的、自我产生的偏差（参见 Echterhoff & Hirst，2009）。长期以来，记忆研究者很少关注真正的社会影响对记忆的作用。社会心理学家关注的是态度、判断和行为，而不是将记忆作为社会影响的对象（参见 Bless et al.，2001）。

共享现实理论的适用性及效用

共享现实理论致力于解决一些基本的心理学问题，例如人们如何确定什么是真实的并满足基本的认知需求（参见 Higgins，2011）。因此，该理论可能适用于涉及建立和经验现实的各种现象（关于其局限性，请参见本章引言）。从一般意义上讲，创建共享现实这一目标在人际沟通促进人们知识的形成和维系中起着至关重要的作用。更具体地说，在社会互动中共享现实的创建与许多现实生活主题相关，并适用于许多现实生活中的问题，例如通过政治和宗教演说来说服自我和他人（Vedantam，2008）、亲密关系和家庭中的信念合理化（Jost et al.，2007；Magee & Hardin，2010）、刻板印象和偏见（参见 Huntsinger & Sinclair，2010；Kashima et al.，2010；Klein et al.，2010；Sinclair et al.，2005a，2005b）、种族间互动（Conley et al.，2010）、工作团队的决策和绩效（参见 Salas & Fiore，2004）、文化传播（Echterhoff & Higgins，2010）以及对群体认同的维护（Ledgerwood & Liviatan，2010；Mannetti et al.，2010）。在这些论文中，于 2010 年发表的论文（除 Conley et al.，2010；Echterhoff & Higgins，2010 以外）都是《社会认知》（*Social Cognition*）期刊上共享现实特刊的撰稿，我担任了这一辑特刊的特邀编辑（见 Echterhoff，2010）。

鹿岛及其同事证明了有关取向与政治和社会现象的高度相关性，并揭示了共享现实通过人际沟通在对各种社会类别（例如男性、女性、足球运动员）的文化刻板印象传播中的作用（综述参见 Kashima，2008）。例如，里昂和鹿岛（2003）通过实验操纵关于文化刻板印象的共享现实（存在或不存在），以检验刻板印象在连续复述链中的传播条件，该复述链类似于中国的耳语游戏。

当被试被引导认为其与听众共享了他们已知的关于加马扬人（Jamayans）[㊀]的刻板印象时，与刻板印象一致的（相对于与刻板印象不一致的）信息在整个链条上传播的程度更大。相比之下，当人们认为听众不认同对于加马扬人的刻板印象时，这种刻板印象一致性信息传递的偏差就不会发生。

辛克莱、哈丁及其同事的研究（2005a，2005b）指出，与人际交往伙伴创造共享现实的趋势也会减少人们的刻板印象，从而产生有益的结果。这些研究人员发现，被试对非裔美国人的刻板印象（包括自我刻板印象）的认同可以转变为对互动伙伴的平等看法（即无偏见），从而自发地实现人际共享现实。研究还阐明了关系动机的作用。关系动机的变化取决于情境诱导（操纵互动伙伴的相似性或可喜爱性）或被试现有的关系动机水平（由人格量表测量）。当社会关系动机强（相对于弱）时，被试的观点更多地转向了互动伙伴的外显观点。

在小群体的社会和动机动力学方面，曼内蒂等人（2010）证明了共享现实作为一种资源的作用，其使人们能够抵御对积极社会认同的威胁。他们的主要假设为对叛逃者的评价（叛逃者是指离开当前小群体而加入另一个小群体的人）与他们对群体其他成员的共享现实感构成的威胁成反比。与这个假设相一致，曼内蒂等人发现，在小群体内部有更强共享现实感的成员，会觉得群体成员叛逃带来的威胁较小。

此外，使用已建立的"说即信"范式的研究已将共享现实理论用于应用领域，从而增强了研究结果的生态效度，尤其是在目击者回忆和记忆的应用领域中。在科皮茨等人（2009）和赫尔曼等人（2011）的研究中，学生被试根据听众对事故中嫌疑人的评价调整了自己对目击事故的重述。在科皮茨等人的研究中（2009），当被试更愿意与特定的听众（具有相似或不同学术背景的学生）建立共同的观点时，他们对事件的记忆和判断会更加偏向于他们的听众。此外，赫尔曼等人（2010，实验2）发现，当被试体验到与听众的共享现实程度高（相对于低）时，信息（"说"）与回忆（"相信"）之间的相关性就更高。

我和同事们（2009b）将共享现实理论应用于工作场所和组织行为，在人员测评情境中考察了其他听众特征的作用。学生沟通者向地位相同的听众（学生实习生）或地位较高的听众（公司董事会成员）描述一位员工。地位较高的听众显然具有较高的特定领域专业知识，例如评价员工的专业能力。尽管听众调谐在两种听众状态条件下都存在，但是听众调谐的记忆偏差仅在同等地位条件下才存在。显然，沟通者更愿意与地位相同的听众而不是地位较高的听众共享现实。另外，我们还测量了沟通者对听众的信任度，包括认知成分（例如，对听众总体判断的信任及对特定他人判断的信任）和关系成分（例如，愿意结交他人并亲近），上述信任度也是在同等地位状态条件下较高，并且其在统计分析上中介了听众状态对记忆偏差的影响。

这些结果表明，听众在特定领域的专长或地位不足以激发沟通者与听众建立共享现实，反而是沟通者对听众的认知和关系信任

㊀ 加马扬人（Jamayans）为研究者根据实验目的编制的虚拟群体。——译者注

度更为重要。我和同事们（2009b）扩展了对信任的测量，认为其不能仅仅局限于专业知识，而应涵盖一般信任感以及建立联系和结交的意愿。重要的是，沟通者是否想与听众建立一种认知和关系上的联系。

在其更广泛的应用性方面，共享现实理论关注了一种潜在的构建文化共享记忆和知识的重要日常机制——这是构建社会、文化和政治信仰的基本机制（参见 Hausmann et al.，2008；Jost et al.，2007）。考虑一下彼此信任的社区成员，他们想要维系彼此之间的关系，因此有意愿并且有动机去创建共享现实。当社区成员 A 意识到社区成员 B 对某个主题（例如他对某事的信念或态度）的观点（推测的或真实的）时，就很可能会发生人际沟通中的听众调谐现象。鉴于听众调谐是为了实现共享现实的目标，它将使沟通者 A 自己对主题的后续记忆和信念朝着听众的方向发展。沟通者 A 不会记住最初收到的主题信息，而会记住他的调谐信息中表征的信息。当另一个社区成员 C 知觉到 A 经过沟通后形成的信念时，他会与 A 成员谈论相同的话题，类似的过程就再次发生了，然后成员 D 与 C 交谈，以此类推下去。由于继续就该主题进行交流，因此社区成员将持有越来越多的共享信念。

这个过程不仅可能在个体间作为主题目标发生，也可能在群体间作为主题目标发生（参见 Hausmann et al.，2008；Klein et al.，2008；Lyons & Kashima，2003），而且这可能是发展对其他群体共享刻板印象信念过程中的重要因素。与日常生活中无处不在的沟通伙伴共同创建一个现实，可以进而在社区中创建一个共享但有偏差的世界观。

致　谢

本章的编写得到了德国研究基金会的资助（Deutsche Forschungsgemeinschaft，项目编号 EC 317/2）。感谢延斯·黑尔曼，奈特利加·凯克和塞西尔·沙因为编写本章而提供的帮助。

参考文献

Adaval, R. and Wyer, R.S., Jr. (2004) Communicating about a social interaction: Effects on memory for protagonists' statements and nonverbal behaviors. *Journal of Experimental Social Psychology, 40*, 450–465.

Andersen, S.M. and Chen, S. (2002) The relational self: An interpersonal social-cognitive theory. *Psychological Review, 109*, 619–645.

Asch, S.E. (1951) Effects of group pressure upon the modification and distortion of judgments. In H.S. Guetzkow (ed.), *Groups, Leadership and Men*, pp. 177–190. Pittsburgh, PA: Carnegie Press.

Asch, S.E. (1952) *Social Psychology*. Englewood Cliffs, NJ: Prentice Hall.

Austin, J.L. (1962) *How to Do Things with Words*. Oxford: Oxford University Press.

Bar-Tal, D. (1990) *Group Beliefs: A Conception for Analyzing Group Structure, Processes, and Behavior*. New York: Springer-Verlag.

Bar-Tal, D. (2000). *Shared Beliefs in a Society: Social Psychological Analysis*. Thousand Oaks, CA: Sage.

Baron-Cohen, S. (1995) *Mindblindness: An Essay on Autism and Theory of Mind*. Cambridge, MA: MIT Press.

Bartlett, F.C. (1932) *Remembering: A Study in Experimental and Social Psychology*. Cambridge: Cambridge University Press.

Baumeister, R.F. and Leary, M.R. (1995) The need to belong: Desire for interpersonal attachments as a fundamental human motivation. *Psychological Bulletin, 117*, 497–529.

Bem, D.J. (1967) Self perception: An alternative interpretation of cognitive dissonance phenomena.

Psychological Review, 74, 183–200.

Berger, P.L. and Luckmann, T. (1966) *The Social Construction of Reality: A Treatise in the Sociology of Knowledge*. Garden City, NY: Doubleday.

Berlyne, D.E. (1962) Uncertainty and epistemic curiosity. *British Journal of Psychology, 53*, 27–34.

Bless, H., Strack, F. and Walther, E. (2001) Memory as a target of social influence? Memory distortions as a function of social influence and metacognitive knowledge. In J.P. Forgas and K.D. Williams (eds), *Social Influence: Direct and Indirect processes*, pp. 167–183. Philadelphia: Psychology Press.

Bohman, J.F. and Rehg, W. (eds) (1997) *Deliberative Democracy*. Cambridge, MA: MIT Press.

Brentano, F. (1974) *Psychology from an Empirical Standpoint* (Trans. A. Rancurrello, D. Terrell and L. McAlister). London: Routledge and Kegan. (Originally published 1874).

Brickman, P. (1978) Is it real? In J.H. Harvey, W. Ickes and R.F. Kidd (eds), *New Directions in Attribution Research, 2*, 5–34. Hillsdale, NJ: Erlbaum.

Byrne, D. and Clore, G.L. (1967) Effectance arousal and attraction. *Journal of Personality and Social Psychology, 6*, 1–18.

Caporael, L.R. (2007) Evolutionary theory for social and cultural psychology. In A.W. Kruglanski and E.T. Higgins (eds), *Social Psychology: Handbook of Basic Principles*, 2nd Edition, pp. 3–18. New York: Guilford Press.

Caporael, L.R. (2010) Revolutionary Darwinism: Sociality is the ground. In G. Semin and G. Echterhoff (eds), *Grounding Sociality: Neurons, Minds, and Culture*, pp. 237–259. New York: Psychology Press.

Chiu, C.Y., Krauss, R.M. and Lau, I.Y.M. (1998) Some cognitive consequences of communication. In S.R. Fussell and R. Kreuz (eds), *Social and Cognitive Approaches to Interpersonal Communication*, pp. 259–278. Hillsdale, NJ: Erlbaum.

Clark, H.H. (1996) *Using Language*. New York: Cambridge University Press.

Clark, H.H. (2003) Pointing and placing. In S. Kita (ed.), *Pointing: Where Language, Culture, and Cognition meet*, pp. 243–268. Hillsdale, NJ: Erlbaum.

Clark, H.H. and Marshall, C.E. (1981) Definite reference and mutual knowledge. In A.K. Joshi, B. Webber, and I. Sag (eds), *Elements of Discourse Understanding*, pp. 10–63. Cambridge: Cambridge University Press.

Conley, T.D., Rabinowitz, J.L. and Hardin, C.D. (2010) O.J. Simpson as shared (and unshared) reality: The impact of consensually shared beliefs on interpersonal perceptions and task performance in different- and same-ethnicity dyads. *Journal of Personality and Social Psychology, 99*, 452–466.

Cooley, C.H. (1964) *Human Nature and the Social Order*. New York: Schocken Books. (Originally published 1902.)

Cuc, A., Koppel, J. and Hirst, W. (2007) Silence is not golden: A case for socially shared retrieval-induced forgetting. *Psychological Science, 18*, 727–733.

Deutsch, M. and Gerard, H.B. (1955) A study of normative and informational social influences upon individual judgment. *Journal of Abnormal and Social Psychology, 51*, 629–636.

de Waal, F. (2008) Putting the altruism back into altruism: The evolution of empathy. *Annual Review of Psychology, 59*, 279–300.

Diener, E. and Seligman, M.E.P. (2002) Very happy people. *Psychological Science, 13*, 81–84.

Dovidio, J.F., Gaertner, S.L., Kawakami, K. and Hodson, G. (2002) Why can't we just get along? Interpersonal biases and interracial distrust. *Cultural Diversity and Ethnic Minority Psychology, 8*, 88–102.

Dunbar, R.I.M. and Shultz, S. (2007) Evolution in the social brain. *Science, 317*, 1344–1347.

Echterhoff, G. (2010) Shared reality: Antecedents, processes, and consequences. *Social Cognition, 28*, 273–276.

Echterhoff, G., Groll, S. and Hirst, W. (2007) Tainted truth: Overcorrection for misinformation influence on eyewitness memory. *Social Cognition, 25*, 367–409.

Echterhoff, G. and Higgins, E.T. (2010) How communication shapes memory: Shared reality and implications for culture. In G.R. Semin and G. Echterhoff (eds), *Grounding Sociality: Neurons, Minds, and Culture*, pp. 115–146. New York: Psychology Press.

Echterhoff, G., Higgins, E.T. and Groll, S. (2005) Audience-tuning effects on memory: The role of shared reality. *Journal of Personality and Social Psychology, 89*, 257–276.

Echterhoff, G., Higgins, E.T., Kopietz, R. and Groll, S. (2008) How communication goals determine when audience tuning biases memory. *Journal of Experimental Psychology: General, 137*, 3–21.

Echterhoff, G., Higgins, E.T. and Levine, J.M. (2009a) Shared reality: Experiencing commonality with others' inner states about the world. *Perspectives on Psychological Science, 4*, 496–521.

Echterhoff, G. and Hirst, W. (2009) Social influence on memory. *Social Psychology, 40*, 106–110.

Echterhoff, G., Lang, S., Krämer, N. and Higgins, E.T. (2009b) Audience-tuning effects on communicators' memory: The role of audience status in sharing reality. *Social Psychology, 40*, 150–163.

Epley, N., Caruso, E.M. and Bazerman, M.H. (2006) When perspective-taking increases taking: Reactive egoism in social interaction. *Journal of Personality and Social Psychology, 91*, 872–889.

Festinger, L. (1950) Informal social communication. *Psychological Review, 57*, 271–282.

Festinger, L. (1957) *A Theory of Cognitive Dissonance.* Stanford: Stanford University Press.

Fiske, S.T. (2007) Core social motivations, a historical perspective: Views from the couch, consciousness, classroom, computers, and collectives. In W. Gardner and J.Y. Shah (eds), *Handbook of Motivation Science,* pp. 3–22. New York: Guilford Press.

Frith, C.D. (2007) *Making up the Mind: How the Brain Creates Our Mental World.* Malden, MY: Blackwell.

Gallese, V., Keysers, C. and Rizzolatti, G. (2004) A unifying view of the basis of social cognition. *Trends in Cognitive Sciences, 8*, 396–403.

Garfinkel, H. (1967) *Studies in Ethnomethodology.* Englewood Cliffs, NJ: Prentice-Hall.

Graf, M., Schütz-Bosbach, S. and Prinz, W. (2010) Motor involvement in action and object perception: Similarity and complementarity. In G. Semin and G. Echterhoff (eds), *Grounding Sociality: Neurons, Minds, and Culture,* pp. 27–52. New York: Psychology Press.

Grice, H.P. (1975) Logic and conversation. In P. Cole and J.L. Morgan (eds), *Syntax and Semantics 3: Speech Acts,* pp. 41–58. San Diego: Academic Press.

Hardin, C.D. and Conley, T.D. (2001) A relational approach to cognition: Shared experience and relationship affirmation in social cognition. In G.B. Moskowitz (ed.), *Cognitive Social Psychology: The Princeton Symposium on the Legacy and Future of Social Cognition,* pp. 3–17. Mahwah, NJ: Erlbaum.

Hardin, C.D. and Higgins, E.T. (1996) Shared reality: How social verification makes the subjective objective. In R.M. Sorrentino and E.T. Higgins (eds), *Handbook of Motivation and Cognition: The Interpersonal Context, 3*, 28–84. New York: Guilford Press.

Hausmann, L.R.M., Levine, J.M. and Higgins, E.T. (2008) Communication and group perception: Extending the 'saying is believing' effect. *Group Processes and Intergroup Relations, 11*, 539–554.

Heider, F. (1958) *The Psychology of Interpersonal Relations.* New York: John Wiley.

Hellmann, J.H., Echterhoff, G., Kopietz, R., Niemeier, S. and Memon, A. (2011) Talking about visually perceived events: Communication effects on eyewitness memory. *European Journal of Social Psychology, 41*, 658–671.

Higgins, E.T. (1981) The 'communication game': Implications for social cognition and persuasion. In E.T. Higgins, C.P. Herman, and M.P. Zanna (eds), *Social Cognition: The Ontario Symposium, 1*, 343–392. Hillsdale, NJ: Erlbaum.

Higgins, E.T. (1992) Achieving 'shared reality' in the communication game: A social action that creates meaning. *Journal of Language and Social Psychology, 11*, 107–131.

Higgins, E.T. (1996a) Knowledge activation: Accessibility, applicability, and salience. In E.T. Higgins and A.W. Kruglanski (eds), *Social Psychology: Handbook of Basic Principles,* pp. 133–168. New York: Guilford Press.

Higgins, E.T. (1996b) Shared reality in the self-system: The social nature of self-regulation. In W. Stroebe and M. Hewstone (eds), *European Review of Social Psychology, 7,* 1–29. Chichester: Wiley.

Higgins, E.T. (1998) The aboutness principle: A pervasive influence on human inference. *Social Cognition, 16*, 173–198.

Higgins, E.T. (1999) 'Saying is believing' effects: When sharing reality about something biases knowledge and evaluations. In L.L. Thompson, J.M. Levine and D.M. Messick (eds), *Shared Cognition in Organizations: The Management of Knowledge,* pp. 33–49. Mahwah, NJ: Erlbaum.

Higgins, E.T. (2005) Humans as applied motivation scientists: Self-consciousness from 'shared reality' and 'becoming'. In H.S. Terrace and J. Metcalfe (eds), *The Missing Link in Cognition: Origins of Self-reflective Consciousness,* pp. 157–173. Oxford: Oxford University Press.

Higgins, E.T. (2006) Value from hedonic experience and engagement. *Psychological Review, 113*, 439–460.

Higgins, E.T. (2011) *Beyond Pleasure and Pain: How Motivation Works.* New York: Oxford University Press.

Higgins, E.T. (2010) Sharing inner states: A defining feature of human motivation. In G. Semin and G. Echterhoff (eds), *Grounding Sociality: Neurons, Minds, and Culture,* pp. 149–173. New York: Psychology Press.

Higgins, E.T., Echterhoff, G., Crespillo, R. and Kopietz, R. (2007) Effects of communication on social knowledge: Sharing reality with individual versus group audiences. *Japanese Psychological Research, 49*, 89–99.

Higgins, E.T. and McCann, C.D. (1984) Social encoding and subsequent attitudes, impressions, and memory: 'Context-driven' and motivational aspects of processing. *Journal of Personality and Social Psychology, 47*, 26–39.

Higgins, E.T., McCann, C.D. and Fondacaro, R. (1982) The 'communication game': Goal directed encoding and cognitive consequences. *Social Cognition, 1*, 21–37.

Higgins, E.T. and Pittman, T.S. (2008) Motives of the human animal: Comprehending, managing, and sharing inner states. *Annual Review of Psychology, 59*, 361–385.

Higgins, E.T. and Rholes, W.S. (1978) 'Saying is believing': Effects of message modification on memory and liking for the person described. *Journal of Experimental Social Psychology, 14*, 363–378.

Hirst, W. and Echterhoff, G. (2008) Creating shared memories in conversation: Toward a psychology of collective memory. *Social Research, 75*, 183–216.

Hirst, W. and Manier, D. (2002) The diverse forms of collective memory. In G. Echterhoff and M. Saar (eds), *Kontexte und Kulturen des Erinnerns* [Contexts and cultures of remembering], pp. 37–58. Constance: Universitätsverlag Konstanz.

Hogg, M.A. (2007) Uncertainty-identity theory. In M.P. Zanna (ed.), *Advances in Experimental Social Psychology, 39*, 69–126. San Diego: Academic Press.

Holtgraves, T.M. and Kashima, Y. (2008) Language, meaning, and social cognition. *Personality and Social Psychology Review, 12*, 73–94.

Hunt, E. and Agnoli, F. (1991) The Whorfian hypothesis: A cognitive psychology perspective. *Psychological Review, 98*, 377–389.

Huntsinger, J.R. and Sinclair, S. (2010) When it feels right, go with it: Affective regulation of affiliative social tuning. *Social Cognition, 28*, 287–302.

Husserl, E. (1931) *Ideas: General Introduction to Pure Phenomenology* (Trans. W.R.B. Gibson). London: George Allen & Unwin. (Originally published 1913.)

Iacoboni, M. (2008) *Mirroring People: The New Science of How We Connect with Others*. New York: Farrar, Straus, and Giroux.

Iacoboni, M. (2011) Mirroring as a key neural mechanism of sociality. In G. Semin and G. Echterhoff (eds), *Grounding Sociality: Neurons, Minds, and Culture*. New York: Psychology Press.

James, W. (1890) *The Principles of Psychology, Vol. 1*. Cambridge, MA: Harvard University Press.

Johnson, M.K. and Raye, C.L. (1981) Reality monitoring. *Psychological Review, 88*, 67–85.

Jones, E.E. (1964) *Ingratiation: A Social Psychological Analysis*. New York: Appleton-Century-Crofts.

Jones, E.E. and Thibaut, J.W. (1958) Interaction goals as bases of inference in interpersonal perception. In R. Tagiuri and L. Petrullo (eds), *Person Perception and Interpersonal Behavior*, pp. 151–178. Stanford: Stanford University Press.

Jost, J.T., Ledgerwood, A. and Hardin, C.D. (2007) Shared reality, system verification, and the relational basis of ideological beliefs. *Social and Personality Psychology Compass, 2*, 171–186.

Kagan, J. (1972) Motives and development. *Journal of Personality and Social Psychology, 22*, 51–66.

Kashima, Y. (2008) A social psychology of cultural dynamics: Examining how cultures are formed, maintained, and transformed. *Social and Personality Psychology Compass, 2*, 107–120.

Kashima, Y., Kashima E.S., Bain, P., Lyons, A., Tindale, R.S., Robins, G., Vears, C. and Whelan, J. (2010) Communication and essentialism: Grounding the shared reality of a social category. *Social Cognition, 28*, 306–328.

Keysar, B. and Barr, D.J. (2002) Self anchoring in conversation: Why language users do not do what they 'should'. In T. Gilovich, D.W. Griffin, and D. Kahneman (eds), *Heuristics and Biases: The Psychology of Intuitive Judgment*, pp. 150–166. Cambridge: Cambridge University Press.

Keysers, C. and Gazzola, V. (2007) Integrating simulation and theory of mind: From self to social cognition. *Trends in Cognitive Sciences, 11*, 194–196.

Klein, O., Clark, A.E. and Lyons, A. (2010) When the social becomes personal: Exploring the role of common ground in stereotype communication. *Social Cognition, 28*, 329–352.

Klein, O., Tindale, S. and Brauer, M. (2008) The consensualization of stereotypes in small groups. In Y. Kashima, K. Fiedler, and P. Freytag (eds), *Stereotype Dynamics: Language-Based Approaches to the Formation, Maintenance, and Transformation of Stereotypes*, pp. 263–292. New York: Erlbaum.

Kopietz, R., Echterhoff, G., Niemeier, S., Hellmann, J.H. and Memon, A. (2009) Audience-congruent biases in eyewitness memory and judgment: Influences of a co-witness' liking for a suspect. *Social Psychology, 40*, 138–149.

Kopietz, R., Hellmann, J.H., Higgins, E.T. and Echterhoff, G. (2010) Shared reality effects on memory: Communicating to fulfill epistemic needs. *Social Cognition, 28*, 353–378.

Kruglanski, A.W., Pierro, A., Mannetti, L. and De Grada, E. (2006) Groups as epistemic providers: Need for closure and the unfolding of group-centrism. *Psychological Review, 113*, 84–100.

Latané, B. and Wolf, S. (1981) The social impact of majorities and minorities. *Psychological Review, 5*, 438–453.

Ledgerwood, A. and Liviatan, I. (2010) The price of a shared vision: Group identity as goals and the social creation of value. *Social Cognition, 28*, 401–421.

Levine, J.M. and Higgins, E.T. (2001) Shared reality and social influence in groups and organizations. In F. Butera and G. Mugny (eds), *Social Influence in Social Reality: Promoting Individual and Social Change*, pp. 33–52. Seattle: Hogrefe & Huber.

Lewin, K. (1947) Group decision and social change. In T.M. Newcomb and E.L. Hartley (eds), *Readings in Social Psychology*, pp. 330–344. New York: Holt.

Lindner, I., Echterhoff, G., Davidson, P.S.R. and Brand, M. (2010) Observation inflation: Your actions become mine. *Psychological Science, 21*, 1291–1299.

Loewenstein, G. (1994) The psychology of curiosity: A review and reinterpretation. *Psychological Bulletin,*

116, 75–98.

Lyons, A. and Kashima, Y. (2003) How are stereotypes maintained through communication? The influence of stereotype sharedness. *Journal of Personality and Social Psychology, 85*, 989–1005.

Mackie, D.M. and Skelly, J.J. (1994) The social cognition analysis of social influence: Contributions to the understanding of persuasion and conformity. In P. Devine, D. Hamilton, and T. Ostrom (eds), *Social Cognition: Impact on Social Psychology*, pp. 259–289. New York: Academic Press.

Magee, M.W. and Hardin, C.D. (2010) In defense of religion: Shared reality moderates the unconscious threat of evolution. *Social Cognition, 28*, 379–400.

Malle, B.F. (1999) How people explain behavior: A new theoretical framework. *Personality and Social Psychology Review, 3*, 21–43.

Malle, B.F. and Hodges, S.D. (eds) (2005) *Other Minds: How Humans Bridge the Divide Between Self and Other.* New York: Guilford Press.

Mannetti, L., Levine, J.M., Pierro, A. and Kruglanski, A.W. (2010) Group reaction to defection: The impact of shared reality. *Social Cognition, 28*, 447–464.

Marsh, E.J. (2007) Retelling is not the same as recalling: Implications for memory. *Current Directions in Psychological Science, 16*, 16–20.

Marsh, K.L. (2010) Sociality, from an ecological, dynamical perspective. In G. Semin and G. Echterhoff (eds), *Grounding Sociality: Neurons, Minds, and Culture.* pp. 53–81. New York: Psychology Press.

McCann, C.D. and Higgins, E.T. (1992) Personal and contextual factors in communication: A review of the 'communication game'. In G.R. Semin and K. Fiedler (eds), *Language, Interaction and Social Cognition*, pp. 144–171. London: Sage.

Mead, G.H. (1934) *Mind, Self, and Society.* Chicago: University of Chicago Press.

Meltzoff, A.N. and Decety, J. (2003) What imitation tells us about social cognition: A rapprochement between developmental psychology and cognitive neuroscience. *Philosophical Transactions of the Royal Society London, Series B, 358*, 491–500.

Merton, R.K. and Kitt, A. (1950) Contributions to the theory of reference group behavior. In R.K. Merton and P.F. Lazarsfeld (eds), *Continuities in Social Research: Studies in the Scope and Method of 'The American Soldier'*, pp. 40–105. Glencoe, IL: Free Press.

Moscovici, S. (1981) On social representations. In J.P. Forgas (ed.), *Social Cognition: Perspectives on Everyday Understanding*, pp. 181–209. London: Academic Press.

Neumann, R. and Strack, F. (2000) 'Mood contagion': The automatic transfer of mood between persons. *Journal of Personality and Social Psychology, 79*, 211–223.

Newcomb, T.M. (1959) Individual systems of orientation. In S. Koch (ed.), *Psychology: A Study of a Science: Formulations of the Person and the Social Context, 3*, 384–422. New York: McGraw-Hill.

Nickerson, R.S. (2001) The projective way of knowing: A useful heuristic that sometimes misleads. *Current Directions in Psychological Science, 10*, 168–172.

Ostrom, T.M. (1984) The sovereignty of social cognition. In R.S. Wyer, Jr. and T.K. Srull (eds), *Handbook of Social Cognition, 1*, 1–38. Hillsdale, NJ: Erlbaum.

Pickering, M.J. and Garrod, S. (2004) Toward a mechanistic psychology of dialogue. *Behavioral and Brain Sciences, 27*, 169–225.

Pinel, E.C., Long, A.E. and Crimin, L.A. (2010) I-sharing and a classic conformity paradigm. *Social Cognition, 28*, 277–289.

Resnick, L.B., Levine, J.M. and Teasley, S.D. (eds) (1991) *Perspectives on Socially Shared Cognition.* Washington, DC: American Psychological Association.

Richeson, J.A. and Trawalter, S. (2005) Why do interracial interactions impair executive function? A resource depletion account. *Journal of Personality and Social Psychology, 88*, 934–947.

Rommetveit, R. (1974) *On Message Structure: A Framework for the Study of Language and Communication.* New York: Wiley.

Salas, E. and Fiore, S.M. (eds) (2004) *Team Cognition: Understanding the Factors That Drive Process and Performance.* Washington, DC: American Psychological Association.

Sapir, E. (1964) *Culture, Language, and Personality.* Berkeley, CA: University of California Press. (Originally published 1941.)

Schachter, S. (1959) *The Psychology of Affiliation: Experimental Studies of the Sources of Gregariousness.* Stanford, CA: Stanford University Press.

Schütz, A. (1967) *The Phenomenology of the Social World.* Evanston, IL: Northwestern University Press. (Originally published 1932.)

Sedikides, C. (1990) Efforts of fortuitously activated constructs versus activated communication goals on person impressions. *Journal of Personality and Social Psychology, 58*, 397–408.

Semin, G.R. (2007) Grounding communication: Synchrony. In A.W. Kruglanski and E.T. Higgins (eds), *Social Psychology: Handbook of Basic Principles*, 2nd Edition, pp. 630–649. New York: Guilford Press.

Sherif, M. (1935) A study of some social factors in perception. *Archives of Psychology, 27* (Whole No. 187).

Sherif, M. (1936) *The Psychology of Social Norms.* New York: Harper and Brothers.

Sinclair, S., Huntsinger, J., Skorinko, J. and Hardin, C.D.

(2005a) Social tuning of the self: Consequences for the self-evaluations of stereotype targets. *Journal of Personality and Social Psychology, 89*, 160–175.

Sinclair, S., Lowery, B.S., Hardin, C.D. and Colangelo, A. (2005b) Social tuning of automatic racial attitudes: The role of affiliative motivation. *Journal of Personality and Social Psychology, 89*, 583–592.

Smith, E.R. and Semin, G.R. (2004) Socially situated cognition: Cognition in its social context. In M.P. Zanna (ed.), *Advances in Experimental Social Psychology, 36*, 53–115. San Diego: Academic Press.

Stukas, A., Bratanova, B., Kashima, Y., Peters, K. and Beatson, R. (2010) The effect of social tuning and shared reality on recipients' beliefs and impressions. *Social Influence, 5*, 101–117.

Sullivan, H.S. (1953) *The Interpersonal Theory of Psychiatry*. New York: Norton.

Thagard, P. (1997) Collaborative knowledge. *Nous, 31*, 242–261.

Thompson, L. and Fine, G.A. (1999) Socially shared cognition, affect, and behavior: A review and integration. *Personality and Social Psychology Review, 3*, 278–302.

Tomasello, M. (2008) *Origins of Human Communication*. Cambridge, MA: MIT Press.

Tomasello, M., Carpenter, M., Call, J., Behne, T. and Moll, H. (2005) Understanding and sharing intentions: The origins of cultural cognition. *Behavioral and Brain Sciences, 28*, 675–691.

Turner, J.H. (1987) Toward a sociological theory of motivation. *Annual Sociological Review, 52*, 15–27.

Tversky, B. and Marsh, E.J. (2000) Biased retellings of events yield biased memories. *Cognitive Psychology, 40*, 1–38.

Vedantam, S. (2008) For political candidates, saying can become believing. *The Washington Post*, February 25, A03.

Weldon, M.S. (2001) Remembering as a social process. In D.L. Medin (ed.), *The Psychology of Learning and Motivation: Advances in Research and Theory, 40*, 67–120. San Diego: Academic Press.

Whorf, B.L. (1956) *Language Thought, and Reality: Selected Writings of Benjamin Lee Whorf* (John B. Carroll, ed.). Cambridge, MA: MIT Press.

Wittgenstein, L. (1953) *Philosophical Investigations*. New York: Macmillan.

第5章

亲密关系中的平等理论

伊莱恩·哈特菲尔德（Elaine Hatfield） 理查德·L. 拉普森（Richard L. Rapson）

肖丽娟[一] 译 王芳[二] 审校

摘 要

纵观历史，社会公正议题一直备受关注。11世纪，坎特伯雷的圣·安塞尔姆认为意志包含两种相互竞争的倾向：对自身利益的关注和对平等的关注（1998）。第一种倾向更强烈一些，但第二种倾向也很重要。与之一致，平等理论也假定在个人关系中有两个问题比较突出：第一，一个人的社会、家庭和工作关系能带来多少回报？第二，他们的这些关系是否平等和公平？根据平等理论，当人们恰好从关系中不多也不少地得到他们应该得到的东西时，人们将感到最满意。本章首先描述了引发了我们发展平等理论的社会关切，进而叙述了经典的平等范式及其激发的研究，接着我们回顾了那场由亲密爱情关系中回报和公平都很重要这一主张所引发的辩论。最后，我们介绍了当前的多元文化和多学科研究，它们为社会平等理论提供了全新且丰富的可能性，并有助于促进该理论在解决当下社会问题中的应用。

引 言

在西方，二十世纪六七十年代是一个知识分子和社会变革的活跃时期。人们非常关注社会公平，并就生活、法律、婚姻和工作中的公平问题展开了激烈的辩论。在美国，1965年马丁·路德·金发起了“从塞尔玛到蒙哥马利”[三]的历史性民权大游行。1965年3月7日的“血腥星期天”，600名平权游行者遭到州政府和警方的棍棒和催泪瓦斯袭击。1972年，简·方达[四]远赴越南开展反战活动。同年，美国还发生了大

[一] 北京师范大学心理学部

[二] 北京师范大学心理学部

[三] 1965年黑人平权运动领袖马丁·路德·金发动从阿拉巴马州中部小镇塞尔玛走到州首府蒙哥马利约87千米的大游行，将民权运动推向高潮，后文的“血腥星期天”事件即发生在此过程中。——译者注

[四] 美国知名女演员。——译者注

规模的女性游行、示威、请愿、联名抗议等活动，人们希望说服第92届美国国会通过《平等权利修正案》，以保障女性和男性在法律上享有平等权利。（该法案在参议院和众议院获得了通过，但最终未能得到各州的批准。）也是在那个年代，贝蒂·弗里丹写出了《女性的奥秘》（*Feminine Mystique*），格洛丽亚·斯泰纳姆和同事创办了《女士杂志》（*Ms. Magazine*），舒拉密斯·费尔斯通出版了《性的辩证法》（*The Dialectic of Sex*），这些均是女权主义者领袖们为争取女性在教育、法律及工作场所上的权利所做出的努力。在另一方面，鲍比·里格斯在网球场上向比利·简·金发起"性别之战"并满口性别沙文主义言论（而金取得了完胜）㊀；瓦莱丽·索拉纳斯把自己的疯狂献给了《SCUM宣言》（*SCUM Manifesto*，SCUM：The Society for Cutting Up Men，即阉割男人协会）。（在索拉纳斯女士㊁把钱塞进嘴里然后企图射杀她的朋友安迪·沃霍尔之前，我们都认为她只是个诙谐的讽刺作家。）

平等理论发展的个人叙事

鉴于当时的社会状况，非常自然地，我和许多朋友及同事开始激烈讨论社会公平的本质，以及回报和公平在两性亲密关系中所扮演的角色。然而我很快就发现，不同人的观点和体验差异非常大。一些年纪稍长的女性表示她们很感激丈夫允许她们工作，因此她们要竭力确保丈夫的男子气概不会受到她们出去工作的威胁，确保丈夫回到家里不会看到一个疲惫的、衣冠不整的或脾气暴躁的妻子，认为男人不应该被"困在"照顾孩子、做家务或整理院子这些事情上。相反，我相对年轻一些的朋友则对这种不平等感到厌烦，他们认为女性应该要求签订一份婚姻协议来保障双方的平等地位。

受到这些现象吸引，伊莱恩·哈特菲尔德、G.威廉·沃尔斯特和艾伦·贝尔伊德（1978）着手建构一种理论来解释男性和女性日常感知到的公平是什么，以及这种对公平的感知会带来哪些结果。我们预设的理想情况是发展出一种适用于所有文化和历史时代的理论。我们相信对公平的关注是一种普遍的文化，它在人类漫长的进化过程中已深入骨髓，且因为这种价值观具有生存价值，这种关注一直延续到当代，公平行事在当今世界仍然是明智且有利的策略[1]（关于这一点的进一步讨论参见Hatfield et al.，2008；Tooby & Cosmides，1992）。

不过，纵观历史，我们也意识到，各个社会对于什么是"社会正义"（social justice）、"公平"（fairness）以及"平等"（equity）的看法有所不同。以下是一些较主流的观点：

- "人人生而平等"（平等主义）
- "多劳多得"（当代美国资本主义）
- "按需分配"（共产主义）
- "赢者通吃"（竞争激烈的资本主义）
- "这是男人的世界"（传统的父权制。我们知道在15世纪的英格兰，其地位等

㊀ 1973年女性网球运动员比利·简·金为了争取男女运动员同工同酬而发起成立了女子网球协会，前冠军选手、已退役的男子网球运动员鲍比·里格斯对此感到不满进而对女运动员发起挑战，最后输给了比利，这场网球对决被称为"性别之战"。——译者注

㊁ 瓦莱丽·索拉纳斯是美国激进女性主义作家，曾经试图暗杀艺术家安迪·沃霍尔。——译者注

级自上而下分别是上帝、男人、农场动物——尤其是马，最后才是女人和孩子。）

因此，我们在构建平等理论时试图创建一个模型，其允许学者们在定义奖励、公平和正义时考虑男性和女性各自的社会视角。我们提出了以下模型（图 5-1）。

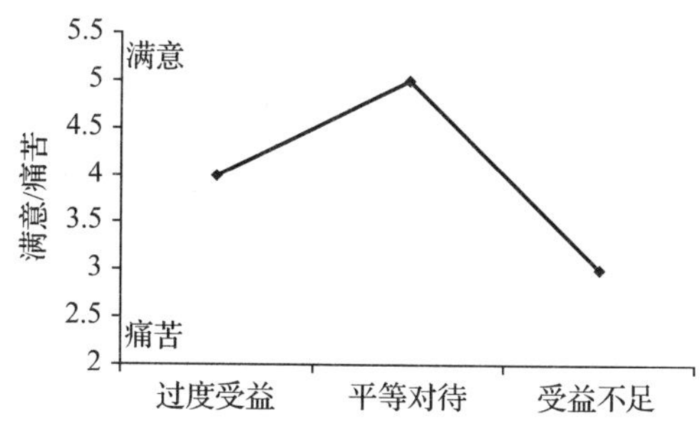

图 5-1　平等、不平等和恋爱、婚姻满意度之间的关系

平等理论与研究

平等理论很简单，它包含四个命题：

- 命题 1：男人和女人都“天生”想要令快乐最大化及痛苦最小化。
- 命题 2：对于社会来说，说服人们公平公正地行事能够带来利益，于是团体通常会奖励那些公平对待他人的成员，同时惩罚那些不公平对待他人的成员。
- 命题 3：考虑到社会压力，当人们意识到他们从生活和爱中得到了应得的东西时会感到最满意；如果他们感到自己过度受益，可能会遗憾、内疚和羞耻[2]；如果他们觉得受益不足，则可能会愤怒、悲伤和怨恨。
- 命题 4：处于不平等关系中的人们会试图通过各种方法来减轻痛苦，例如通过获取心理上的平等或恢复事实上的平等，再或者离开这段关系。

平等的评估

在实际操作中，一段关系的公平和平等程度可以通过一种简单的测量来可靠且有效地评估，即综合平等测验（Global Measures of Equality）。具体来说，被测者将被要求“考虑一下在你的恋爱或婚姻关系中你伴侣的投入和所得以及你自己的付出和所得”，然后从下述选项中选择合适的答案：

+3：我比我的伴侣得到的多得多。

+2：我比我的伴侣得到的多一些。

+1：我比我的伴侣得到的略多一点。

0：我和我的伴侣得到同等程度的好处和坏处。

–1：我的伴侣比我得到的略多一点。

–2：我的伴侣比我得到的多一些。

–3：我的伴侣比我得到的多得多。

根据回答人们可以被归为过度受益（over-benefited，得到的比应得的多）、平等对待（equitably treated）或受益不足（under-benefited，得到的比应得的少）三种。

当然，还有其他更细致的平等测量方法。例如，哈特菲尔德和同事（2008）发展了一份包含 25 个项目的多因素平等测量（Multi-Factor Measure of Equity），它可以用于询问那些正在约会、同居和已婚的男女，请他们评估自己的关系有多公平和平等。其中涉及了个人关切（如外表、智力和社交风度）、情感关切（如身体感受、理解及关爱）以及日常关切（如负责支付家庭开支和负责做家务）。（这两个测量的信度和效度信息请参见 Young & Hatfield，2009。）

抛开社会对于平等的定义以及个人对于平等的关注不谈，对于社会平等的思考在不同文化和关系（如社会关系、浪漫和家庭关系、友谊、帮助关系以及工作关系）中均非常重要。

亲密关系中平等的重要性

社会心理学家们非常清楚，关系会随着时间的推移而改变、加深（Hatfield & Rapson，1993）。例如，在《亲密关系》（*Intimate Relationships*）一书中，珀尔曼和杜克（1986）认为关系的发展会经历不同的阶段，如开始、维系、出问题、修复、终止。公平理论家则对人们在关系不同阶段里对回报、公平和平等等议题的关注程度感兴趣，并发现它们的确受到关系发展阶段的影响。当情侣们第一次约会时，他们相当于加入了一个“约会和婚姻市场”，此时他们对于回报、公平和平等的考虑尤为重要，而一旦当他们深陷于关系，就不会那么关注日常的回报和公平了。等到一段关系恶化，他们意识到自己也许很快又要回到市场中了，就可能开始担忧“这段关系对我有什么好处”，然后问“我值得拥有更好的生活吗”。

下面来回顾一下相关研究。

关系的开始

在童话故事里，白马王子常常会爱上厨房里的女仆，然而在现实生活中，约会的情侣——无论是老是少——通常都会寻找“合适的”伴侣。就像戈夫曼所观察到的：“在我们的社会中，求婚往往是男人总结自己的社会属性然后暗示女方的社会属性并没有比自己好到妨碍俩人结合的程度。”（1952：456）

更具体一点，研究者发现：

- 有魅力的男人和女人都认为一个适合自己的伴侣是具有社会吸引力的，即比其他人更有魅力、更聪明、更有风度、更富有、更有适应能力、更善良。
- 如果恋爱中的情侣认为他们的关系是公平平等的，那么他们更有可能坠入爱河。
- 人们最终可能会选择一个在社会期望方面与自己相当的人作为情侣。他们可能在自尊、外貌、智力、教育和身心健康（或残疾）方面相互匹配。进化理论家认为，在约会市场上，男人愿意为美貌、纯洁、忠诚和贞节付出，而女人愿意为地位、支持和善良付出。
- 感知到的公平在激发浪漫爱情、性吸引力、性激情和性活动中很重要。
- 平等的约会关系是令人满意和舒适的，不平等则与痛苦、内疚、愤怒和焦虑有关。
- 相比不平等的恋爱关系，平等的恋爱关系更加稳定。

总之，研究似乎表明，在亲密关系的早期阶段，市场因素占主导地位。男人和女人都试图吸引有社会吸引力的伴侣，并非常关心他们处于萌芽中的关系是否能获得回报、是否公平以及平等。（对这些命题的其他支持可以在 Baumeister & Vohs，2004 中找到。）

关系的发展

在《平等：理论与研究》（*Equality: Theory and Research*）一书中，哈特菲尔德和同事（1978）指出，与随意的约会关系相比，忠诚、爱和亲密的关系在以下方面有所不同：

1. 喜欢和爱的强度；
2. 信息交换的深度和广度；
3. 关系的长度；

4. 资源交换的价值；

5. 资源交换的种类；

6. 资源的可替代性；

7. 分析单元：从“你”“我”到“我们”。（1978：183）

婚龄较长的夫妇认为他们会一辈子在一起，因此他们可能会对暂时的不平等表示乐观，相信一切终会得到解决。此外，考虑到婚姻关系的复杂性，对已婚夫妇来说，时刻计算他们的关系是否平等可能是困难的。他们很可能会满足于一个粗略的、大概的公平定义（例如，“是的，总体而言我觉得一切对我来说还算公平”）。爱的程度也可能会对陷入不平等关系中的人们如何纠正暂时的不平等产生影响。

然而，即使是在最亲密的关系中，平等和公平也依然重要。大多数亲密的人都认为付出最终会得到回报（例如，他们的伴侣会感恩，他们的伴侣会更爱他们，他们的伴侣会想要报答他们）。当人们被迫承受太多以及太长时间的痛苦而看不到回报的希望时，就很可能会开始抱怨生活的不公。阿尔茨海默病患者的妻子可能会问：“为什么是我？”希望自己能从可怕的负担中解脱出来；她的丈夫可能会在想到她的悲惨处境时感到内疚，他也可能会羞愧地哭着说“这不公平”（Clark & Grote，1998；Hatfield，et al.，1978，2008；Markman，1981）。

科学家发现，不论是恋爱未同居、恋爱并同居或已婚，富有或贫穷，约会过几周或结婚 50 年的伴侣，大多数伴侣都是关注平等的。在所有这些群体中，回报、公平和平等的程度都被发现与激情爱、伴侣爱、性满意度、婚姻幸福、婚姻稳定有关（Buunk & van Yperen，1989；Byers & Wang，2004；Hatfield et al.，2008；Lawrance & Byers，1995；Martin，1985；Schreurs & Buunk，1996；van Yperen & Buunk，1990）。处于平等关系中的夫妻也比同龄人更不可能冒险发生婚外情，他们对自己的婚姻更有信心，事实上他们的婚姻关系也比同龄人的更持久（Byers & Wang，2004；Hatfield et al.，2008；van Ypern & Buunk，1990）。

在一项纵向研究中，皮勒默等人（2008）调查了美国威斯康星州麦迪逊市处于约会或已婚关系中的男女个体，他们的年龄跨度从 18 到 92 岁，其中已婚夫妇的婚龄从 1 到 53 年。他们发现：

- 上了年纪的妇女在谈论婚姻中的公平和平等问题时会感到犹豫。她们认为夫妻不应该以自私的方式思考，即去关心自己是否得到了公平的对待。
- 绝大多数年长女性（85%）认为自己的婚姻是公平和平等的。
- 年长的女性似乎不像约会中的男女和新婚夫妇那样关注日常生活中的不平等。但是尽管如此，即使是在最美满的婚姻中，大多数人也承认，对婚姻平等的质疑会不时地浮出水面。正如预期的那样，那些过度受益的人感到内疚，而那些受益不足的人更为愤怒。
- 压力性生活事件，如孩子的出生、退休、重病或对死亡即将来临的恐惧，会让人们意识到长期以来围绕公平问题所积压的不满情绪。

总结而言，研究似乎表明，虽然处于长期关系中的男女更能容忍不平等，但最终，几乎每一个人都会很关注其所处关系的平等程度以及这段关系是如何使自己获益的。

关系的结束

哈特菲尔德等人（1978）发现，如果男性和女性长期受到不公平对待，他们会开始怀疑："我的伴侣爱我吗？如果是的话，为什么他对我这么不公平？"他们也会问"这段关系对我有什么好处"以及"我在这段感情中得到我应得的一切了吗"。估计大家都会赞同，当夫妻处于分手或离婚的时候，他们往往会忙于计算利润（回报减去成本）和公平等问题。

学者们一致认为，痛苦和不公平是存在联系的，然而到底孰因孰果却存在分歧：究竟是感知到的不平等导致了不满意，还是相反？克拉克（1986）认为是后一种。她提出，处在一段共享关系中的伴侣是不会"斤斤计较"的，他们不会去考虑回报和公平的事情。因此，如果他们开始关注这些问题了，那一定是关系出了问题。也就是说，痛苦是感知到的不公平的原因而不是结果（Grote & Clark，1998）。

范伊佩伦和布恩克（1990）通过长达一年的纵向研究检验了这个问题。他们访谈了婚龄不同的夫妻，然后发现，如果关系不平等，人们在一年内的婚姻满意度会明显下降，然而反过来的效应却不存在。当然，在失败的婚姻中这两个过程可能都会起作用。很明显，当婚姻摇摇欲坠时，人们往往会意识到他们所忍受的痛苦和关系的不平等，而这会进一步导致关系的破裂。

总之，研究者们探究了婚姻中的回报和感知到的平等对于婚姻幸福和稳定的影响。虽然对平等的关注在整个关系过程中可能存在起伏，但这种关注始终存在并指导着人们的认知、幸福和婚姻选择。可见，爱情并不是盲目的。

平等理论的观点和思想史

哲学基础

长久以来，哲学家和伦理学家一直感兴趣于社会正义、公平、平等的本质。他人应该被公平对待的观念是普遍存在的，有超过21个宗教认同黄金法则"己所不欲，勿施于人"（Do unto others…）及其变体。哲学家托马斯·霍布斯、约翰·洛克和让-雅克·卢梭主张的"社会契约论"（social contract），伊曼努尔·康德主张的"定言令式"（categorical imperative），当代哲学家约翰·罗尔斯主张的"无知之幕"（veil of ignorance）等所有这些概念都在追问："什么是平等？"而且他们都认为，至少在大多数情况下，公平待人是符合个人最大利益的。

早期的社会交换理论家

社会心理学家也试图理解社会正义的本质。第一批（20世纪50年代末和20世纪60年代初）提出社会公正和社会交换模型的现代学者是社会学家乔治·C.霍曼斯（George C. Homans，1958）、彼得·布劳（Peter Blau，1964）以及社会心理学家约翰·蒂博和哈罗德·凯利（John Thibaut & Harold Kelley，1959）。他们认为所有的社会生活都涉及物品的交换，如认可、尊重和物质商品。所有人都在以最小代价寻求最大回报，因此在交换中往往存在一种平衡。这些学者基于当时的经济和行为理论尝试描述影响交换关系的产生、维持和破裂的因素。后来，工业组织心理学家J.斯泰西·亚当斯（1965）认为，管理者和工人会试图通过将自己对工作的付出（例如时间、努力和奉献）和回报（例如安全、工资、福利等）与自己的上级、同辈及下级的付出和回报进行对比来保持平等，也就是说关系满意度取决于报酬分配是否公平。

这种社会交换理论在二十世纪六七十年代很受欢迎，它的支持者们不断用它来预测人们的学术、法律或工作行为。然而，当我们提出人们也可能对爱情竞技场中的回报和公平感兴趣的时候，人们却不接受了。

早期的平等理论家和批评者

正如前文提到的，平等理论出现在一个人们对传统的性别角色观念、男性和女性解放以及爱与性的规则（包括婚姻契约等创新规则）等问题进行激烈讨论的时代里。因此，我们提出伴侣们会对“这段关系对我有什么影响”和“我是否被平等对待”这两个问题有所关注进而引发了激烈争论这件事情好像也并不奇怪。何况已经有一群杰出的理论家认为，在大多数亲密关系中，人们的确关心快乐、痛苦、公平和平等［如彼得·布劳《社会生活中的交换与权力》（*Exchange and Power in Social Life*），迈克尔·麦考尔《作为社会交换的求爱》（*Courtship as Social Exchange*），米拉·科马罗夫斯基《蓝领婚姻》（*Blue-Collar Marriage*），杰拉尔德·R.帕特森《家庭》（*Families*），约翰·斯坎佐尼《性议价》（*Sexual Bargaining*），诺曼·W.斯托勒《科学的社会体系》（*The Social System of Science*）］。

然而，许多人很快发现，去强调爱情关系中平等的重要性是令人不快的。他们回顾了埃里希·弗洛姆的著作。在《爱的艺术》（*The Art of Loving*）一书中，弗洛姆（1956：3）提到，尽管“人类的爱情关系（可能）遵循类似支配商品和劳动力市场的交换模式，但真正的爱是无条件的（即在给予时不考虑回报）”。他进一步观察发现，虽然男人在恋爱关系中可能会愚蠢甚至自私，但女人的天性是无条件地去爱和不求回报地付出。例如，他写道：“父爱是有条件的爱。它的原则是‘我爱你，因为你满足了我的期望，因为你履行了你的责任，因为你像我……’，而母爱的本质是无条件的。”（1956：35-36）

20世纪70年代，许多社会评论家都同意弗洛姆的观点，即人们，尤其是女性，通常不关心爱情关系中的回报或公平，其中最著名的是玛格丽特·S.克拉克和贾德森·R.米尔斯（1979）、伊丽莎白·杜旺（1974）以及伯纳德·默斯坦（1977）。

在《平等理论与研究》出版后不久，伊莱恩受邀到耶鲁大学演讲。此前，研究在斯坦福大学、明尼苏达大学和威斯康星大学都引发了讨论，她对此已经习以为常。然而等到了耶鲁大学，她被听众的反应惊呆了。其中一位抱怨说现代女性关注婚姻的公平很自私，很不像女人；另一位则嚷道，他那圣洁的母亲为他奉献了一生，从未想过要什么回报，“取悦家人应该是女人最大的快乐”。伊莱恩震惊了，她意识到在那个年代，即便是学者们也并不比普通人更能意识到人类体验以及改变性别角色关系的复杂性。当然，许多妻子和母亲都是无私的，但即使是她们也会有这样的时刻：“我是怎么陷入这种境地的？”她们也会跟自己的孩子说：“等你有了自己的孩子……”伊莱恩刚刚和一位老妇人交谈过，她照顾生病的丈夫已经三十年了。丈夫死后，她再婚了。起初她很高兴，心想“终于可以过我自己的生活了”，然而几个星期后，当她发现新丈夫生病了而她又要被当作全职护士时，她忍不住大喊：“这不公平！”

克拉克（1986）认为人们的关系可能有两种形态：共享关系（communal relationships）和交换关系（exchange relationships）。她观察到：

> 共享关系（比如友谊和浪漫关系）中的人们感到对对方的福祉有特别的责任，他们根据对方的需求给予对方好处或取悦对方。交换关系（如熟人关系和商业关系）中的人们对其他人的福祉没有特别的责任，他们根据期望获得的利益或之前得到的利益给出等量的利益（1986：414）。

（如今，有些理论家仍同意克拉克的论点，即如果夫妻过度关注一时的平等，说明他们的关系存在问题。参见如 Aron et al.，1991；Sprecher，1989；Van Lange et al.，1997）。

克拉克通过一系列研究探讨了个体在共享与交换关系中的行为表现。在这些研究中，通过将男大学生介绍给一个有吸引力且表现为对新的友谊关系感兴趣的单身女性，以操纵个体的共享取向；通过将男大学生介绍给一个有吸引力且声称已经拥有所渴望的所有朋友的已婚女性来操纵交换取向。随后，男性和女性将分别解答字谜任务。年轻女子会请年轻男子帮忙，男子提供了帮助，随后女子提供（或不提供）回报。当女子因男子的帮助立即提供（或不提供）回报时，男子对女子的感受会取决于他所在的关系取向。在共享取向条件下，男子更喜欢接受帮助的女子不立即做出回报；而在交换取向条件中，男子更喜欢接受他帮助的女子以同样的方式回报自己。

克拉克（1986）、威廉森和克拉克（1989）总结道，在约会、婚姻和家庭关系中，共享规范占主导。男人和女人都希望取悦他们的伴侣，照顾甚至养育他们，并且不愿意去思考彼此的交换，也拒绝以斤斤计较的方式进行交往。然而，关系是复杂的，对克拉克的研究结果也存在更悲观的解释。通常情况下，人们坠入爱河并承诺亲密关系需要一定时间。在克拉克的研究中，男子和女子是刚刚相遇的。当“白马王子”拯救“落难美人”时，他喜欢不坚持以同样方式回报于他的有吸引力的单身女性，可能因为：①如克拉克认为的那样，该男性处于共享关系取向中；②男性提供免费晚餐、戏票、帮助给有吸引力的女性可能是希望获得女性自愿提供的更大回报，如感情、感激、约会或者性。然而，那种气喘吁吁的“我要怎样做才能报答你”的桥段是属于电视剧的。在内心深处，克拉克（1986）研究中的男性可能一直期待着参与一种交换——以更为复杂的形式。

从表面来看，克拉克的观点似乎与我们的观点截然相反。但当仔细研究后，我们发现两者似乎是融合的，就像人们所说的“魔鬼藏在细节中”。来看一下克拉克及其同事的以下研究结果：

- 男性和女性都喜欢外貌吸引力高的伴侣，部分原因是有吸引力的人被认为比同龄人更敏感、善良，并且能够建立共享关系（Clark，1986）。
- 为伴侣利益牺牲的人认为他们的伴侣会为此感到感激，并会更爱和信任自己，因此更有可能“在自己需要时出现”（Clark & Grote，1998；Grote & Clark，2004）。

- 伴侣们可能更喜欢共享关系，但是当欲望和需求发生冲突时，为了平等的利益，男性和女性通常会采取轮流获取收益或损失成本的决策（Clark & Grote，1998）。
- 在共享取向的程度方面可能存在个体差异。妻子可能认为她的侠义丈夫很高兴满足她的需要；而那些共享取向程度较低的丈夫则可能会怨恨妻子，认为这是她对自己的“剥削”（Mills et al.，2004）。
- 有些人是狡猾和偏激的。一个年轻的医学生可能会要求他的妻子允许他攻读研究生学位，而一旦毕业他就会选择离婚。在这种情况下，他的共享关系取向的妻子自然会对他的背叛感到不满（Williamson & Clark，1989）。
- 当人们怀疑伴侣不是共享取向时，也就是说发现他并不关心自己的愿望和需要时，个体会开始不信任对方，开始对对方斤斤计较，并质疑自己是否得到了公平对待（Clark & Grote，1998）。

也就是说，即使是在克拉克的范式中，无论一段关系多么美好，人们看起来还是会时常问自己，“我被爱过吗”“我从关系中得到过回报吗”“这对我来说公平吗”，而人们给出的答案很可能对他们的关系感受产生重要的影响。

平等理论的发展和成熟

平等理论家们研究兴趣的变化在诸多方面与过去二十五年里社会心理学理论和研究的总体变化一致（见 Berscheid，1992）。具体而言，随着时间的推移，我们对塑造人们生活的文化、社会和生物力量越来越感兴趣，我们致力于拓展并深化平等理论（以探究长期关系），也用到日益复杂的社会心理学研究方法。

平等理论的建构

尽管我们从一开始就渴望将达尔文进化理论、经济理论以及赫尔曼和斯金纳的强化理论思想融入到平等理论中，但在早期我们不得不更关注后天因素。在二十世纪六七十年代，汉密尔顿（1964）、特里弗斯（1971）以及史密斯（1974）等一些先驱者认为，利他主义和攻击性是人类与生俱来的。理论家们讨论了“群体选择”“亲缘选择或广义适合度”以及“互惠利他主义”（类似于“如果你帮我挠背，我就帮你”）的优势。尽管如此，极具影响力的理论家道金斯在《自私的基因》（*Selfish Gene*）中主张，人们的日常行为仍然充满了野蛮的竞争、无情的剥削和欺骗，这些倾向是被编码在基因里的。但是利他主义行为也的确存在，于是我们的挑战就是要基于社会建构主义和强化模型构建一个理论来解释人们对平等和正义的渴望。我们从文化心理学、社会心理学和工业组织研究中找到证据，提出了前面提到的四个命题，它们都致力于解释是什么社会力量促使人们关注社会公平。

在随后的段落里你将看到达尔文进化理论本身已经进化，如今的进化理论家在解释人们对平等公平的渴望方面毫不费力。所以如果我们是在今天构建平等理论，就能据理力争地说人类不管先天和后天都倾向于关注社会平等，而且可以为这一观点提供来自不同学科的有力证据。

平等理论的拓展和深化

20 世纪 60 年代初，我（伊莱恩）和同事埃伦 · 贝尔伊德对一个完全被忽视的领域——激情之爱的理论非常感兴趣。这一点很好理解，首先我们当时都很年轻，朋友们私下里对这个话题也都很感兴趣，其次它是一个鲜有人涉足的领域，我们发现的任何东西都会很有趣。还有一点，那就是我们可以很容易地找到频繁处于热恋阶段的大学生们作为研究对象。

平等理论的批评者，如玛格丽特 · S. 克拉克以及后期的贾德森 · R. 米尔斯等主要关注长期的亲密关系，他们认为公平过程在非常亲密的环境中可能会以一种完全不同的方式运作。这成了我们拓展理论的动力之一。它激励我们在生命周期的每个阶段里探讨人们对平等的看法，并深入了解平等过程是如何在这些复杂关系中发挥作用的。

创新性的心理测量和研究技术的出现

自 20 世纪 70 年代以来，社会心理学家一直在努力发展一系列用于测量心理结构的“用户友好型”心理测量技术。从技术上讲，平等可以被定义为一个复杂的公式（Traupmann et al.，1981；Walster，1975）。受访者对他们约会或婚姻关系平等性的看法可以通过他们将个人 A 和 B 投入（inputs，I）和回报（outcomes，O）的估计（I_A，I_B，O_A 和 O_B）输入公平公式来计算[3]：

$$\frac{(O_A - I_A)}{(|I_A|)^{KA}} = \frac{(O_B - I_B)}{(|I_B|)^{KB}}$$

如果受访者的相对收益超过他们的伴侣，就被归类为“过度受益”；如果他们的相对收益与另一半相等，就被归为“平等对待”；如果他们的相对收益低于另一半，就被归为“受益不足”。

在进行了大量研究和费力的数据输入及计算（在那个年代都是由手工完成）之后，我们放弃了这个过于复杂的平等评估技术。这个技术要求我们先问一些关于投入和回报的问题，它们对于受访者来说通常很难回答，然后我们再记录他们的回答，并进行艰难的计算——一点错都不能犯！简直太难了！后来有一天，我们突然意识到找出答案的最好办法就是直接询问受访者！于是我们开发了前文提到的综合平等测验，仅仅需要伴侣双方思考他们的关系然后告诉我们它看起来是多么公平和平等就行了，答案会落在 +3（我比我的伴侣得到的多得多）和 −3（我的伴侣比我得到的多得多）之间。

这个方法如此明显，我们却花了一两年时间才意识到。这个过程有点像全国运动汽车竞赛协会（NASCAR）的制造商，他们突然意识到马车可能不是最好的汽车模型。后来我们又发展了多因素平等测验，受访者只需要回答 25 个问题。

社会心理学家的研究技术在不断发展。我（伊莱恩）一直是一名社会心理实验专家，我很重视真实验，同时也会不时采用更复杂的方法，如定性分析、横断研究和长程纵向研究、互动范式、对教皇和教会法令的文本分析、人口统计学分析、历史和人类学研究等。

社会心理学家的“硬件”也有所改善。今天，学者们可以通过视听记录设备、社会心理生理测量设备、功能磁共振成像（fMRI）、生理记录仪和各种不必打扰到被试的测量来研究人们对不平等的反应。所有这些新技术都让我们更好地了解到平等在现实生活情境中扮演的角色。

当今研究：交叉学科取向

目前，对于社会平等本质最有趣的一些研究来自四种知识传统中的学者：①文化学者对什么是平等和公正的社会定义感兴趣；②进化理论家认为对正义的关注早在人类漫长的史前时期就已经出现，并推测这种古老的“路线”可能会以何种方式影响当代的社会平等观念；③神经学家对描绘与平等或不平等感受有关的大脑活动区域感兴趣；④灵长类动物学家致力于观测灵长类动物的平等观念是否与人类存在差异。

现在让我们来看看这四个领域的零散研究，以便读者对正在发生的事情有所了解。

道德与文化相关吗？我想说它是——也不是。

——埃里克·尼克博克（Eric Knickerbocker）

平等：文化因素

长期以来，文化理论家一直对文化对于社会平等观念的影响感兴趣。例如，理查德·施韦德（1987）和艾伦·菲斯克（2002）等人类学家调查了全球范围内的道德关切。他们发现几乎所有人都有对于平等的感知，人们认为人与人之间应该互惠，每个人都应该回报恩人并惩罚骗子。

文化理论家还认为，文化对如何定义公平、男性和女性如何关注他们的亲密关系是否公平、有回报，以及公平的爱情关系可能是什么样子的等问题产生了深远的影响（Amir & Sharon，1987；Aumer-Ryan et al.，2007；Murphy-Berman & Berman，2002）。

特里安迪斯及其同事（1990）认为，个体主义文化中（例如美国、英国、澳大利亚、加拿大，以及北欧和其他西欧国家）的人们普遍关注个人目标。在这样的社会中，人们关心的是他们的关系是如何得到回报（或惩罚）的，以及他们受到了怎样的公平（或不公平）对待。而另一方面，集体主义文化（例如中国、希腊、意大利南部，以及许多非洲和拉丁美洲国家，还有太平洋岛国）则认为，他们的成员将个人目标从属于群体（如家庭、氏族或部落）目标，传统、责任和尊重长者非常重要。罗森布拉特和坎宁安（1976）认为平等在集体主义社会中相对没那么重要，“不管谁拥有更好的生活，男人还是女人，他们（非美国文化的人）可能会争辩说，男人和女人的生活是不同的，是不能进行比较的”（引自 Buunk & vanYperen，1989：82）。

不同文化对约会和婚姻公平的重视程度是否有所不同？在一系列研究中，奥默尔－瑞安等（2006）试图找出答案。他们采访了日裔美国人、西印度人和具有多元文化背景的网络用户，以期发现在不同的文化中的人们：①是否在约会和婚姻关系中对平等的看法不同，如有些人认为平等很重要，有些人认为平等无足轻重；②是否认为自己的关系是平等的或不平等的；③当发现自己的关系变得非常平等或不平等时，他们的满意度（或不满度）是否会发生变化。结果发现，所有文化的人们都将回报和平等视为检验良好关系的试金石。西方人和非西方人都认为恋爱或婚姻的公平是“重要”或“非常重要”的。

不过他们也确实观察到了一些有趣的

文化差异。世界各地的人都渴望实现社会公平，但并不是都能实现，于是不同文化背景下的人们对关系平等的关注程度有明显差异。例如，美国的受访者声称其受到了最平等的对待，而西印度群岛牙买加的男性和女性，尤其是女性，认为受到了最不平等的对待；牙买加妇女经常抱怨男性将女性视为“二等公民”并对关系缺乏承诺。在描述男人的态度时，一位女士引用了基奇纳勋爵（1963）创作的一首经典歌曲中的歌词：“你总是可以找到另一位妻子，但你这辈子再也找不到另一位母亲。”她认为，正是男性的这种态度使她们很难找到一种有回报的、公平的且令人满意的感情。

在所有的文化中，当男人和女人感觉受到公平或不公平对待时，他们的反应几乎是一样的。当人们在从关系中得到他们认为应得的东西时最满意——（也许）不会多，但（就像在西方一样）肯定不会少（关于这一主题的其他研究请参见 Murphy-Berman & Berman，2002；Westerman，et al.，2007；Yamaguchi，1994）。

文化心理学家不仅提供了关于人们定义社会公平方式的文化差异信息，也提供了一个窗口来理解社会变革对社会公平定义的影响。下面来看一些例子。历史学家指出，全球化为男性和女性角色以及性别平等方面带来了深刻的变化（Hatfield & Rapson，2005）。从传统社会到现代社会的转变对人们定义公平的方式有什么影响？面对这样的变化，男人和女人有多满足？男人是否沉迷于过去而女人则更期待未来？男人和女人如何尝试应对他们所感知到的变化？针对这些问题的研究可以为社会正义的本质提供新的见解。

> 我们对人类心灵的理解，会因了解它的设计目的而得到极大的帮助，这样的预期难道不合理吗？
>
> ——乔治 · C. 威廉斯[㊀]

平等：一种普遍文化的进化

在过去25年左右的时间里，社会心理学家开始探索社会正义的进化基础［参见罗伯特 · 特里沃斯（1972）或理查德 · 道金斯（1976）的经典著作中关于互惠利他主义和社会交换进化的论述］。正如克斯米德和托比所见：

> 我们的祖先很可能从事社会交换至少几百万年了……社会交换行为在所有人类文化中都是普遍的，而且是高度复杂的，包括狩猎–采集文化。如果它是人类生活的一个古老而核心的部分，这也是意料之中的（1992：164）。

罗布 · 博伊德等（2003）正在从进化视角对社会正义进行有趣的研究。他们为命题2提供了强有力的支持，即团体会奖励那些公平对待他人的人，惩罚那些不公平对待他人的人，即使这些惩罚会让自己付出相当大的代价。随后我们还将讨论一些来自神经学家和灵长类动物学家发现的与之相关的证据。

平等：功能磁共振成像研究

神经学家研究了男性和女性在面临道德困境时涉及的认知因素和大脑过程，这些

㊀ 美国进化生物学家。——译者注

问题包括社会正义的本质和各种相互竞争的道德关切（如在社会交换中对友谊的关切还是对公平平等的关切更重要）。例如，罗伯逊等（2007）向人们提出了若干现实生活中的道德困境，然后采用功能磁共振成像技术研究人们在思考这些困境时的大脑活动。结果发现，对于道德问题的关切与内侧前额叶皮层、背侧后扣带皮层以及后颞上沟的激活有关，因此他们推测，道德敏感性可能与人们检索自传体记忆和从社会角度看待问题的能力有关。他们还评估了对于社会关切的敏感性与区别于其的对公正的判断是否涉及不同类型的神经过程，进而发现对公平（和社会交换）问题的敏感性与左侧顶内沟的激活有关，而对关爱问题的敏感性与腹侧后扣带皮层、腹内侧和背外侧前额叶皮层以及丘脑的更大激活有关。这些结果表明，当人们思考自己对所爱之人的责任和对所有人公平公正的义务时，起作用的是不同的大脑部分。关于参与社会不平等的感知和反应的神经回路的其他神经生物学研究请参见 Borg et al.（2006），Raine & Yang（2006），Reis et al.（2007），Watson & Platt（2006）以及 Witvliet et al.（2008）。

当然，神经科学仍处于起步阶段。许多社会科学家尖锐地批评了广泛使用功能磁共振成像技术来研究社会正义本质的做法，目前它只能追踪大脑的表面变化，信、效度也还不完善（Cacioppo et al.，2003；Movshon，2006；Panksepp，2007；Wade，引自 Wargo，2005）。尽管如此，随着技术不断革新，这类开创性的研究有潜力回答一些古老的问题，如文化的本质、社会公平观念，以及人们在面对公平或不公平待遇时的反应方式。

平等：其他物种对平等的关注

今天，古人类学证据支持这样一种观点，即社会正义和平等的观念非常古老。例如，乌鸦曾被观察到攻击那些违反社会规范的同类；当自己的玩伴得到了回报而自己没有时，狗会嫉妒；不“公平竞争”的狼会被驱逐，进而导致其死亡（Bekoff，2004；Brosnan，2006）。

灵长类动物学家也已积累了大量证据，证明灵长类动物也和人类一样关心公平。一项以棕色卷尾猴为对象的研究（Brosnan & de Waal，2003）发现，当雌性猴子没有得到它们应得的奖励时会变得愤怒，它们会拒绝再玩这个游戏（即拒绝用代币换黄瓜），也不屑于食用其奖品，而是坚持要得到它们应得的葡萄。如果被严重激怒（另一只猴子什么也没做却得到了非常珍贵的葡萄而不是黄瓜），卷尾猴会变得异常愤怒，它们开始尖叫、捶打胸部，并向实验者扔食物。有趣的是，在后来的一项研究中，研究者发现黑猩猩对随意关系中的不公正最为不满，而亲密关系中的不平等却几乎无法泛起任何涟漪（Brosnan et al.，2005）。有证据表明，黑猩猩会在亲密群体中自愿纠正错误。这让我们看到在不同的环境下不同的物种可能会对不公平做出不同的反应。（一些批评者认为，在这些实验中存在着“自身利益受损”和“不公平”之间的混淆，因为不公平是通过拒绝给黑猩猩奖励来操纵的。后续研究还需要确认这些灵长类动物是否真的在寻求公平。）

20 世纪 90 年代末，罗纳德·诺埃和彼得·哈默斯坦（1994）提出了“生物市场”（biological markets）这一概念，并预测灵长类动物在选择配偶时会像人类男女一样对市场的力量做出反应。罗纳德·古默特（2008）在印度尼西亚加里曼丹中部的一个保护区观察了50只长尾猕猴。他发现，从本质上讲，雄性猕猴通过为雌性梳理毛发来换取性行为。“这表明性是一种商品”，和其他商品一样，性的价值也受到供求关系的影响。古默特评论道：

如果附近的雌猴较少，雄猴会花更多时间为雌性梳理毛发……当雌性数量较多时，雄性花在梳理毛发上的时间更少……根据市场的不同，交配成本也会降低（2008：1）。

这个有趣的动物研究可能会对三个引起平等研究者兴趣的问题提供一些见解：

- 在灵长类动物漫长的史前历史中，动物什么时候开始对接受“太多”感到“内疚”？又是何时开始在当它们被“剥削”时感到愤怒的？（Brosnan et al.，2005；Brosnan，2006）
- 在专制、等级森严的社会中，动物是否要比在相对平等的社会中更多（或更少）关心公平？（Brosnan，2006）
- 灵长类动物和其他动物是否更多（或更少）关注近亲（而不是疏远）关系中的不平等？（Brosnan et al.，2005）

平等理论对关系问题的适用性

人们可能会被自身利益所驱使，但他们很快就会意识到，生存和繁荣的最佳方式是遵守关于什么是公平和不公平的社会规则。因此，当人们从关系中得到应得的东西时会感到最舒服。这一事实有如下现实意义。

择　偶

活跃于民间的流行心理学作者们常常给出这样的建议：每个人都有权拥有一切。浪漫主义者们很受用这样的“建议”。我们曾经询问一位抱怨所有好男人都被抢走了的女士，她到底想找什么样的伴侣。她迅速列出了一张她认为不可或缺的品质清单，里面居然有200多条！其中还有许多是自相矛盾的（“我想要一个雄心勃勃、成功的、能赚钱的人”以及“我想要一个能承担至少一半家务和照顾孩子的人”）。我们并没有讽刺的意思，但遗憾的是许多人都是沿着这样的思路进行思考的。他们相信，通过所谓积极思考的魔力，自己一定能够“拥有一切”（Rapson，2008）。你可能会问，为什么不呢？很遗憾，对于公平理论家来说，这样的期望非常不切实际。当然每个人都渴望完美，然而不幸的是，完美是限量供应的。

在音乐剧《歌舞船》（*Showboat*）中，努力工作的表演者弗兰克请求年轻女孩埃利嫁给他。她调皮地回答：

在我找遍全世界而不得之后，我可能会回来找你！

在我确定没有更好的命运时，我可能会决定嫁给你。

这种表达方式当然是有点残忍的，但其中蕴含着诸多真理。人们在决定满足于一个什么样的伴侣时，确实会经常考虑他们的“市场价值”。在现实生活中，不完美的人（几乎是我们所有人）最好接受这样一个事实：他们将不得不与不比自己更好也不比自己更差的人在一起。

圣徒和罪人

陷入不平等关系中的伴侣通常会如何处理他们的痛苦呢？公平理论家观察到，人们可以通过三种方法来减轻痛苦：

1. 恢复实际权益。恢复不平等关系的一种方式是主动纠偏，或敦促伴侣这样做。伴侣们确实经常会做出相当大的努力来使事情恢复平衡，比如丈夫可能会在工作压力减轻后带着家人去度假，以此来弥补自己因工作压力而对家人发泄暴躁情绪的过错。

2. 恢复心理平等。处于不平等关系中的伴侣还可以通过第二种方式减少痛苦。比如歪曲事实，让自己（或许也让别人）相信事情本来就是完全公平的。研究记录了人们用来为不公正辩护的各种各样充满想象力的招数。例如，一些研究发现，伤害者通过否认他们对受害者的痛苦负有责任（“我只是在执行命令”），坚持受害者应该遭受痛苦或将受害者从他们的行为中遭受的痛苦最小化，来为他们对他人造成的伤害寻找借口。甚至有少量实验证据表明，在某些情况下受害者也会为自己受到的剥削辩护。

3. 离开关系。最后，如果人们无法恢复关系中的平等，还有第三种方法。他们可以离开这段关系。这并不总是意味着离婚，一个人可以在情感上“选择退出”。例如，新妈妈坚持让婴儿睡在她和丈夫之间，这是让夫妻分开最有效的策略；情侣们把全部闲暇用来“和哥们一起喝酒”或“和闺密一起购物”，这样他们就很少有时间单独在一起了。再或者，最终，他们彻底结束关系。

关于人们如何处理不平等的大量文献对亲密关系有现实性的启发。例如，我们知道人们会爱上那些他们友善对待的人，而鄙视那些他们虐待的人。当两个人彼此相爱，为对方牺牲，同时也得到对方的爱时，一段感情才会发展得最好。

然而，即使是在最优质的人际关系中，人们在发现事情不对劲时也必须保持警惕。想一想与朋友的亲密关系，你可能会想出一些例子，比如他们在情感上很小气，因此在关系中付出得很少，或者总是愿意付出得太多。这些不平衡的事情是如何发展的？以下是我们作为心理治疗师的一些经验：

我们的一位来访者非常自恋。他长得很帅，有一种不羁的魅力，但他不愿意做出任何妥协。“你妥协一次，”他说，“就开了一个先例，没有尽头。”在单身酒吧里，女人们围着他团团转。然而，一旦她们开始花时间和他在一起，很快就会被他惹怒。一开始她们还可以说服自己，“就这一次”，她们会被困在厨房里，自愿为他和他的十个伙伴看棒球比赛而准备一顿晚餐；“就这一次”让她们在他午睡的时候帮他做研究并写报告。随着日子一天天过去，“就这一次”变成了一句口头禅，合理化也变成了极度愤怒。这些女性感到被欺骗了。最终，她们离开了厨房和电脑，结束了这段关系。如果人们在内心深处知道他们在利用伴侣，就应该得到警告，因为他们可能在玩一个危险的游戏。有时候，人们赢得了所有的战役，却输掉了整个战争。他们的伴侣会做出让步，直到最后他们受够了，是的，受够了，然后一切都结束了。

我们的另一个来访者父爱充沛，总是被“受伤的鸟儿”——一些漂亮的年轻女子所吸引。她们通常陷于困境，没有受过教育，无法独立生活。他努力考虑她们的需要，送给她们许多昂贵的礼物。只要有麻烦，他就加倍努力，付出更多。然而那些关系都不可避免地破裂了。他的年轻女友们都很感激他，她们本应爱他（并且因为无法爱他而感到羞愧），但她们并没有。那么，他的自尊在哪里？他为什么这么卑微？他有什么错？原来，女孩们觉得他的做法令人窒息，她们不忍心伤害他，因此不得不逃离。

所以，人们必须划定边界。如果相爱的人意识到伴侣不把自己当回事甚至弃若敝屣，他们就应该去抱怨，去划清界限，或者放弃这段关系。否则，这种不平等的关系就会变得危险。

平等理论对社会问题的适用性

这一章，从开始到最后，是一个完整的轮回。在讨论平等理论的起源时我们谈到了二十世纪六七十年代的社会运动，而在几十年后的今天，在西方，这些关于社会正义本质的激烈辩论已经结出了硕果。正如拉普森（2008）观察到的那样，学者们普遍认为20世纪和21世纪最重要的两大社会变革是：①科学技术的全球化；②女性运动。

在西方，我们尚未实现性别平等，尽管近几十年以来，特别是在北欧部分地区，性别平等的努力已经取得了很大的进展。然而，男权至上仍然在世界范围内盛行。在联合国资助的分别于维也纳、日内瓦和北京召开的人权会议上，国际社会成员一致同意侵犯妇女权利实际上就是在侵犯人权，如杀害女婴、行割礼、买卖新娘、殉夫或焚烧寡妇（在印度，寡妇有时仍被迫在丈夫的葬礼上献祭），以及针对妇女的公民、社会和法律平等的歧视性法规等。成员们还认同，不能再以“文化”和“传统”作为压迫世界上一半人口的理由，尤其是“传统”是由这些社会中有权势的人所定义的。世界范围内（包括发达国家）的性别平等还有很长的路要走。

然而，现代主义之风正在席卷全球。在中国、日本、墨西哥、俄罗斯以及其他一些拉丁美洲国家和北非国家，甚至在土耳其、沙特阿拉伯和其他一些阿拉伯国家，一场关于性别和爱情关系的革命已经开始（见Hatfield & Rapson，2005）。当然，在不同的社会中，这些历史性变化正在以不同的速度进行。女性运动对欧洲人生活的影响大于中东，对城市环境的影响大于农村，对世俗社会的影响大于有神论社会，对富裕国家的影响大于贫穷国家。但是，这个时代正在发生变化，这具有极其重大的意义。

这些划时代的历史运动可能会深刻地改变人们对于爱情关系中什么是公平和平等的看法。历史上，女性几乎没有权力。这意味着她们几乎没有自由来决定自己的生活，被迫顺从于最低限度的期望，并依靠丈夫和儿子来满足大部分基本需要。但随着女性获得更多的社会权力，她们也将拥有更多的议价能力和更高的期望，并在生活和爱情的舞台上提出更高的要求。考虑到这些社会变化必然会发生，不管是男性还是女性对于公平和公正对待的要求都势必会增长。我们相信，全球持续的性别平等进程将扩大对在爱情关系中平等的要求，并深刻地改变（我们相信大部分是向着更好的方向）全球的爱情关系。

结　论

我们从平等理论的起源一直追寻到今天。我们回顾了令人信服的证据，其表明在爱情关系的所有阶段——从初始到开花再到痛苦的结束，男人和女人都关心回报和平等。我们回顾了多学科研究，如文化、进化、灵长类动物学和神经科学，这些研究为我们对人类本性的理解增添了新的深度和广度。最后，我们指出，巨大的社会变化正在这个时代发生，这表明人们（尤其是女性）将对爱情和生活中的公平发展出更复杂、更充实的观念。

注　释

1. 正如你所看到的，在发展这一理论时，我们希望结合达尔文理论、经济理论和强化理论的见解。
2. 在考虑伴侣的弱点时感到困惑或厌恶。
3. 以前的研究者——从亚里士多德到斯泰西·亚当斯，使用的平等公式，只有在 A 和 B 的投入和回报是完全正向或负向的情况下才会产生有意义的结果。在混合情况下，这些公式会产生极为特殊的结果。因此，我们提出了旨在超越这些限制的平等计算方案。请参阅沃尔斯特（1995）关于问题和数学解决方案的讨论。上标 K 简单地“衡量”了平等问题（通过将所有输入和输出乘以一个正常数），使得 $|I_A|$ 和 $|I_B|$ 的最小值大于或等于 1。

参考文献

Adams, J.S. (1965) Inequity in social exchange. *Advances in Experimental Social Psychology, 62*, 335–343.

Amir, Y. and Sharon, I. (1987) Are social psychological laws cross-culturally valid? *Journal of Cross-Cultural Psychology, 18*, 383–470.

Anselm of Canterbury (1998) Opera omnia. In B. Davies and G. Evans (eds), *Anselem of Canterbury: The Major Works.* New York: Oxford University Press. (Original work 1070–1109 AD).

Aron, A., Aron, E.N., Tudor, M. and Nelson, G. (1991) Close relationships as including other in the self. *Journal of Personality and Social Psychology, 60,* 241–253.

Aumer-Ryan, K., Hatfield, E. and Frey, R. (2007) Equity in romantic relationships: An analysis across self-construal and culture. University of Texas, Austin, Texas.

Baumeister, R.F. and Vohs, K.D. (2004) Sexual economics: Sex as female resource for social exchange in heterosexual interactions. *Personality and Social Psychology Review, 8*, 339–363.

Bekoff, M. (2004) Wild justice, cooperation, and fair play: Minding manners, being nice, and feeling good. In R. Sussman and A. Chapman (eds), *The Origins and Nature of Sociality,* pp. 53–79. Chicago: Aldine.

Bernard, J. (1972) *The Future of Marriage*. New York: World.

Berscheid, E. (1992) A glance back at a quarter century of social psychology. *Journal of Personality and Social Psychology, 63*, 525–533.

Blau, P. (1964) *Exchange and Power in Social Life.* New York: Wiley.

Blau, P. (1986) Exchange and Power in Social Life. New York: Transition Press.

Borg, J.S., Hynes, C., Van Horn, J., Grafton, S. and Sinnott-Armstrong, W. (2006) Consequences, action, and intention as factors in moral judgments: An fMRI investigation. *Journal of Cognitive Neuroscience, 18*, 803–817.

Boyd, R., Gintis, H., Bowles, S. and Richerson, P.J. (2003) The evolution of altruistic punishment. *PNAS, 100*, 3531–3535.

Brosnan, S.F. (2006) At a crossroads of disciplines. *Journal of Social Justice, 19*, 218–227.

Brosnan, S.F., Schiff, H.C. and de Waal, F.B.M. (2005) Tolerance for inequity may increase with social closeness in chimpanzees. *Proceedings of the Royal Society of London, Series B 1560*, 253–258.

Brosnan, S.F. and de Waal, F.B.M. (2003) Monkeys reject unequal pay. *Nature, 425*, 297–299.

Buunk, B.P. and Van Ypern, N.W. (1989) Social comparison, equality, and relationship satisfaction: Gender differences over a ten-year period. *Social Justice Research, 3*, 157–180.

Byers, E.S. and Wang, A. (2004) Understanding sexuality in close relationships from the social exchange perspective. In J.H. Harvey, A. Wenzel, and S. Sprecher (eds), *Handbook of Sexuality in Close Relationships,* pp. 203–234. Mahwah, NJ: Lawrence Erlbaum.

Cacioppo, J.T., Berntson, G.G., Lorig, T.S., Norris, C.J. and Nusbaum, H. (2003) Just because you're imaging the brain doesn't mean you can stop using your head: A primer and set of first principles. *Journal of Personality and Social Psychology, 85,* 650–661.

Clark, M.S. (1986) Evidence for the effectiveness of manipulations of communal and exchange relationships. *Personality and Social Psychology Bulletin, 12,* 414–425.

Clark, M.S. and Grote, N.K. (1998) Why aren't indices of relationship costs always negatively related to indices of relationship quality? *Personality and Social Psychology Review, 2,* 2–17.

Clark, M.S. and Mills, J. (1979) Interpersonal attraction in exchange and communal relationships. *Journal of Personality and Social Psychology, 37,* 12–24.

Cosmides, L. and Tooby, J. (1992) Cognitive adaptations for social exchange. In J.H. Barkow, L. Cosmides, and J. Tooby (eds), *The Adapted Mind,* pp. 161–228. New York: Oxford University Press.

Dawkins, R. (1976) *The Selfish Gene.* Oxford: Oxford University Press.

Douvan, E. (1974) Interpersonal relationships – some questions and observations. Paper presented at the Rausch Conference, Durham, NC, Duke University.

Fiske, A.P. (2002) Moral emotions provide the self-control needed to sustain social relationships. *Self and Identity, 1,* 169–175.

Fromm, E. (1956) *The Art of Loving.* New York: Harper & Row.

Fierstone, S. (1979) *The Dialectic of Sex.* New York: Women's Press.

Friedan, B. (1963) *The Feminine Mystique.* New York: W.W. Norton.

Goffman, E. (1952) On cooling the mark out: Some aspects of adaptation to failure. *Psychiatry, 15,* 451–463.

Grote, N.K. and Clark, M.S. (2004) Distributive justice norms and family work: What is perceived as ideal, what is applied, and what predicts perceived fairness. *Social Justice Research, 11,* 243–269.

Gumert, M. (2008) Macaque monkeys 'pay' for sex. *New Scientist,* January, 1–2.

Hamilton, W.D. (1964) The genetical evolution of social behaviour I and II. *Journal of Theoretical Biology, 7,* 1–32.

Hatfield, E. and Rapson, R.L. (1993) *Love, Sex, and Intimacy: Their Psychology, Biology, and History.* New York: Harper/Collins.

Hatfield, E. and Rapson, R.L. (2005) *Love and Sex: Cross-Cultural Perspectives.* Lanham, MD: University Press of America.

Hatfield, E., Rapson, R.L. and Aumer-Ryan, K. (2007) Equity Theory: Social justice in love relationships. Recent developments. *Social Justice Research.* New York: Springer.

Hatfield, E., Rapson, R.L. and Aumer-Ryan, K. (2008) Social justice in love relationships: Recent developments. *Social Justice Research.*

Hatfield, E., Walster, G.W. and Berscheid, E. (1978) *Equity: Theory and Research.* Boston: Allyn & Bacon.

Homans, G.C. (1958) Social behavior as exchange. *American Journal of Sociology, 63,* 97–606.

Kitchener, L. (1963) Mother and wife [Recorded by The Invaders Steel Band]. On *Air Mail Music: Steel Bands Caraibes* [CD]. Track 12. Boulogne, France: Playasound.

Komarovsky, M. (1964) *Blue-Collar Marriage.* New York: Random House.

Lawrance, K-A. and Byers, E.S. (1995) Sexual satisfaction in long-term heterosexual relationships: The interpersonal exchange model of sexual satisfaction. *Personal Relationships, 2,* 267–285.

Markman, H.J. (1981) Prediction of marital distress: A 5-year follow up. *Journal of Consulting and Clinical Psychology, 49,* 460–762.

Marsella, A.J. (1998) Toward a global psychology: Meeting the needs of a changing world. *American Psychologist, 53,* 1282–1291.

Martin, M.W. (1985) Satisfaction with intimate exchange: Gender-role differences and the impact of equity, equality, and rewards. *Sex Roles, 13,* 597–605.

Mills, J., Clark, M.S., Ford, T.E. and Johnson, M. (2004) Measurement of communal strength. *Personal Relationships, 11,* 213–230.

Movshon, J.A. (2006) Searching for the person in the brain. *The New York Times. Week in Review,* February 5, 1–4.

Murphy-Berman, V. and Berman, J. (2002) Cross-cultural differences in perceptions of distributive justice. *Journal of Cross-Cultural Psychology, 33,* 157–170.

Murstein, B.I., Cerreto, M. and MacDonald, M.G. (1977) A theory and investigation of the effect of exchange-orientation on marriage and friendship. *Journal of Marriage and the Family, 39,* 543–548.

Noë, R. and Hammerstein, P. (1994) Biological markets: supply and demand determine the effect of partner choice in cooperation, mutualism, and mating. *Behavioral Ecology and Sociobiology, 35,* 1–11.

Panksepp, J. (2007) Neurologizing the psychology of affects: How appraisal-based constructivism and basic emotion theory can coexist. *Perspectives on Psychological Science, 2,* 281–312.

Patterson, G. R. (1971) *Families: Applications of Social Learning to Family Life.* Champaign, IL: Research Press.

Perlman, D. and Duck, S. (1986) *Intimate Relationships: Development, Dynamics, and Deterioration.* New York: Sage.

Pillemer, J., Hatfield, E. and Sprecher, S. (2008) The importance of fairness and equity for the marital satisfaction of older women. *Journal of Women and Aging, 20*, 215–230.

Raine, A. and Yang, Y. (2006) Neural foundations to moral reasoning and antisocial behavior. *Social Cognitive and Affective Neuroscience, 1*, 203–213.

Rapson, R.L. (2008) *Magical Thinking and the Decline of America.* Philadelphia: Xlibris.

Reis, D.L., Brackett, M.A., Shamosh, N.A., Kiehl, K.A., Salovey, P. and Gray, J.R. (2007) Emotional intelligence predicts individual differences in social exchange reasoning, *NeuroImage, 35*, 1385–1391.

Robertson, D., Snarey, J., Ousley, O., Harenski, K., Bowman, F.D., Gilkey, R. and Kilts, C. (2007) The neural processing of moral sensitivity to issues of justice and care. *Neuropsychologia*, 755–766.

Rosenblatt, P.C. and Cunningham, M.R. (1976) Sex differences in cross-cultural perspective. In B. Lloyd and J. Archer (eds), *Exploring Sex Differences*, pp. 71–94. London: Academic Press.

Scanzoni, J. (1972) *Sexual Bargaining: Power Politics in the American Marriage.* Englewood Cliffs, NJ: Prentice-Hall.

Schreurs, K.M.G. and Buunk, B.P. (1996) Closeness, autonomy, equity, and relationship satisfaction in lesbian couples. *Psychology of Women Quarterly, 20*, 577–592.

Shweder, R.A. (1987) Culture and moral development. In J. Kagen and S. Lamb (eds), *The Emergence of Morality in Young Children*, pp. 1–88. Chicago: University of Chicago Press.

Smith, M. (1974) *Models in Ecology.* Cambridge: Cambridge University Press.

Sprecher, S. (1989) The effect of exchange orientation on close relationships. *Social Psychology Quarterly, 61*, 220–231.

Storer, N.W. (1966) *The Social System of Science.* New York: Holt, Rinehart, and Winston.

Thibaut, J.W. and Kelley, H.H. (1959) *The Social Psychology of Groups.* New York: John Wiley.

Tooby, J. and Cosmides, L. (1992) The evolutionary and psychological foundations of the social sciences. In J.H. Barkow, L. Cosmides and J. Tooby (eds). *The Adapted Mind: Evolutionary Psychology and the Generation of Culture*, pp. 19–136. New York: Oxford University Press.

Traupmann, J., Peterson, R., Utne, M. and Hatfield, E. (1981) Measuring equity in intimate relations. *Applied Psychological Measurement, 5*, 467–480.

Triandis, H.C., McCusker, C. and Hui, C.H. (1990) Multimethod probes of individualism and collectivism. *Journal of Personality and Social Psychology, 59*, 1006–1020.

Trivers, R.L. (1971) The evolution of reciprocal altruism. *Quarterly Review of Biology, 46*, 35–57.

Trivers, R.L. (1972) The evolution of reciprocal altruism. *Quarterly Review of Biology, 46*, 35–37.

Van Lange, P.A.M., Rusbult, C.E., Drigotas, S.M., Ariaga, X.B., Witcher, B.S. and Cox, C.L. (1997) Willingness to sacrifice in close relationships. *Journal of Personality and Social Psychology, 72*, 1373–1395.

van Yperen, N.W. and Buunk, B.P. (1990) A longitudinal study of equity and satisfaction in intimate relationships. *European Journal of Social Psychology, 20*, 287–309.

Walster, G.W. (1975) Equity formula: A correction. *Representative Research in Social Psychology, 6*, 65–67.

Wargo, E. (2005) With the brain, is seeing believing? *American Psychological Society, 18*, 33.

Watson, K. and Platt, M.L. (2006) Fairness and the neurobiology of social cognition: Commentary on 'Nonhuman species' reactions to inequity and their implications for fairness' by Sarah Brosnan. *Social Justice Research, 19*, 186–193.

Westerman, C.Y.K., Park, H.S. and Lee, H.E. (2007) A test of equity theory in multidimensional friendships: A comparison of the United States and Korea. *Journal of Communication, 57*, 576–598.

Williams, G.C. (1996) *Adaptation and Natural Selection.* Princeton: Princeton University Press.

Williamson, G.M. and Clark, M.S. (1989) The communal/exchange distinction and some implications for understanding justice in families. *Social Justice Research, 3*, 77–103.

Witvliet, C.V.O., Worthington, E.L., Root, L.M., Sato, A.F., Ludwig, T.E. and Exline, J.J. (2008) Retributive justice, restorative justice, and forgiveness; an experimental psychophysiology analysis. *Journal of Experimental Social Psychology, 44*, 10–25.

Yamaguchi, S. (1994) Collectivism among the Japanese: A perspective from the self. In U. Kim, H.C. Triandis and G. Yoon (eds), *Individualism and Collectivism: Theoretical and Methodological Issues*, pp. 175–188. Thousand Oaks: Sage.

Young, D. and Hatfield, E. (2009) Measuring equity in close sexual relationships. In T.D. Fisher, C.M. Davis, W.L. Yaber and S.L. Davis (eds), *Handbook of Sexuality-related Measures: A Compendium*, 3rd Edition. Thousand Oaks, CA: Taylor & Francis.

第6章

承诺过程的投资模型

卡里尔·E. 鲁斯布特（Caryl E. Rusbult）[1]　克里斯托弗·R. 阿格纽（Christopher R. Agnew）

西米娜·B. 阿里亚加（Ximena B. Arriaga）

杨铠溶[一]　译　蒋奖[二]　审校

摘　要

承诺过程的投资模型（the investment model of commitment processes）根植于互依理论（interdependence theory），它起源于20世纪60年代和70年代更为广泛的科学思潮，该思潮试图理解社会行为中看似非理性的持续性（irrational persistence）。最初，投资模型（the investment model）是为了让社会心理学在预测亲密的人际关系的持续性时不再只关注积极情绪。正如最初检验的那样，投资模型认为，对目标的承诺受到三个独立因素的影响：满意度（satisfaction level）、备选对象的质量（quality of alternatives）和投资规模（investment size）。而承诺又被假定在这三个因素与包括持续性在内的行为之间起到中介作用。承诺会通过影响许多关系维持的现象而带来持续性。事实证明，投资模型在一系列的承诺目标中具有显著的普遍性，包括对人际关系（例如虐待关系和友谊）和非人际关系（例如工作、参与体育活动和支持公共政策）目标的承诺。本文介绍了支持投资模型的实证证据，回顾了该模型的最新应用，并提出了对该模型的扩展建议。

引　言

投资模型（Rusbult，1980，1983）为预测对某人或某事的承诺状态以及理解承诺的潜在原因提供了一个有用的框架。在预测人际关系的持续性时，它拓展了以往只关注积极情绪的视角。投资模型的前提是，关系之所以能持续下去，不仅仅是因为那些吸引伴侣的积极品质（他们的满意度），还因为伴侣间的纽带关联（他们的投资），以及除

[一] 北京师范大学心理学部

[二] 北京师范大学心理学部

了与当前伴侣的关系之外，没有更好的选择（缺乏备选对象），所有这些因素对于理解承诺都很重要。除了解释承诺的前置事件之外，投资模型还引发了大量研究，它们解释了持久关系与终结关系的区别，以及由承诺推动的特定认知和行为维持机制。该模型还被应用于预测对各种其他目标的承诺，这揭示了它在亲密关系之外的普遍适用性。

投资模型的起源

1976 年夏天，我（鲁斯布特）进行了一次从教堂山（Chapel Hill）到洛杉矶的横跨美国公路旅行。那时我刚刚在北卡罗来纳大学教堂山分校（University of North Carolina at Chapel Hill，UNC）完成了研究生的第一年课程，很想去看望洛杉矶的朋友和家人。在返回洛杉矶的途中，我的旅伴提出了一个有趣的话题："告诉我人们为什么坚持和伴侣在一起？"我花了我们途经亚利桑那州和新墨西哥州的大部分时间来描述似乎与之相关的研究，诸如态度相似性（attitudinal similarity）、外貌、得失现象、出丑效应（pratfall effects）等。这相当于我对 20 世纪 70 年代中期的关系文献做了一次很好的综述。然而，当我们穿过得克萨斯州边界时，我的旅伴有点不好意思地问我："好吧，但你能告诉我为什么人们会坚持和伴侣在一起吗？"旅伴对我的文献综述的含蓄评价是正确的。尽管关于人际吸引的研究回答了一些有趣的问题，例如，什么让我们对伴侣产生吸引力，什么让我们对一段关系感到满意，但这些并不能解释为什么人们有时会坚持一段关系。我的文献综述关注的问题是积极情绪，而不是持续性（perseverance）。

事实上，几个月前，我参加了由约翰·蒂博在北卡罗来纳大学主持的一个关于互依过程（interdependence processes）的研讨会。互依理论是由约翰·蒂博与哈罗德·凯利共同提出的（Thibaut & Kelley，1959；Kelley & Thibaut 1978），该理论认为依赖（dependence）是关系的一个核心结构特质，它尤其与理解关系的持续性有关。我们将在后面的内容中更详细地介绍依赖，但我想强调的是，一个令人信服的理论表明，是依赖而不是满意度促使人们寻求彼此间的进一步互动。在持续的恋爱关系中，这意味着关系的持续不仅取决于特定伴侣的积极或消极品质，还因为和伴侣在一起总的来说比不和伴侣在一起更让人感到适意。

正如鲁斯布特等人（2006）所描述的那样，投资模型也受到 20 世纪 60 年代和 70 年代范围广泛的科学思潮的影响，这种思潮试图解释不合理的持续性（unjustified persistence）。在这一时期，来自不同领域的社会科学家试图理解非恋爱关系领域的"非理性的持续性"。社会科学研究反复证实了与承诺相关的现象，比如在某一特定活动上投入超过预期的时间或精力；增加对亏损企业的投入（例如，非理性的投入增加；Staw，1976），陷入不断升级的冲突中（如在一个美元拍卖竞价游戏中，最高出价者得到一美元，但第二高出价者也必须支付他的最高出价；Shubik，1971）；以及投资、附加赌注（side bets）和沉没成本（sunk costs），这些现象可能会促使人们坚持采取一系列行动（Becker，1960；Blau，1967；Brockner et al.，1979；Kiesler，1971；Schelling，1956；Teger，1980；Tropper，1972；参见 Rusbult，1980）。在那段时期，学术界对"非理性的持续性”的兴趣不断增加，而且其与“冷战”军备竞赛和美国介入越南等更广泛的社会政治事件并举。这并不是说投资模型或者这里引用的其他模型直接受到了这些事件的启发，而是说从科学的角度来看，这个时代有一种迷恋不合理的持续性的氛围（Rusbult et al., 2006）。

投资模型的初步检验

作为重要的个人影响力和学术影响力的见证，鲁斯布特的博士学位论文于1978年完成，在论文中她提出了投资模型。初步检验投资模型的研究发表于20世纪80年代初（Rusbult, 1980, 1983）。这些早期的文章包括：①一项实验［在一个被试间实验中，让被试阅读一篇关于一对虚构夫妇的小短文，探究成本、备选对象和投资规模这些变量对满意度和承诺的影响（Rusbult, 1980, 研究1）］；②一项横断研究［让被试完成一份关于他们自身关系的调查，评估成本、回报、备选对象的质量以及投资这些变量与满意度和承诺之间的关系（Rusbult, 1980, 研究2）］；③一项多波纵向研究（12个测量情境）［让被试完成一项关于他们自身关系的调查，评估满意度（成本和回报）、备选对象和投资规模的变化是否能预测随后的承诺和关系持续时间（Rusbult, 1983）］。

这些研究提供了强有力的实证证据，证实了一些在当时很新颖的观点，并推动关系研究从只专注于满意度转向更广泛地研究承诺过程。研究提出的主要观点是，满意度和承诺是不可互换的，它们在预测关系结果方面也并非同等重要。承诺比满意度更能影响关系的持久程度（Rusbult, 1983）。要想理解为什么一些关系持续存在而另一些关系结束，便需要理解承诺，承诺会随着更多的回报或更高的满意度、下降的备选对象质量和增加的投资而增加。虽然更多的回报会持续增加满意度，但与关系相关的高成本并不一定会降低满意度。事实上，成本与承诺并不是一直相关的，在那些持续的关系中，成本甚至会随着时间的推移而增加（参见 Clark & Grote, 1998）。

这些对投资模型的初步检验为关系研究做出了重要贡献。除了给持久关系提供更完整和更有预测性的解释外，这些最初的检验还解释了以前无法解释的研究发现。其中一个发现是，被伴侣抛弃的个体与那些离开伴侣的个体非常不同：虽然两者的满意度都下降了，但那些“被抛弃者”继续大量投资，并且拥有质量下降的备选对象（Rusbult, 1983）。也就是说，满意度无法区分“离开者”和“被抛弃者”的不同心理特征过程。

第二个由投资模型提供独特解释的发现是，理性的个体可能会坚持与有虐待倾向的伴侣保持关系。被伴侣虐待的受害者的满意度很低，这可能会导致他们产生这样的预测，即他们会离开伴侣。在投资模型出现之前，人们普遍认为，受害者经历了这些负面事件后仍与伴侣在一起，是因为受害者具有非理性甚至病态的个人特质。相比之下，投资模型强调用一种关系的结构特征来解释受害者与有虐待倾向的伴侣保持关系的原因：受害者可能缺乏关系的备选对象，可能在对方身上投入太多导致分手的成本太高。事实上，鲁斯布特和马茨（1995）揭示了收容所中受虐妇女的备选对象和投资与其是否保持承诺并回到她们的伴侣之间有很强的相关性，而与满意度的相关性很弱或不显著（这取决于满意度的测量方式）。

更普遍地说，这些对投资模型的初步检验（关于其他承诺模型的描述参见 Rusbult et al.，2006；Agnew，2009）引发了关系过程研究的范式转变。该转变是从探讨人们为什么喜欢彼此，转向人们如何以及为什么在一起。投资模型的后续研究发现了承诺个体保持其关系完整的具体过程。如果说“他们只是想待在一起”，那就太简单也太具有误导性了。投资模型开启了一个研究领域，即研究各种关系维持现象，从而识别承诺个体的想法和行为，并解释这些想法和行为的内在过程。鲁斯布特关于关系维持的理论核心是承诺和依赖概念，我们接下来将介绍这两个概念。

依赖、承诺和关系维持

依赖是指个体需要某一特定关系的程度，或者为了达到预期的结果而依赖于这种特定关系的程度。个体变得依赖有几个过程（Rusbult et al.，1998）。首先，伴侣的依赖程度取决于他们在多大程度上拥有高满意度。满意度是指个体在关系中所体验到的积极情绪与消极情绪的程度。当一段关系满足了个体最重要的需求时，包括对陪伴、安全、亲密、性和归属感的需求，满意度就会增加（Rusbult et al.，1998）。

一般来说，当个体感知到一段关系的最佳备选项不如当前的关系更令人适意时，依赖也会增加。相反，当个体最重要的需求能够在当前关系之外得到满足，即在一段与其他人（朋友、家人或者自己）的特定备选关系中得到满足时，那么个体对当前关系的依赖就会减少。互依理论认为，当伴侣想要坚持一段特定关系（即，满意度高），并且感到自己别无选择，只能坚持下去，因为他们在这段关系中缺乏可行选项（即，备选对象差）时，这段关系更有可能持续下去。

投资模型在几个方面扩展了上述这些说法。第一，满意度和备选对象并不能完全解释持久的关系（Rusbult，1980；Rusbult et al.，1998）。如果决定和伴侣在一起或离开伴侣仅仅是基于一个人的积极感受或者对其他备选对象的预期感受，那么很少有关系会持续下去。当积极感受减弱，或者一个有吸引力的备选对象成为个体关注的目标时，一段关系就会破裂。关系不是一成不变的，伴侣的爱也会起起落落，许多关系在面对诱人的备选对象时也会坚持下去。

第二，依赖受高满意度、低备选对象质量和第三个因素的影响——投资规模。投资规模指的是一段关系中所包含的资源的规模和重要性，如果这段关系结束，这些资源将会失去或贬值。伴侣通过将自己的某些部分直接与关系联系起来，使得自己与对方紧密联系，进而形成深厚的纽带——例如，投入他们的时间和精力，向伴侣透露与他们的尊严相关的个人信息，与伴侣分享他们的朋友，与伴侣共享财产或给予伴侣有价值的东西。伴侣进行如此投资是希望这样做能够为共同的持久未来奠定坚实的基础。投资增加了依赖，因为投资行为增加了伴侣之间的联系，而打破这种联系需要付出高昂的代价，就像放弃自我的一部分需要付出高昂的代价一样。因此，投资创造了一种坚持下去的强大心理动力。

第三，投资模型扩展了先前的理论，认为承诺是依赖增加的结果（Rusbult et al.，1998）。依赖是一种结构特质，它描述了满意度、投资和（缺乏）备选对象的叠加效应。当个体想要坚持（感到满意），感到在关系中“被束缚”或被迫坚持（拥有高投资），并且除了坚持别无选择（拥有糟糕的备选对象）时，他们会发现自己处于客观上被描述为依赖的环境中。

随着人们变得越来越依赖，他们往往会发展出强有力的承诺。承诺水平（commitment level）被定义为坚持关系的意向，其包括对关系的长期取向以及对关系的心理依恋（Arriaga & Agnew，2001）。当伴侣是满意的，缺乏备选对象，并在关系中投入很多时，他们会形成强烈的意向——要在一起，他们认为彼此之间是有联系的（例如，发展出强大的关系认同和“我们”意识，Agnew et al.，1998），并采取一种取向，它反映出考虑事情如何影响关系的长期未来。因此，承诺的心理体验反映的不仅仅是它得以产生的依赖基础（即，高满意度，低备选对象，高投资）。承诺是一种心理状态，它直接影响关系中的日常行为，并在满意度、备选对象质量和投资规模对行为的影响中起到中介作用。

在确定了强有力的承诺（而不是高满意度）是持久关系中伴侣的心理状态特征后，鲁斯布特、她的同事以及许多其他研究者发现了多种承诺过程，也就是说，承诺以多种方式促进思想、感情和行动，进而使关系持续下去。维持关系是对关系状况的应对结果，是为了关系而行动。过去的研究已经发现了一些关系维持机制，高度承诺的人通过这些机制来维持他们的关系。

高度承诺的人倾向于以促进关系持续的方式行事。当他们通过做出对关系最有利的事情来应对挑战时，他们的高度承诺显得尤其突出。例如，当伴侣做出轻率的评论，或者没有遵守承诺，或者采取了其他可能破坏关系的行为时，高度承诺预示着和解，也就是抑制报复的冲动，而以促进关系的方式做出回应（Arriaga & Rusbult，1998；Kilpatrick et al.，2002；Rusbult et al.，1991）。同样，高度承诺的人相较于低承诺的人更倾向于为了伴侣的利益而放弃个人偏好（Powell & Van Vugt，2003；Van Lange et al. 1997a，1997b），并通过原谅伴侣来回应伴侣的背叛（Cann & Baucom，2004；Finkel et al.，2002；McCullough et al.，1998）。这些维持关系的现象来源于强有力的承诺，而不一定是高满意度，如果没有投资模型，这一事实是不会被普遍接受的。

与较低承诺的人相比，高度承诺的人对影响关系的事情的看法也不同，这些看法会对关系的幸福程度产生影响。例如，高度承诺的人会贬损诱人的备选对象来抵制它们，在怀疑或不确定时会否认伴侣的负面品质，对伴侣或关系产生不切实际的积极想法，并以负面的眼光看待其他关系（Agnew et al.，2001；Arriaga，2002；Arriaga et al.，2007；Johnson & Rusbult，1989；Lydon et al.，1999；Miller，1997；Murray & Holmes，1999；Murray et al.，1996；Rusbult et al.，2000；Simpson et al.，1990）。承诺的人在心理上也会用更多的关系术语来看待自己，例如，对比那些较低承诺的人，较高承诺的人会自发地使用更多的复数代词（Agnew et al.，1998）。

为什么承诺的人会以一种亲关系的方式（prorelationship manner）思考和行动？互依理论区分了特定情境（given situation）和有效情境（effective situation），为这一过程提供了一些见解（Kelley & Thibaut，1978）。特定情境是指每个伴侣在特定情况下的即刻的、以自我为中心的个人偏好。当然，在亲密关系的背景下，人们显然并不总是追求他们既定的偏好。行为往往受到更广泛的关注的影响，它包括促进自己以及伴侣幸福的长期目标。放弃既定偏好是动机转变（transformation of motivation）的结果，这一过程会导致个人放弃眼前的私利，并在更广泛考虑的基础上采取行动。有效情境是指转变过程中产生的偏好；在那些对自己的关系高度承诺的人当中，有效偏好直接指导他们的行为。

投资模型假设承诺和依赖比满意度更重要，这一假设也指导了关于加深承诺和信任相互影响的研究，即“相互循环增长”（mutual cyclical growth）（Agnew et al.，1998）。当一个人变得更加有承诺，并表现出对伴侣的回应和亲关系倾向时，伴侣会因为能对对方更加依赖和有承诺而感到更舒服，进而使对方更有可能表现出回应性和亲关系倾向，因此随着每个人对对方的承诺和信任的增长，这一过程会继续下去（Wieselquist et al.，1999）。虽然相互循环增长的研究并没有直接检验投资模型的所有组成部分，但它完全基于这样一种理念，即承诺而不是满意度带来的行动会将关系持续下去。

相互循环增长的研究强调了关系维持现象如何增加伴侣的承诺。从本质上讲，伴侣会把对方的行为归因为一种亲关系的方式，而这种归因（对方关心）会促进伴侣的投资、满意度和承诺。此外，当一个人以亲关系的方式行事时，这种行为会让对方明显地意识到他是有承诺的，并且在乎关系（Agnew et al.，1998；Wieselquist et al.，1999）。同样地，维持关系的认知和行为可能会影响夫妇双方的满意度、备选对象和投资规模，因此“结果”可能成为“原因”。例如，随着时间的推移，为另一半做出了很多牺牲的夫妇一方可能会把这种牺牲看作他们增加的投资。

简而言之，投资模型在促进整个研究领域方面具有非凡的生产力，该领域具体解释了持久关系如何、为何得以维持，以及其他关系在哪里结束。投资模型引发了对持久关系中发生的许多事情的系统分析。在下一节中，我们将描述评估投资模型普遍适用性的实证研究，并回顾该模型在促进许多社会相关主题研究上的方式。

投资模型的普遍适用性和实证稳健性

自从初步检验以来，投资模型已被应用于一系列研究，这些研究将该模型应用于不同种族的被试（Davis & Strube，1993；Lin & Rusbult，1995）、同性恋和异性恋伴侣关系（Duffy & Rusbult，1986；Kurdek，1991，1995）、虐待关系（Choice & Lamke，1999；Rhatigan & Axsom，2006）、社会边缘化关系（Lehmiller & Agnew，2006，2007）和友谊（Hirofumi，2003；Lin & Rusbult，1995；Rusbult，1980）。在所有这些研究中，满意度、备选对象质量和投资规模都被假设对承诺有累加的主效应（见图 6-1）。该模型并没有表明这三种预测因素中的任何一种会对推动承诺产生特别大的影响。相反，它表明这三个因素都可能以一种累加的方式对承诺做出预测。多元回归分析是检验该模型最常用的方法。

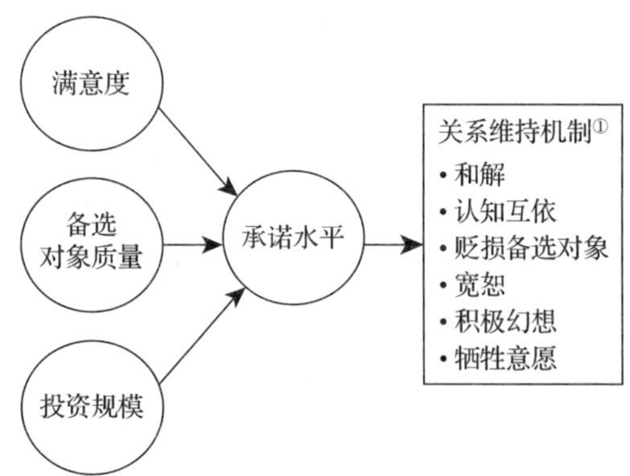

图 6-1 承诺过程的投资模型

注：①这里明确列出的关系维持机制基于现有的实证研究结果，未来的研究可能会发现其他机制。

虽然大部分支持投资模型的证据来自人际关系研究，但是该模型也被应用于其他非关系情境（参见 Le & Agnew，2003），探讨关于非关系目标的承诺。例如，基于投资模型的研究已经预测了组织承诺和工作承诺（参见 Farrell & Rusbult，1981；Oliver，1990）。此外，平（1993，1997）采用该模型来描述商业互动，里昂和洛厄里（Lyons & Lowery，1989）也用类似的视角定义了个体对其居住社区的承诺。投资模型已经成功地用于预测患者对医疗方案的承诺（Putnam et al.，1994）、大学生对学校的承诺（参见 Geyer et al.，1987）以及参与音乐活动的承诺（Koslowsky & Kluger，1986）。最后，体育承诺模型深深根植于投资模型（Raedeke，1997；Schmidt & Stein，1991），并被用来预测足球和板球运动员的运动承诺（Carpenter & Coleman，1998；Carpenter & Scanlan，1998）。

如上所述，投资模型的实用性和稳健性已经在许多研究中得到了证实。勒和阿格纽（2003）的一项元分析收集了 1999 年及之前进行的实证研究，总结了关于该模型的定量数据。元分析的数据来自 52 项研究（共包括 60 个独立样本和超过 11 000 名被试）。总体而言，投资模型构念之间的平均相关性非常强。满意度、备选对象质量和投资规模均与承诺呈显著正相关（$r = 0.68$，-0.48，0.46），而且满意度与承诺的相关性显著强于备选对象 – 承诺和投资 – 承诺的相关性。备选对象 – 承诺的相关性和投资 – 承诺的相关性的绝对值之间无显著差异。满意度、备选对象质量和投资规模三者彼此之间存在显著相关（满意度 – 备选对象 $r = -0.44$，满意度 – 投资 $r = 0.42$，备选对象 – 投资 $r = -0.25$）。

勒和阿格纽（2003）还将满意度、备选对象质量和投资规模一起放入回归模型，考察对承诺的平均标准化回归系数，从而评估了每个变量在预测承诺方面相对独立的贡献。与相关分析的结果类似，元分析结果显示，满意度对承诺的预测作用最强（$\beta = 0.510$），而备选对象质量和投资规模对承诺的预测作用接近（$\beta = -0.217$，0.240）。此外，满意度、备选对象质量和投资规模共同解释了承诺变异的 61%［95% CI（0.59，0.63）］。而且，调节作用分析表明，承诺及其理论前因之间的关联性受人口学变量（如种族）或关系变量（如持续时间）的影响很小。

承诺在满意度、备选对象质量和投资规模对后续行为的影响中起到中介作用。元分析也为这一假设提供了支持。具体来说，在 12 项研究中，承诺与被试报告之后的去 – 留行为（later stay-leave behaviors）（例如，夫妻是否还在一起或工作者是否还在岗）之间的相关性为 0.47［95% CI（0.43，0.50），$N = 1720$］。

投资模型的最新应用

自 1999 年（勒和阿格纽元分析中所纳

入研究的截止年份）以来，人们又发表了几十项检验投资模型或其各个方面的研究。其中一些论文证实了早期发表的研究结果，即投资模型在理解各种关系中的承诺方面的适用性，除了恋爱关系，还有教师对学生管理的承诺（Peleg-Oren et al.，2007），以及父母对孩子儿科医生的承诺（Agnew & VanderDrift，2010）。

一些研究也证实了早期研究中关于投资模型在理解非人目标的承诺方面的适用性。例如，投资模型提供了预测价值，以理解员工对不同工作变动的态度（如更换部门或搬到不同的办公室；van Dam，2005）、客户对银行的承诺（Kastlunger et al.，2008）、幼儿看护者对雇用他们的托幼中心的承诺（Gable & Hunting，2001），以及客户对特定品牌的忠诚度（loyalty）(Li & Petrick，2008）。

一项关于非婚姻恋爱关系破裂的预测因素的元分析研究，也为承诺是去–留行为的关键近端预测因素这一说法提供了额外的支持。研究者从 33 年期间的 137 项研究中收集了近 3.8 万名被试的数据，发现承诺是分手的一个特别有力的预测因素（Le et al.，2010）。具体来说，假设随机效应（Lipsey & Wilson，2001）存在的前提下，承诺在预测婚前分手方面的加权平均效应大小（d）为 –0.832［95% CI（–0.934，–0.729）］。

投资模型也被应用于理解公众对政府外交政策行动的支持程度。现有的民意调查通常着眼于党派等因素，以了解人们在外交政策问题上的立场（Zaller，1994）。相比之下，投资模型预测人们会使用特定的政策绩效标准来确定拥护同一政策的价值。阿格纽及其同事（2007）使用投资模型来检验在乔治・W. 布什（George W. Bush）总统任期内美国人对“反恐战争”的承诺。他们进行了两个实验，同时操纵了投资模型的三个构念（这项研究的新颖之处）。正如投资模型所预测的，当对战争结果（例如，减少对美国公民的威胁）的满意度和对战争的投资（例如伤亡人数）被描述为高，而备选方案（例如，外交解决方案）被描述为低时，被试对反恐战争的承诺最高。相比之下，当满意度和投资规模被描述为低而备选方案被描述为高时，被试对战争的承诺最低。同样，霍夫曼等人（2009）在探索公民对本国成为联合国（the United Nations）和“北约”(North Atlantic Treaty Organization，NATO）成员国的承诺时，发现了投资模型对此的重要预测作用。

其他研究者使用投资模型作为研究与承诺相关问题的出发点，这些论文没有报告对整个模型的正式检验，相反，他们将投资模型作为基础，以进一步理解除了投资模型中的特定变量或过程之外的其他变量或过程。例如，在一项关于自恋与承诺的关系的分析中，坎贝尔和福斯特（2002）发现自恋和承诺之间呈负相关，而且很大程度上是由对备选对象的知觉来中介的。卡茨等人（2006）发现，在性胁迫关系中的女性在关系中投资更多，但在满意度或承诺方面与其他女性没有区别。瓦楚利克和耶德尔泽伊奇科娃（2009）着重描述了不同类型未婚同居人群之间的差异，并使用投资模型变量来描述这种差异的特征。埃切韦里和勒（2005）从社会认知视角（social cognitive approach）检验并支持了下述观点，即承诺的认知可及性调节了自我报告的承诺与关系持续性、和解反应（accommodative responses）和牺牲意愿之间的关系。最后，在对做出承诺的男同性恋伴侣安全性行为的研究中，达维多维奇等人（2006）发现，对关系的低满意度与更危险的无保护肛交有关，而对关系的高承诺则与更努力地进行安全性行为有关。所有这些研究都说明了投资模型具有超出其最初设想的普遍适用性。

投资模型的扩展

在本章的最后一节中，我们将描述投资模型最近的理论扩展情况，它试图解释承诺水平的额外变异（additional variance）。我们首先关注的是投资。古德弗兰德和阿格纽（2008）已经详细阐述了投资概念，认为投资概念不仅应该包括已经投入进去的东西，还应该包括伴侣双方就关系做出的任何计划，无论该计划是单方做出的还是与伴侣一起做出的。在结束一段关系时，一个人不仅失去了那些迄今已经沉没的投资，也失去了与伴侣实现任何一项未来计划的可能性。因此，一个人与伴侣形成的计划会使个体对伴侣关系的承诺持续下去。值得注意的是，考虑未来计划之所以有助于当前的承诺，是因为这样的计划并不要求伴侣之间有很多共同的历史。也就是说，即使是相识时间相对较短的伴侣也可能会致力于继续他们的关系，继续的动机不是因为担心巨大的沉没成本，而是因为希望看到实现美好的计划。古德弗兰德和阿格纽（2008）还发现，未来计划能强有力地预测恋爱关系的承诺，其预测力超越了过去的投资。

最近的研究也考察了在二人关系外的其他人是如何影响夫妇继续关系的动机。研究考察了社交网络对恋爱关系的认可与否和该关系特征之间的联系（Agnew et al.，2001；Arriaga et al.，2004；Bryant & Conger，1999；Cox et al.，1997；Lehmiller & Agnew，2006，2007；Loving，2006；Parks et al.，1983；Sprecher 1988；Sprecher & Felmlee，1992）。总的来说，过去的研究表明，社交网络成员的素质、结构和观点与该网络中的二人关系的质量和功能有关。

一些研究将投资模型与社交网络研究相结合，考察了感知到的社会参照者（social referents）的作用：一对夫妇的承诺会受到他们感知到的重要他人对其关系看法的影响，以及这对夫妇双方遵循他人看法的动机的影响（例如，夫妻双方的“主观规范”）（Ajzen & Fishbein，1980；Fishbein & Ajzen，1975）。埃切韦里和阿格纽（2004）发现主观规范提供了对关系承诺的额外预测，超出和扩展了满意度、备选对象和过去投资对关系承诺的影响。而且，正如在理性行为理论（the theory of reasoned action）（Ajzen & Fishbein，1980）中，行为意向在主观规范对行为的影响中起到中介作用一样，纵向分析表明，承诺在主观规范对大约八个月后恋爱关系维持的影响中起到中介作用。从理论和实证两方面来看，主观规范构念扩展了对关系承诺的预测，它超出了投资模型最初的三个预测因素。

结合这些最新的理论和实证进展，阿格纽等人（2008）提出了一个新的模型，它不仅可以解释亲密关系的持续性，还可以解释与特定伴侣的关系类型的可能变化（例如，从恋爱关系转变为友谊，或反之）。他们提出了关系承诺的基础模型（bases of relational commitment model，BORC模型），该模型在具体说明承诺的三个预测因素方面反映了投资模型。第一个预测因素是满意度和备选对象的结合，其方法是着眼于与标准相关的结果，这可以追溯到早期的互依理论所阐述的二人互动的一些结果（Thibaut & Kelley，1959）。第二个预测因素是投资的扩展概念，被称为有价值的联系，它吸收了最近关于未来计划的研究（Goodfriend & Agnew，2008）。第三个预测因素是主观规范，它结合了埃切韦里和阿格纽（2004）的研究，该研究表明夫妻双方的承诺受到重要他人对他们关系看法的影响。对关系承诺的基础模型的初步检验得到了支持性的结果，该模型的每个特定变量都解释了关系类型承诺的独特变异，而整个模型对承诺变异的解释达到四分之三以上。当然，这个模型是“站在巨人的肩膀上”的，它受益于几十年来累积的关于承诺过程的知识，而承诺过程研究最初是由投资模型启动的。

结　论

大多数社会心理学家都熟悉库尔特·勒温（Kurt Lewin）的名言，“没有什么比好的理论更实用”（1951：169）。勒温一定会喜欢这个投资模型。该模型为理解和解释承诺的原因和结果提供了一个非常实用的理论框架。最初它是一个理解为什么人们会保持恋爱关系的理论模型。随后，它被用于检验各种关系中的承诺和有各种类型目标的承诺。它也被用来研究承诺带来持续性的具体方式，以及基于承诺水平来区分人们的具体想法和行动。

投资模型不仅对亲密关系的研究和社会心理学领域产生了多方面的影响，其还有更广范围的影响。首先，这个模型改变了各个领域的学者对承诺的思考方式。如果没有投资模型，我们对各种承诺过程的理解就会减弱，不只是对关系承诺，还有组织承诺、体育承诺、政策承诺等。第二，投资模型为关系研究提供了一个重要的新方向。这个新方向包含了社会心理学分析，即一个结构化的社会学分析，它着重于亲密关系的持续过程，而不是仅仅关注关系的开始。第三，通过对心理过程的明确建模，投资模型提出了对关系的科学分析。随着我们走向未来，我们希望并期待投资模型继续推动社会心理学和其他领域的理论和应用。

注　释

1. 除关于理论起源那部分外，本章是在第一作者卡里尔·E. 鲁斯布特去世后撰写的，她是我们的导师和亲爱的朋友。

参考文献

Agnew, C.R. (2009) Commitment, theories and typologies. In H.T. Reis and S.K. Sprecher (eds), *Encyclopedia of Human Relationships, 1*, 245–248. Thousand Oaks, CA: Sage.

Agnew, C.R., Arriaga, X.B. and Wilson, J.E. (2008) Committed to what? Using the Bases of Relational Commitment Model to understand continuity and changes in social relationships. In J.P. Forgas and J. Fitness (eds), *Social Relationships: Cognitive, Affective and Motivational Processes*, pp. 147–164. New York: Psychology Press.

Agnew, C.R., Hoffman, A.M., Lehmiller, J.J. and Duncan, N.T. (2007) From the interpersonal to the international: Understanding commitment to the 'War on Terror'. *Personality and Social Psychology Bulletin, 33*, 1559–1571.

Agnew, C.R., Loving, T.J. and Drigotas, S.M. (2001) Substituting the forest for the trees: Social networks and the prediction of romantic relationship state and fate. *Journal of Personality and Social Psychology, 81*, 1042–1057.

Agnew, C.R. and VanderDrift, L.E. (2010) Commitment within the patient-physician relationship: Parental commitment to pediatricians.

Agnew, C.R., Van Lange, P.A.M., Rusbult, C.E. and Langston, C.A. (1998) Cognitive interdependence: Commitment and the mental representation of close relationships. *Journal of Personality and Social Psychology, 74*, 939–954.

Ajzen, I. and Fishbein, M. (1980) *Understanding Attitudes and Predicting Social Behavior.* Englewood Cliffs, NJ: Prentice Hall.

Arriaga, X.B. (2002) Joking violence among highly committed individuals. *Journal of Interpersonal Violence, 17*, 591–610.

Arriaga, X.B. and Agnew, C.R. (2001) Being committed: Affective, cognitive, and conative components of relationship commitment. *Personality and Social Psychology Bulletin, 27*, 1190–1203.

Arriaga, X.B., Goodfriend, W. and Lohmann, A. (2004) Beyond the individual: Concomitants of closeness in the social and physical environment. In D. Mashek and A. Aron (eds), *Handbook on Relationship Closeness,* pp. 287–303. Mahwah, NJ: Erlbaum.

Arriaga, X.B. and Rusbult, C.E. (1998) Standing in my partner's shoes: Partner perspective-taking and reactions to accommodative dilemmas. *Personality and Social Psychology Bulletin, 24*, 927–948.

Arriaga, X.B., Slaughterbeck, E.S., Capezza, N.M. and Hmurovic, J.L. (2007) From bad to worse: Relationship commitment and vulnerability to partner imperfections. *Personal Relationships, 14*, 389–409.

Becker, H.S. (1960) Notes on the concept of commitment. *American Journal of Sociology, 66*, 32–40.

Blau, P.M. (1967) *Exchange and Power in Social Life.* New York: Wiley.

Brockner, J., Shaw, M.C. and Rubin, J.Z. (1979) Factors affecting withdrawal from an escalating conflict: Quitting before it's too late. *Journal of Experimental Social Psychology, 15*, 492–503.

Bryant, C.M. and Conger, R.D. (1999) Marital success and domains of social support in long-term relationships: Does the influence of network members ever end? *Journal of Marriage and the Family, 61*, 437–450.

Campbell, W.K. and Foster, C.A. (2002). Narcissism and commitment in romantic relationships: An investment model analysis. *Personality and Social Psychology Bulletin, 28*, 484–495.

Cann, A. and Baucom, T.R. (2004) Former partners and new rivals as threats to a relationship: Infidelity type, gender, and commitment as factors related to distress and forgiveness. *Personal Relationships, 11*, 305–318.

Carpenter, P.J. and Coleman, R. (1998). A longitudinal test of elite youth cricketers' commitment. *International Journal of Sport Psychology, 29*, 195–210.

Carpenter, P.J. and Scanlan, T.K. (1998) Changes over time in determinants of sport commitment. *Pediatric Exercise Science, 10*, 356–365.

Choice, P. and Lamke, L. (1999) Stay/leave decision-making in abusive dating relationships. *Personal Relationships, 6*, 351–368.

Clark, M.S. and Grote, N.K. (1998) Why aren't indices of relationship costs always negatively related to indices of relationship quality? *Personality and Social Psychology Review, 2*, 2–17.

Cox, C.L., Wexler, M.O., Rusbult, C.E. and Gaines, S.O. Jr. (1997) Prescriptive support and commitment processes in close relationships. *Social Psychology Quarterly, 60*, 79–90.

Davidovich, U., de Wit, J. and Stroebe, W. (2006) Relationship characteristics and risk of HIV Infection: Rusbult's investment model and sexual risk behavior of gay men in steady relationships. *Journal of Applied Social Psychology, 36*, 22–40.

Davis, L. and Strube, M.J. (1993) An assessment of romantic commitment among black and white dating couples. *Journal of Applied Social Psychology, 23*, 212–225.

Duffy, S.M. and Rusbult, C.E. (1986) Satisfaction and commitment in homosexual and heterosexual relationships. *Journal of Homosexuality, 12*, 1–23.

Etcheverry, P.E. and Agnew, C.R. (2004) Subjective norms and the prediction of romantic relationship state and fate. *Personal Relationships, 11*, 409–428.

Etcheverry, P.E. and Le, B. (2005) Thinking about commitment: Accessibility of commitment and prediction of relationship persistence, accommodation, and willingness to sacrifice. *Personal Relationships, 12*, 103–123.

Farrell, D. and Rusbult, C.E. (1981) Exchange variables as predictors of job satisfaction, job commitment, and turnover: The impact of rewards, costs, alternatives, and investments. *Organizational Behavior and Human Performance, 28*, 78–95.

Finkel, E.J., Rusbult, C.E., Kumashiro, M. and Hannon, P.A. (2002) Dealing with betrayal in close relationships: Does commitment promote forgiveness? *Journal of Personality and Social Psychology, 82*, 956–974.

Fishbein, M. and Ajzen, I. (1975) *Belief, Attitude, Intention and Behavior: An Introduction to Theory and Research.* Reading, MA: Addison-Wesley.

Gable, S. and Hunting, M. (2001) Child care providers' organizational commitment: A test of the investment model. *Child and Youth Care Forum, 30*, 265–281.

Geyer, P.D., Brannon, Y.S. and Shearon, R.W. (1987) The prediction of students' satisfaction with community college vocational training. *The Journal of Psychology, 121*, 591–597.

Goodfriend, W. and Agnew, C.R. (2008) Sunken costs and desired plans: Examining different types of investments in close relationships. *Personality and Social Psychology Bulletin, 34*, 1639–1652.

Hirofumi, A. (2003) Closeness and interpersonal outcomes in same-sex friendships: An improvement of the investment model and explanation of closeness. *Japanese Journal of Experimental Social Psychology, 42*, 131–145.

Hoffman, A.M., Agnew, C.R., Lehmiller, J.J. and Duncan, N.T. (2009) Satisfaction, alternatives, investments, and the microfoundations of audience cost models. *International Interactions, 35*, 365–389.

Johnson, D.J. and Rusbult, C.E. (1989) Resisting temptation: Devaluation of alternative partners as a means of maintaining commitment in close relationships. *Journal of Personality and Social Psychology, 57*, 967–980.

Kastlunger, B., Martini, M., Kirchler, E. and Hofmann, E. (2008) Impegno, soddisfazione e fiducia del cliente bancario: Un'analisi empirica a Roma e in Sardegna. *Psicologia Sociale, 3*, 307–324.

Katz, J., Kuffel, S.W. and Brown, F.A. (2006) Leaving a sexually coercive dating partner: A prospective application of the investment model. *Psychology of Women Quarterly, 30*, 267–275.

Kelley, H.H. and Thibaut, J.W. (1978) *Interpersonal Relations: A Theory of Interdependence.* New York: Wiley.

Kiesler, C.A. (1971) *The Psychology of Commitment: Experiments Linking Behavior to Belief.* New York: Academic Press.

Kilpatrick, S.D., Bissonnette, V.L. and Rusbult, C.E. (2002) Empathic accuracy and accommodative behavior among newly married couples. *Personal Relationships, 9*, 369–393.

Koslowsky, M. and Kluger, A. (1986) Commitment to participation in musical activities: An extension and application of the investment model. *Journal of Applied Social Psychology, 16*, 831–844.

Kurdek, L.A. (1991) Correlates of relationship satisfaction in cohabiting gay and lesbian couples: Integration of contextual, investment, and problem-solving models. *Journal of Personality and Social Psychology, 61*, 910–922.

Kurdek, L.A. (1995) Assessing multiple determinants of relationship commitment in cohabiting gay, cohabiting lesbian, dating heterosexual, and married heterosexual couples. *Family Relations, 44*, 261–266.

Le, B. and Agnew, C.R. (2003) Commitment and its theorized determinants: A meta-analysis of the investment model. *Personal Relationships, 10*, 37–57.

Le, B., Dove, N., Agnew, C.R., Korn, M.S. and Mutso, A.A. (2010) Predicting non-marital romantic relationship dissolution: A meta-analytic synthesis. *Personal Relationships, 17*, 377–390.

Lehmiller, J.J. and Agnew, C.R. (2006) Marginalized relationships: The impact of social disapproval on romantic relationship commitment. *Personality and Social Psychology Bulletin, 32*, 40–51.

Lehmiller, J.J. and Agnew, C.R. (2007). Perceived marginalization and the prediction of romantic relationship stability. *Journal of Marriage and Family, 69*, 1036–1049.

Lewin, K. (1951) *Field Theory in Social Science; Selected Theoretical Papers.* In D. Cartwright (ed.). New York: Harper & Row.

Li, X. and Petrick, J.F. (2008) Examining the antecedents of brand loyalty from an investment model perspective. *Journal of Travel Research, 47*, 25–34.

Lin, Y.W. and Rusbult, C.E. (1995) Commitment to dating relationships and cross-sex friendships in America and China. *Journal of Social and Personal Relationships, 12*, 7–26.

Lipsey, M.W. and Wilson, D.B. (2001) *Practical Meta-analysis.* Thousand Oaks, CA: Sage Publications.

Loving, T.J. (2006) Predicting dating relationship fate with insiders' and outsiders' perspectives: Who and what is asked matters. *Personal Relationships, 13*, 349–362.

Lydon, J., Meana, M., Sepinwall, D., Richards, N. and Mayman, S. (1999) The commitment calibration hypothesis: When do people devalue attractive alternatives? *Personality and Social Psychology Bulletin, 25*, 152–161.

Lyons, W.E. and Lowery, D. (1989) Citizen responses to dissatisfaction in urban communities: A partial test of a general model. *Journal of Politics, 51*, 841–868.

McCullough, M.E., Rachal, K.C., Sandage, S.J., Worthington, E.L., Jr., Brown, S.W. and Hight, T.L. (1998) Interpersonal forgiving in close relationships II: Theoretical elaboration and measurement. *Journal of Personality and Social Psychology, 75*, 1586–1603.

Miller, R.S. (1997) Inattentive and contented: Relationships commitment and attention to alternatives. *Journal of Personality and Social Psychology, 73*, 758–766.

Murray, S.L. and Holmes, J.G. (1999) The (mental) ties that bind: Cognitive structures that predict relationship resilience. *Journal of Personality and Social Psychology, 77*, 1228–1244.

Murray, S.L., Holmes, J.G. and Griffin, D.W. (1996) The self-fulfilling nature of positive illusions in romantic relationships: Love is not blind, but prescient. *Journal of Personality and Social Psychology, 71*, 1155–1180.

Oliver, N. (1990) Rewards, investments, alternatives and organizational commitment: Empirical and evidence and theoretical development. *Journal of Occupational Psychology, 63*, 19–31.

Parks, M.R., Stan, C.M. and Eggert, L.L. (1983) Romantic involvement and social network involvement. *Social Psychology Quarterly, 46*, 116–131.

Peleg-Oren, N., Macgowan, M.J. and Even-Zahav, R. (2007) Field instructors' commitment to Student Supervision: Testing the investment model. *Social Work Education, 26*, 684–696.

Ping, R.A., Jr. (1993) The effects of satisfaction and structural constraints on retailer exiting, voice, loyalty, opportunism, and neglect. *Journal of Retailing, 69*, 320–352.

Ping, R.A., Jr. (1997) Voice in business-to-business relationships: Cost-of-exit and demographic antecedents. *Journal of Retailing, 73*, 261–281.

Powell, C. and Van Vugt, M. (2003) Genuine giving or selfish sacrifice?: The role of commitment and cost level upon willingness to sacrifice. *European Journal of Social Psychology, 33*, 403–412.

Putnam, D.E., Finney, J.W., Barkley, P.L. and Bonner, M.J. (1994) Enhancing commitment improves adherence to a medical regimen. *Journal of Consulting and Clinical Psychology, 62*, 191–194.

Raedeke, T.D. (1997) Is athlete burnout more than just stress? A sport commitment perspective. *Journal of Sport and Exercise Psychology, 19*, 396–417.

Rhatigan, D.L. and Axsom, D.K. (2006) Using the investment model to understand battered women's commitment to abusive relationships. *Journal of Family Violence, 21*, 153–162.

Rusbult, C.E. (1980) Commitment and satisfaction in romantic associations: A test of the investment model. *Journal of Experimental Social Psychology, 16*, 172–186.

Rusbult, C.E. (1983) A longitudinal test of the investment model: The development (and deterioration) of satisfaction and commitment in heterosexual involvements. *Journal of Personality and Social Psychology, 45*, 101–117.

Rusbult, C.E., Coolsen, M.K., Kirchner, J.L. and Clarke, J.A. (2006) Commitment. In A.L. Vangelisti and D. Perlman (eds), *The Cambridge Handbook of Personal Relationships,* pp. 615–635. New York: Cambridge University Press.

Rusbult, C.E. and Martz, J.M. (1995) Remaining in an abusive relationship: An investment model analysis of nonvoluntary dependence. *Personality and Social Psychology Bulletin, 21*, 558–571.

Rusbult, C.E., Martz, J.M. and Agnew, C.R. (1998) The investment model scale: Measuring commitment level, satisfaction level, quality of alternatives, and investment size. *Personal Relationships, 5*, 357–391.

Rusbult, C.E., Van Lange, P.A.M., Wildschut, T., Yovetich, N.A. and Verette, J. (2000) Perceived superiority in close relationships: Why it exists and persists. *Journal of Personality and Social Psychology, 79*, 521–545.

Rusbult, C.E., Verette, J., Whitney, G.A., Slovik, L.F. and Lipkus, I. (1991) Accommodation processes in close relationships: Theory and preliminary empirical evidence. *Journal of Personality and Social Psychology, 60*, 53–78.

Schelling, J. (1956) An essay on bargaining. *American Economic Review, 46*, 281–306.

Schmidt, G.W. and Stein, G.L. (1991) Sport commitment: A model integrating enjoyment, dropout, and burnout. *Journal of Sport and Exercise Psychology, 13*, 254–265.

Shubik, M. (1971) The dollar auction game: A paradox in noncooperative behavior and escalation. *Journal of Conflict Resolution, 15*, 109–111.

Simpson, J.A., Gangestad, S.W. and Lerma, M. (1990) Perception of physical attractiveness: Mechanisms involved in the maintenance of romantic relationships. *Journal of Personality and Social Psychology, 59*, 1192–1201.

Sprecher, S. (1988) Investment model, equity, and social support determinants of relationship commitment. *Social Psychology Quarterly, 51*, 318–328.

Sprecher, S. and Felmlee, D. (1992) The influence of parents and friends on the quality and stability of romantic relationships: A three-wave longitudinal investigation. *Journal of Marriage and the Family, 54*, 888–900.

Staw, B.M. (1976) Knee-deep in the big muddy: A study of escalating commitment to a chosen action. *Organization Behavior and Human Performance, 16*, 27–44.

Teger, A.I. (1980) *Too Much Invested to Quit.* New York: Pergamon.

Thibaut, J.W. and Kelley, H.H. (1959) *The Social*

Psychology of Groups. New York: Wiley.

Tropper, R. (1972) The consequences of investment in the process of conflict. *Journal of Conflict Resolution, 16*, 97–98.

Vaculík, M. and Jedrzejczyková, V. (2009) Commitment in unmarried cohabitation. *Studia Psychologica, 51*, 101–117.

van Dam, K. (2005) Employee attitudes toward job changes: An application and extension of Rusbult and Farrell's investment model. *Journal of Occupational and Organizational Psychology, 78*, 253–272.

Van Lange, P.A.M., Agnew, C.R., Harnick, F. and Steemers, G.E.M. (1997a) From game theory to real life: How social value orientation affects willingness to sacrifice in ongoing close relationships. *Journal of Personality and Social Psychology, 73*, 1330–1344.

Van Lange, P.A.M., Rusbult, C.E., Drigotas, S.M., Arriaga, X.B., Witcher, B.S. and Cox, C.L. (1997b) Willingness to sacrifice in close relationships. *Journal of Personality and Social Psychology, 72*, 1373–1395.

Wieselquist, J., Rusbult, C.E., Foster, C.A. and Agnew, C.R. (1999) Commitment, pro-relationship behavior, and trust in close relationships. *Journal of Personality and Social Psychology, 77*, 942–966.

Zaller, J. (1994) Strategic politicians, public opinion, and the Gulf crisis. In W.L. Bennett and D.L. Paletz (eds), *Taken by Storm: The Media, Public Opinion, and U.S. Foreign Policy in the Gulf War*, pp. 250–276. Chicago: University of Chicago Press.

第 7 章

共享和交换关系理论

玛格丽特·S. 克拉克（Margaret S. Clark） 贾德森·R. 米尔斯（Judson R. Mills）[1]

梁媛㊀ 译

摘 要

本章描述了共享关系和交换关系之间的本质区别（Clark & Mills，1979；Mills & Clark，1982）以及共享关系的量化维度（Mills & Clark，1982；Mills et al.，2004）。本章综述了支持该理论的实证研究，并回顾了该理论对一些现象的影响，诸如无条件的帮助（non-contingent helping）；给予者和接受者对帮助的不同反应；情感表达和对他人情感表达的反应；对关系中彼此需求和付出的跟踪；以及广义上健康和不健康的亲密或非亲密关系的构成。本章将遵循历史发展脉络对理论本身及其发展、完善、检验及其他研究者对理论的挑战等过程进行评述。

引 言

为什么我们在给朋友买礼物时期望商品上贴着价签，但在购买后，却要确保把礼物上的价签撕掉？当朋友抵达预租的度假别墅时发现没有热水，而房产经纪人以业主正在经历严重的个人问题为由试图博取她的同情时，为什么朋友会感到很生气？在 20 世纪 70 年代，当我们开始关注共享关系和交换关系的区别时，社会心理学家还没有现成的答案来回答这些问题。然而，这些问题很有趣，于是我们开始努力寻找有实证支持的理论解答。

当时还未出现现在盛行的关于亲密关系的社会研究领域，但关于人际吸引方面的研究肯定已经出现了。在关于人们如何调节关系中利益（benefits）和回报（rewards）的给予及接受规则的研究中，平等理论（equity theory）最为突出（Adams，1965；Messick & Cook，1983；Walster et al.，1978）。然而，当时社会心理学家并没有意识到，控制行为的规则可能因关系情境而异。正是在这种背

㊀ 北京师范大学心理学部

景下，我们提出了共享关系和交换关系之间的本质区别（Clark & Mills，1979）。

我们的灵感来自社会学家欧文·戈夫曼（Irving Goffman）在其《日常生活中的自我呈现》（*The Presentation of Self in Everyday Life*）一书中所做的部分简要观察。戈夫曼注意到“社会”和“经济”交换的本质区别。他认为，社会交换（social exchange）的双方对交换内容已事先达成一致。在社会交换中给予的东西“只有在关系有需求时才需要回报；即当假定的接受者需要帮助时，或需要礼节性地向对方表达敬意时才需要回报”。相比之下，在经济交换（economic exchange）中，“再多的感谢也不能让给予者满意，他必须得到同等物质价值的东西作为回报”（Goffman，1961：275-276）。虽然戈夫曼已对社会交换和经济交换进行了简要区分，但没有进行实验和系统研究对其进行检验，而且我们也不完全同意戈夫曼的观点。尽管如此，我们依然认为他的论述很重要。

交换关系和共享关系的本质区别

在最开始研究交换关系和共享关系的本质区别时，我们讨论的是利益的给予和接受规则。我们将“利益”定义为关系中的一方选择给予另一方的东西，即在给予者看来（通常在接受者和外部观察者看来也是如此）有用或有价值的东西。利益有多种形式，服务、商品、赞美、提供信息、帮助他人达成目标，以及关怀的象征（如卡片或鲜花），这些都可以是利益。但重要的是，（给予者给出的）利益不等于（接受者感受到的）回报。就我们的设想而言，“回报”一词指可以使接受者感受到快乐、满足或喜悦的东西（Thibaut & Kelley，1959：12）。例如，一个人可能会享受与一个名人联系在一起而带来的荣耀，但除非这个名人主动选择与这个人联系从而赋予其这种荣耀，否则这种享受只是一种回报，而不是一种利益。而且，并非所有的利益都可以构成回报。一个人可以给予另一个人利益以满足自己的需要或愿望，但从接受者的角度来看，这种利益可能并不是一种回报。我们的一个学生曾经收到仰慕者的一束鲜花。这些花是利益，因为它们具有价值，并且给予者有意把花送给接受者。虽然接受者平时喜欢鲜花，但收到这些鲜花，她并没有体会到回报，因为她并不想与给予者建立关系[2]。

交换关系的本质

我们在最初的文章中（Clark & Mills，1979；Mills & Clark，1982；Clark，1985）曾假设，在许多关系中，人们在给予利益的同时也期待得到等价的利益作为回报。这里我们选用“交换关系”而非戈夫曼的“经济交换”作为这些关系的名称，是因为人们给予和接受的许多利益并不涉及金钱，或者其并不是可以简单计算出货币价值的东西。然而，这些利益仍然可以相互交换。我们认为，在这些关系中，接受利益的同时伴随着与其价值相当的回报义务。在这种关系中，每个人都关心自己在给予对方利益后将获得多少，以及自己在接受利益后亏欠对方多少（我们一直使用的“交换”一词，比其在社会心理学和社会学领域的含义更为狭隘）。交换关系通常（但不总是）被俗称为商业关系、点头之交的关系，以及与初次见面并交往的陌生人间的关系（假设并不想发展出友谊或亲密关系）。

共享关系的本质

并不是所有的关系都遵循交换规则。在某些关系里，利益是为了支持对方的福祉而无条件地（non-contingently）给予的，即给予利益时，给予者与接受者都觉得接受者没有义务偿还。但这并不排除给予利益会增加接受者想要回馈给予者的可能性。这种情况可能经常发生，也可能不会。这意味着，给予利益的直接动机是为了增进接受者的福祉，给予者和接受者（如果两者都遵循共享规则）都不认为利益带有隐性或显性的价格标签。给予者可能希望在自己需要时，接受者也能做出同样的回应。这很可能正如戈夫曼所述，在社交交换中给予的东西“只有当关系有需求时，才需要被回报”。但“希望接受者有同样的动机”似乎比“利益只有当关系有需求时，才需要被回报”这一表述更适合我们的想法，因为在这种关系中，给予者并不能要求对方有所回报。此外，我们之所以说“希望”，是因为在共享关系中，对彼此福祉做出回应的能力存在很大差异，特别是在这些关系中，给予者可能并不希望对方做出相似的回应。例如，父母可能很乐意为孩子支付大学学费，但如果父母中的一方决定重返大学读书，即使必须自己承担额外的学费，父母也不希望孩子努力为其支付学费。为彼此提供利益的能力很重要，它通常可以解释为什么某些共享关系不对称，因为双方对彼此的需求并不负有同等责任——这是共享关系的一个方面，它导致了共享强度（communal strength）的差异，下文将详细讨论。即使能力相同，一些共享关系也可能不对称，但对双方而言都可以接受。

共享关系往往存在于朋友、家人、情侣或配偶中，但也有诸多例外。当我们早期提出家庭关系通常是典型的共享关系时，一位同事曾回应：“我母亲就不是这样！她仔细记录亲戚们给我们的结婚礼物，然后确保她给对方孩子的礼物是完全等价的。”我们觉得，这位母亲与儿子之间确实存在共享关系，但她与其他亲戚之间本质上是交换关系。

我们相信，共享关系的存在具有进化基础。如果没有人无条件照顾新生儿的需要，他们将无法生存。亲属之间也存在建立在无条件基础上的长期相互支持。小型狩猎采集社会的本质是无法预测谁能找到食物、住所和其他生活必需品，以及谁会需要它们，这可能决定了利益的共同分享和消费［Clark，1984a；Clark & Jordan，2002；参见Kelley et al.，2003，第18章，《命运的转折》（*Twists of Fate*）］。从发展角度看，婴儿对共享规则的需求和（片面的）理解似乎先于其对交换规则的需求和理解，因为在当代社会中，随着非家庭成员和非朋友群体的不断扩大，人们需要理解交换规则来给予和接受利益（可参见Pataki et al.，1994）。我们曾经在社区游泳池观察到一个小孩，他在小吃店要了一袋薯片后高兴地走了，没有付钱，也没有明显的内疚。服务员在后面喊住他并告诉他必须付钱。我们认为，由于家庭成员无条件地给予他食物，他可能很好地理解了共享规则。但对于交换规则的理解，他还需进一步学习。从历史角度看，随着文明和技能专业化的出现，除了共享关系外，人们对交换的需求可能大大增加，这就增加了人们可以相互提供的技能和商品间的差异。

并非所有的关系本质上都是共享或交换

尽管长期以来我们一直关注共享和交换关系，但我们过去（和现在）都不认为所有关系的本质只有这两种。比如，剥削关系就既不符合我们对共享关系的定义，也不符合我们对交换关系的定义。当然，也存在两者混合的关系。例如，小学老师有责任照顾学生许多方面的福祉，特别是他们的学习需求。老师们不会期望学生给予直接的回报，学生也不会考虑（即便有）给予老师报酬。但老师的义务有限，他们从学区或学校获得报酬，而不会无偿提供服务。

证实质性区别有效性的早期研究

在 20 世纪 70 年代，研究人际互动的社会心理学家们通常选用陌生人进行互动研究。埃伦·贝尔伊德当时评论说，在努力对实验进行控制并进行真正的社会行为实验的过程中，我们都在忙于研究以前不曾相识、也从未想过以后会相遇的陌生人之间的关系。但我们对人际关系中最重要的互动却知之甚少，比如与朋友、家人和亲密伴侣间的互动。在过去的 35 年里，所有这些都发生了迅速的变化（例如，可参见 Clark & Lemay，2010），但要理解我们的研究，重要的是要了解我们当时开展最初研究时的背景。

一旦提出了质性区别，我们的挑战就是通过实验操纵个体的共享和交换关系需求（如果我们的假设正确，那么个体在与搭档互动时，会因实验条件的不同而有不同表现）。创造共享关系需求时，目标对象必须有足够的人际吸引力，被试必须有意愿寻求新的共享关系，而且目标对象也必须具有可得性（available）并对建立新关系感兴趣。我们认为如果没有这些条件，被试更易发展出交换关系。于是我们在实验中把两个陌生人聚在一起，其中一个是假被试，另一个是真正参与研究的被试。研究招募了一所寄宿制大学的低年级学生，他们刚刚脱离家庭和高中生活，通常有意愿寻找新朋友，还可能会寻找亲密伴侣。我们选择了一位外表迷人、令人放松和愉悦的年轻女子作为假被试，这类女性的形象很受欢迎，她将是一位有吸引力的潜在朋友或亲密关系伴侣。然后，我们操纵了她的可得性和她对建立新共享关系的兴趣。在共享关系组，我们将她描述为一个大学新生，并且渴望建立新关系（使她与被试相似，并且对被试而言具有可得性）；在交换关系组，我们将她描述为一位已婚女性，且即将被丈夫接走（使她与被试不同，并且对被试而言不具有可得性）。结果表明操纵有效（例如，可参见 Clark & Mills，1979；Clark，1986），而且通过稍加修改，该操纵被广泛应用于我们早期的许多实验中。

处于（或渴望）共享关系的人是否会回避表明他们或潜在伴侣可能遵循交换规则的行为

我们最初的研究聚焦于证实交换行为会在交换关系组发生并受到欢迎，但在共享关系组会被回避，而且一旦其发生则会引发消极反应。我们必须从这一点展开研究，因为平等理论在当时是解释关系中个体如何给予和获得利益的主导理论。平等理论的总体假设是，给予利益会造成不平等，导致不适，并且需要回报来解决（参见 Walster et al.，1978）。我们预测，只有在想建立交换关系时，给予者才会积极期待接受者给予回报；而当想建立共享关系时，接受者给予回报则会引发给予者的消极反应，因为按照交换规则行事意味着不想建立共享关系。

在第一项研究中（Clark & Mills，1979，研究 1），我们的被试是男性。在研究中他们将遇到一位女性目标对象，并有意愿与之建立共享或交换关系。每名被试和目标对象（假被试）各自完成一项任务，他们可以互相帮助，且被试在完成自己的任务后有足够的剩余材料实施帮助。实验者询问被试是否愿意把材料给予女性目标对象，所有被试都做出了肯定选择。然后假被试用一个学分（an extra credit point）回报被试或并未回报被试。最后，以准备另一项任务为由，让男性被试评价他们对女性目标对象的喜爱程度。结果显示，与未回报相比，回报行为在交换关系组增加了被试的好感；相比之下，在共享关系组，回报行为降低了被试的好感。

在第二项研究中（Clark & Mills，1979，研究 2），被试是女性，我们操纵了被试与一个女性目标建立共享或交换关系的意愿，并且操纵了在被试得到帮助后，是否收到回报等价利益的请求。结果显示，在交换关系组，得到帮助并收到回报请求的被试对施助者的好感增加；在共享关系组，同一操纵下的被试对施助者的好感降低。此外，在交换关系组，没有得到帮助但收到回报请求的被试对对方的好感降低（因为产生了欠债）；而在共享关系组，同一操纵下的被试对对方的好感并没有降低。

这些研究和其他早期研究表明，当渴望建立交换关系时，没有得到回报的个体会感到被剥削；但当渴望建立共享关系时，则不会感到被剥削（Clark & Waddell，1985）；与给予和回报的等价利益相比，两者的不等价会使一段关系看起来更像友谊（Clark，1981）。这一观点在发表后受到了广泛关注。然而，也有人对此产生怀疑。

当时的审稿人和会议听众们提出了一种替代性解释：也许交换关系组的人希望立即平衡得失，而共享关系组的人则会长期追踪给予和得到的利益，满足于长期的得失平衡。不排除这种解释的可能性，但由于其无法回答以下几个问题，我们没有采纳这种解释：第一，为什么存在时间进程上的差异？第二，即使预计的回报时间进程不同，为什么共享关系组被试更喜欢的不是即刻回报的个体，而是不回报的个体？第三，由克拉克和米尔斯最早的研究（1979）可知，由于无法保证共享关系的长久性，所以共享关系似乎不太可能比交换关系有更多的时间平衡得失。第四，在很多长期的商业（交换）关系中，账单仍必须及时支付。交换关系为什么不能接受延迟支付这些账单？第五，人们根本无法（即使他们愿意）长期追踪和平衡亲密关系中的得失。第六，交换规则无法解释为什么父母会认真照顾一个严重残疾的孩子，或者为什么许多阿尔茨海默病患者的配偶会继续照顾他们的伴侣，即使伴侣再也不能回报，甚至根本无法认出他们。第七，也是最重要的一点，遵循交换规则并不能准确衡量给予者是否真的关心接受者和接受者是否得到了施予者的关心。而在友谊、家庭关系、亲密关系中，这些感受往往相当重要。

当然，我们可以想各种办法解释为什么我们是对的。需要向评论者说明的是，人们并没有按照跨时间平等的原则跟踪所有关系中的利益得失。为此，我们进行了三项研究证实这个观点（Clark，1984a，1984b）。在第一项研究中，我们操纵了共享关系或交换关系需求；在第二项研究的两个子实验中，我们对比了被试与陌生人和朋友一起做任务时的行为。在每项实验中，被试均与同伴合作完成在数字矩阵中寻找特定数字序列的任务。每发现一个序列，两人即可获得一笔金钱回报，后续再分配给每个人。同伴（假被试）随机用红或黑墨水开始任务，轮到被试时，两种颜色的钢笔均可用。该实验的因变量是真正的被试选择使用与假被试同一种颜色的笔（最终不清楚每个人找到了多少个序列）还是不同颜色的笔（完全清楚每个人分别找到了多少个序列）。三项研究的结果均表明，期望保持陌生人关系组的被试会追踪利益得失——绝大多数人会选择使用不同颜色的笔；期望建立共享关系或者处于共享关系组的被试则不会区分各自的贡献——每次只有不到 50% 的人选择使用不同颜色的笔（Clark 等人于 1989 年发表的研究中也发现了这一结果）。事实上，当试图建立共享关系时，人们似乎会尽力选择相同颜色的笔，每次选择不同颜色笔的频率显著低于 50%。

这些结果很重要。如果那些期望或拥有共享关系的人在行为发生时没有追究利益得失，那他们就不可能在更长的时间里悄悄地将这些记在心里，以确保最终的得失平衡[3]。

处于共享关系中的人会遵循共享规则吗

在证实了期望建立友谊或亲密关系的个体（或拥有这种关系的人）对交换行为会产生消极反应并避免交换行为后，我们继而证实，与期望建立交换关系的人们相比，期望建立共享关系的人更倾向以共享方式行事。我们在一系列研究中发现，如果有一盏指示灯可以反映隔壁房间的同伴是否正处于某种需求之中，那么期望建立共享关系的人会追踪该指示灯（即使他们对此无能为力），而期望建立交换关系的人则不太可能这样做（Clark et al.，1986，研究 1；也可参见 Clark et al.，1989）。我们也发现，在交换关系中，只有当人们知道自己很快会处于相同境地并且希望同伴满足自己的需求时，才会去关注同伴的需求。在这种情况下，回报很可能是必须的。事实上，当角色可逆转时，交换关系组被试对同伴需求的关注水平才与共享关系组被试的水平相当（无论是否设定角色转换）。而在共享关系组，对同伴需求的关注则不随对方的回报机会而变化（Clark et al.，1986，研究 2）。我们发现与期望建立交换关系相比，当期望建立共享关系时，人们对同伴情感表达（表达需求的信号）的回应更积极（Clark & Taraban，1991；Yoo et al.，2011，研究 1），这也符合期望建立或处于共享关系时人们更多关注对方需求的发现。再者，我们也发现，当期望建立共享关系而非交换关系时，人们会有更多的情感表达（Clark & Finkel，2005a；Clark et al.，2001）。此外，表达消极情绪的意愿可以预测大学生在新一学期与陌生同学建立新关系的情况，以及在这些最亲密的关系中亲密度的提升程度（Graham et al.，2008）。同时，其他研究者也发现，压抑情绪与亲密关系中的低社会支持、和他人的低亲密度以及低社会满意度相关（Srivastava et al.，2009）。在这种关系中，亲密度降低，沟通变差，关系形成的机会降低（Butler et al.，2003）。

当然，与期望建立或处于交换关系的个体相比，当期望建立或处于共享关系时，个体帮助和回应他人悲伤情绪的水平更高，我们在克拉克等人的一项研究中证实了这一点（Clark et al.，1987，研究1）。在被试被随机分配到共享关系或交换关系组后，让被试单独看一张有吸引力的女性目标对象的照片并填写问卷，并让他们了解到这名假被试为已婚或单身状态，是新入校的学生，为了结识朋友参与这项研究。然后，被试有机会通过执行一项单调的任务自愿帮助该同伴。结果发现，共享关系组被试比交换关系组被试提供帮助的时间更长。另外，了解对方的悲伤情绪显著增加了共享关系组被试的帮助时间，但在交换关系组未发现该结果。其他研究表明，当期望建立共享关系而非交换关系时，人们的情绪在帮助同伴后可以得到改善（Williamson & Clark，1989；1992），而且人们会因为没有帮助对方而感到糟糕（Williamson et al.，1996）。此外，期望建立共享关系的人会关心另一个人花多少时间为自己挑选礼物；期望建立交换关系的人则不会（Clark et al.，1998）。

给理论增加一个量化维度

虽然我们从质性的区别开始，但早期我们也为理论加了一个量化维度——共享强度（Mills & Clark，1982），后来又发展出了共享强度量表（Mills et al.，2004）。虽然我们认为，为了强调共享关系的存在及其与交换关系的区别，有必要从强调质性区别开始，但我们从一开始就知道共享关系存在量化差异，其表现为一个人愿意为他人承担的时间、精力或金钱责任（我们称之为共享强度）上的不同。例如，大多数人对孩子比对朋友有更多的共享责任（communal responsibility），他们会花更多的时间、精力和金钱帮助他们的孩子而非朋友（例如，很多人都会为他们的孩子支付大学学费，而几乎没有人为朋友这样做，虽然这两种关系在性质上都是共享关系）。我们对共享强度的测量（Mills et al.，2004）与贝尔伊德等人（1989）测量行为互依性的关系亲密度量表（Relationship Closeness Inventory）不同，也与对同伴喜爱程度的测量不同（例如，一个人可能对一个不太喜欢的且脾气暴躁的老年亲戚感到有很大的共享责任，或者可能对一个有吸引力的潜在伴侣非常喜爱，但由于只见过一面而有很少的共享责任）。共享强度量表与鲁宾（1970）的爱情量表（Love Scale）具有相关性，而且研究发现它可以预测对同伴的利益分配以及日记法报告的给予帮助和接受朋友帮助的程度（也可参见Monin et al.，2008，该文提供了共享强度的另一种测量方法，并进一步表明共享强度与喜爱是不同的构念）。

人们与一些人的共享关系强度非常低，例如，当被陌生人拦住询问时间或简单的方向时，许多人会满足请求者的需求而不期待任何回报。同时，人们与一些人（如朋友）的共享关系强度较高，与另外一些非常亲密的人则有着高强度的共享关系，如孩子、配偶或亲密关系伴侣。图7-1描绘了共享关系的等级排序。横轴代表关系的层次，纵轴代表对关系承担的责任，图中的线条描绘了对不同层次的人感受到的责任程度。当发生冲突时，共享关系等级高的个体的需求优先于等级较低个体的同等（有时为非同等）需求。例如，一个人可能为了参加自己孩子的生日聚会而放弃参加朋友的生日聚会，且朋友很可能理解并接受这一点。当然，图7-1只描述了一种可能的层次结构。在这些隐性的层次结构中，对于人们（和自我）的排序

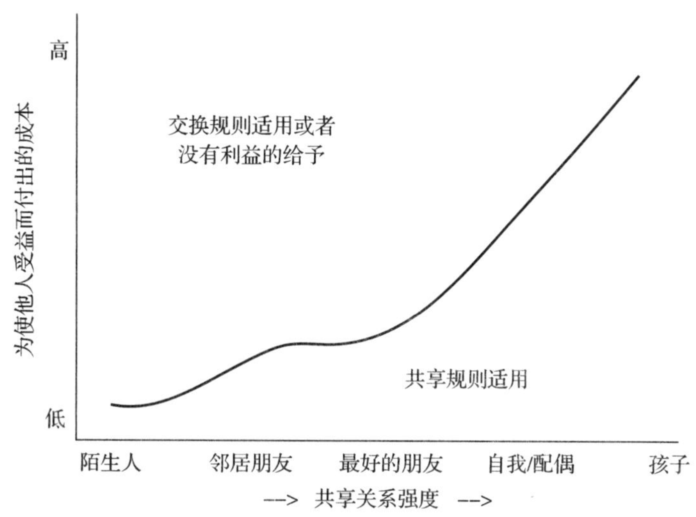

图 7-1　个体使各种关系的他人受益所愿意承担成本的假设模型

会随个体与文化的不同有所区别。

如图 7-2 所示，赖斯等人（2004）认为，人们的共享关系集合可能呈三角形结构，大部分人拥有许多低强度的共享关系，较少的中等强度的共享关系，以及非常少的高强度的共享关系。毕竟，一个人可以负责的人数有限。而且，一旦个体建立了与家庭成员、朋友和亲密伴侣的共享结构，会感到与他们分享自己的利益是一种责任，增加这类关系人数对个体安全感无益。

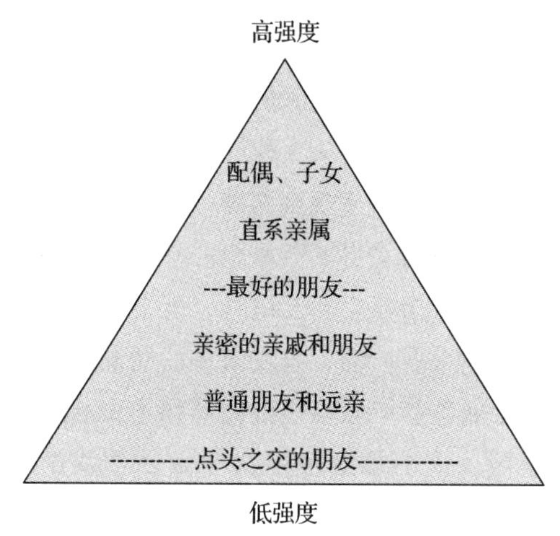

图 7-2　个体共享关系层次结构假设模型

值得注意的是，图 7-1 和图 7-2 也对“自我”进行了描述，因为人们通常觉得自己对自己也与对别人一样有共享责任。大多数人把“自我”置于共享关系层级的高位，认为照顾自己的责任优先于照顾其他许多（但通常不是全部）共享关系者的责任。例如，一个女人可能认为照顾自己的需要明显优先于照顾一个普通朋友的需要，但并不优先于照顾她的孩子。

同样值得注意的是，图 7-1 含蓄地表明，个体可能在不同的“成本”范围内与同一对象既有共享关系又有交换关系。例如，基于共享关系，个体可能会给某一朋友提建议、让朋友搭车、送朋友礼物、与朋友一起吃午饭，并一起进行社交活动；但基于交换关系，个体也可能向朋友出售汽车。我们认为，更为普遍的情况是，个体在共享基础上所能提供的利益存在成本上限；高于上限的利益根本不会被给予或讨论。

尽管共享关系有量化维度，但交换关系并没有类似的量化维度（Mills & Clark，1982）。如果一种关系的本质是交换，那么它就是交换关系，给予的利益需要相应的利益作为回报。但也可能出现没有回报的现象。毕竟这些规则都是理想化的，现实中可能会发生违反规则的情况。例如，由于债务众多但资源有限，有些人可能会被迫选择偿还谁、不偿还谁。他们可能根据对债主的喜爱程度、与债主的交换关系对其幸福感的重要性、关系的长度或债主的要求进行选择。然而，未偿的债务仍然存在，随之而来的是债务人的内疚和债主的恼怒。与共享关系不同，在交换关系中，债主不能接受债务人由于其孩子有需求而不能偿还债主的需求。交换关系中的债务人可能试图以有其他债务为由来为未偿债务进行辩解，但债主无法接受这种理由。

二者不是短期与长期关系的区别

从我们发表交换关系与共享关系区别的第一篇文章开始，许多人对这种区别的基础提出了两个假设，但我们均不认同。丹尼尔 · 巴特森在一篇挑战该区别的文章中提出了这两个假设（Batson，1993）。实际上，他帮了我们一个忙，促使我们在文章中解决了其他人也关注的两个问题（我们的回应参见 Clark & Mills，1993）。丹尼尔 · 巴特森提出的第一个假设是，交换关系是短期关系，每一项付出都会很快得到回报，而共享关系是一种长期关系，利益得失会随着时间的推移保持平衡。正如我们之前已经提到的跟踪，这并不是我们提出的二者区别的基础。共享关系和交换关系可以是短期，也可以是长期的。一些（通常较薄弱的）共享关系是一次性的，正如前面的例子，一个人会告诉陌生人时间而不期待任何回报。其他时候（如在某些紧急情况下），一方可以为另一方提供较大的短期共享利益，这就像曾经发生在我们身上的事情一样，当时一个大学新生的家长在送女儿上学时没有钱住宿，于是（连同她的宠物和女儿）在我们家住了一段时间。其他的共享关系，如婚姻关系、亲子关系和友谊，则可以持续很长时间。当需求和欲望随着时间推移而产生时，对需求和欲望的回应也应运而生。在对称的共享关系中，付出和回报很可能在长时间内大致相等。然而，并不能保证二者完全相等，且有许多不对称的长期共享关系，其中的付出和回报可能永远不会平衡。或许最常见的例子是父母和孩子的关系，尤其在孩子的童年和成年早期更是如此。当然，如果父母随着年龄的增长需要帮助，他们通常会得到孩子的回报；但如果不需要，双方都不太可能感到苦恼（事实上可能感到很高兴）。

二者不是自私与无私关系的区别

巴特森（1993）等人的第二个假设认为，共享关系本质上是无私的，而交换关系本质上是自私的。我们不做这样的假设。因为一旦采用共享规则，给予利益就依赖于无条件基础；而一旦采用交换规则，给予利益就依赖于有条件基础。但自私或无私的动机均会促使个体采用某一种规则。

例如，就共享规则而言，采用这种规则有许多可能的“自私”原因。一个人刚搬到新社区并希望建立新友谊时，就会以共享规则为基础采取行动，开发潜在的朋友圈。一个人可能会基于共享规则去照顾不喜欢的老年亲戚，因为如果他不这样做就会感到内疚，或害怕受到别人的批评。当然，遵循共享规则也存在无私的动机，比如对同伴的共情等。照顾后代似乎是一种以无私的动机坚持共享规则的最常见例证（尽管有些人可能认为这种行为也是自私的，因为它促进了个体基因的代代相传）。

同样，采用交换规则也可能出于相对自私或无私的动机。大多数情况下，当人们采用交换规则时，其动机是自私的。例如，当一个人去商店买面包时，是因为他需要面包，而几乎不会是因为想让杂货商受益。当一个人选择跟其他人拼车时，他很可能只是想节省时间和金钱。然而人们也可能出于无私的原因采用交换规则。例如，在缺乏工作机会的情况下，管理者可能剥削雇员，并支付低于其工作价值的报酬。从这个意义上讲，这种关系不遵循交换规则，是剥削性的。在这种情况下，无私的动机（为了道德，为了平等）可能会促使管理者决定通过支付平等的工资来遵循交换规则。因此，自私和无私的动机都可能促进交换关系（或共享关系）的形成。例如，目前人们主张以交换的方式购买“平等贸易”咖啡（“fair trade”coffee），这既是因为他们想要咖啡（一种自私的动机），也是因为虽然同样好的咖啡也许能以较低的价格购买，但他们不希望剥削咖啡工人，而是希望以交换的方式向他们提供“平等”交易（这是一种相对无私的动机，尽管有些人可能会说，买方得到了良好的自我感觉，也可能存在自私动机）。

在讨论共享关系是否自私的同时，也必须指出我们的假设，即人们通常把自己放在共享关系等级中较高的位置。这意味着即使与其他人存在共享关系，大多数人确实认为照顾自己的需要优先于照顾大多数其他人的需要。这一点很容易阐明，例如，人们让自己而非邻居或朋友去度假，但他们仍然可以与朋友以共享规则相处。

人们也可能把他人（如配偶）与自我排在同一等级中，甚至把有些人排在高于自我的位置（例如，一个幼小的完全依赖于他人的孩子常常“被给予”这样的等级），并为这些人做出牺牲，或原谅这些人的重大错误。总之，这里旨在说明的观点很简单，即自私与无私不是区分共享关系与交换关系的决定性特征。

共享关系可以是对称或非对称的

大多数共享关系是对称的，即每个人对伴侣的利益承担的责任水平与伴侣对他承担的责任水平大致相同。例如，友谊、亲密关系和婚姻关系通常在本质上是共享的且在承担的责任上是对称的。然而，共享关系也可能不对称。例如，一般而言，母亲对孩子承担的责任比孩子对母亲的责任要大得多，这种模式通常会持续到孩子的成年期。我们之前在大学生中开展了调查，让他们评判在与朋友的关系和与母亲的关系中各方承担的责任，选项包含“对彼此的利益承担同等的责任”“他对我比我对他承担的责任更多”，或“我对他比他对我承担的责任更多”。对于与朋友的关系，84% 的学生感到彼此有同等的责任，6% 的学生表示他们的朋友对他们承担的责任更多，10% 的学生表示他们对朋友承担责任更多。但他们与母亲的关系则呈现出完全不同的模式。只有 15% 的学生认为他们和母亲对对方负有同等责任，85% 的学生认为母亲对他们承担的责任更多，没有学生报告自己对母亲承担的责任更多。显然，这些西方的富裕大学生往往与朋友之间有对称的共享关系，而与母亲之间则有不对称的共享关系。

共享取向和交换取向的个体差异

我们认为共享关系回应性的差异大多在于关系层面而非个体层面（Clark & Lemay，2010）。换言之，一方面，我们假定几乎所有人都会在一些关系中努力遵循共享规则，而在其他关系中则很少或不愿付出努力回应对方的需求。但另一方面，这同时也说明，人们遵循共享或交换规则的倾向也存在个体差异。

表 7-1 测量共享和交换取向个体差异的量表

共享取向量表

1. 当别人忽视我的需求时，我会感到烦恼。
2. 做决定时，我会考虑别人的需要和感受。
3. 我对于别人的感受并不是特别敏感。*
4. 我不认为自己是一个特别乐于助人的人。*
5. 我认为人们应该竭尽全力地去帮助别人。
6. 我不是特别喜欢帮助别人。*
7. 我希望我认识的人能够回应我的需要和感受。
8. 我经常尽我所能地去帮助别人。
9. 我认为最好不要涉及需要照顾别人个人需求的事。*
10. 我不是那种经常帮助别人的人。*
11. 当我有需要时，我会向我认识的人寻求帮助。
12. 当别人情绪低落时，我倾向于避开他们。*
13. 人们应该自己去面对遇到的困难。*
14. 当别人忽视我的需求时，我会感到很受伤。

交换取向量表

1. 当我给予别人东西时，我通常希望能够得到回报。
2. 当有人给我买礼物时，我会尽量给这个人买同等价值的礼物回赠。
3. 我认为人们没有义务去回报别人的恩惠。*
4. 即使有人没有回报我的恩惠，我也不会感到自己受到了剥削。*
5. 我不会去计较我曾给予别人多少好处。*
6. 当人们从别人那里获得好处时，他们应该马上回报对方。
7. 在一段关系中，最好确保两个人之间的关系始终保持"平衡"。
8. 我通常只送礼物给以前送过我礼物的人。
9. 当我认识的人帮助我完成一个项目时，我觉得我不必报答他们。*

注：以上两个量表相互独立。被试对每个量表的每个题项从1（非常不符合我的典型行为）到5（非常符合我的典型行为）进行五点评分。先将带"*"的题项进行反向计分，然后计算表示被试共享或交换分数的总分。

为测量个体差异，我们开发了共享取向和交换取向量表（Clark et al.，1987；Mills & Clark，1994）。表 7-1 呈现了这两个独立且正交的量表。共享量表比交换量表应用更为广泛，但值得注意的是，其他研究者如穆尔施泰因及其同事（1977）以及斯普雷彻（Sprecher，1992）也曾开发了测量交换取向的工具，并就交换取向开展了相当多的研究。

研究表明，高共享取向（采用表 7-1 所示的量表）可以预测：非紧急情况下对同学的帮助（Clark et al.，1987）；朋友间的相互支持（Coriell & Cohen，1995）；向伴侣表达情感的意愿，特别是当关系情境需要这样做时（Clark & Finkel，2005a，2005b）；与朋友谈判时平均分配回报的行为，这对于同等需求的共享假设很有意义（Thompson & Deharpport，1998）；对合作伙伴在任务中的成功表现给予更多的赞扬且对失败给出更少的指责，但对自我的归因不受共享取向的影响（McCall，1995）；老年人对最亲密友谊更高的满意度（Jones & Vaughan，1990）；权力与社会责任更紧密的联结（Chen et al.，2001）。低共享取向可以预测：护士（Van Yperen et al.，1992）和自助团体领导者（Medvene et al.，1997）的职业倦怠；阿尔茨海默病患者照料者的抑郁状况（Williamson & Schulz，1990）；男性对女性伴侣的身体虐待以及男性与支持对女性伴侣施暴的同伴的交往（Williamson & Silverman，2001）；以及低受惠与愤恨间的联系（Thompson et al.，1995）。研究发现，共享取向的匹配与在谈判中更好地利用共享机会有关（Thompson & Deharpport，1998）。换言之，共享取向中的个体差异可以被用来测量并预测人们基于（或不基于）共享规则所做的行为。

研究发现，高交换取向（采用多种测量方法）的个体会基于平等性考量婚姻满意度，总体而言，婚姻满意度较低；而低交换取向个体的婚姻满意度较高，其与平等性的考量（Buunk & Van Yperen，1991；也可参见 Murstein et al.，1977）和对关系中不平等的担忧无关。高交换取向与室友间较低的包容性和较低的友谊评价有关，也与女性对室友关系的较高焦虑有关（Murstein & Azar，1986）。

许多情境明确要求个体遵循一种或另一种规则，无论人们的总体取向如何，大多数人都会遵循符合情境的规则。然而，取向的个体差异可能会在两种情境下起作用。第一，个体差异在缺乏具有明确情境性信息的行为规则的情况下发挥作用。例如，克拉克等人（1987，研究2）发现，在没有操纵关系类型的情况下，共享取向分数可以预测被试给年轻的研究助理提供帮助的程度。第二，这些个体差异可能影响人们遵循适合特定情境规则时的难易程度和稳定程度。也就是说，我们认为，要在婚姻里遵循共享规则，交换取向的个体可能需要比其他人付出更大的努力和更多的自我觉察。他们也可能比其他人更经常违反共享规则 / 更适应交换规则。第三，我们怀疑，当情境需要采用交换规则时，共享取向的个体可能更难坚持交换规则，尤其当交换规则与他人的需求冲突时。例如，他们可能会发现解雇一个需要这份工作但没有遵守（交换）雇用条件的雇员特别困难。

最近的研究也开始考察依恋回避和焦虑的个体差异维度与遵守共享和交换规则的关系。研究表明，较高的依恋回避水平可以预测：当不确定他人是否对共享关系有兴趣时表现出的一定程度的抗拒；当情境本质上需要共享规则时，更倾向于按照交换规则行事；以及在出现或需要遵守共享规则情境时感到不适（参见 Bartz & Lydon，2006，2008；Beck & Clark，2009；Clark et al.，2010）。较高水平的依恋焦虑似乎与对共享情境的排斥无关，但与这种情境中的矛盾和不适感，以及对遵守或缺少共享和交换规则的较高的行为反应性有关（Bartz & Lydon，2006，2008；Clark et al.，2010）。

表 7-2　10 题版共享强度量表

1. 您愿意去多远的地方拜访 __ ？
2. 当您做一些事情帮助 __ 时，您有多高兴？
3. 您愿意给 __ 多少帮助？
4. 为了满足 __ 的需求，您愿意花费多少钱？
5. 把 __ 的需要从您的思想中抹去有多容易？ *
6. 满足 __ 的需求对您来说优先级如何？
7. 您有多不愿意为 __ 做出牺牲？ *
8. 您愿意放弃多少令 __ 受益？
9. 您会不遗余力地为 __ 做多少事？
10. 您接受不给 __ 帮忙有多容易？

注：计算总分前先对带“*”的题项反向计分。该量表的指导语如下：“当你回答每个问题时，在空白处填上此人姓名的首字母。在从0（一点都不）到10（非常）的范围内给出每个问题的答案。您的回答将被保密。”

另外四个理论观点

基于对共享关系的研究，我们提出，除了对伴侣的需要做出反应或从伴侣那里寻求这种回应以外，“高质量”亲密关系还存在一些其他标准。第一，由于大多数同辈共享关系是对称的，所以在共享关系的适宜强度及其预期轨迹方面（表7-2）（就共享关系增强与否的斜率和速度而言）一致的夫妻会比不一致的夫妻对他们的关系感到更为满意和舒适。如果一方比另一方对共享关系强度的需求更大，那么前者可能会感到被忽视，而后者可能会感到窒息。

第二，关于人们的共享关系等级（通常是隐性的），我们认为夫妻或朋友在共享关系等级中的一致性将影响他们的关系质量。例如，如果一对夫妻达成一致，认为孩子的福祉优先于他们的个人需要，他们对彼此的义务次之，对各自原生家庭的义务排在第三位；而另一对夫妻中妻子把孩子放在第一位，她的父母排在第二位，配偶放在第三位，而配偶则将她放在第一位（并希望她也为他这么做），孩子在第二位，其原生家庭在第三位（并希望她对孩子和她的原生家庭也这样排序）。相对而言，前者在婚姻关系中的冲突会更少。

第三，我们认为，自我在共享关系等级中的位置对个体最强的共享关系的本质和拥有高强度共享关系的能力均有重要的影响。特别是，如果一个人把自我放在等级中的高位，而把另一个人（例如配偶、孩子）放在其等级体系的更高位，或者至少与自我“捆绑”在一起，这可能是“成功达成”高强度共享关系的一个要求。理由如下：当自我被放置在层次结构的顶端，尤其当自我远远凌驾于其他人之上时，关注自己的需求将总是优先于关注他人的需求。这时人们不会做出妥协和牺牲，更不会宽恕别人的过错。此外，当伴侣知道某人对其自我的关心甚至比自己对自我的关心和要求更多时，他们将无法放松自我防卫。

最后，我们认为在关系中采用共享规则并不总是最佳策略，也不总是健康的策略。当伴侣偏好交换关系时，采用共享规则会让双方都感到尴尬和苦恼。同样地，当伴侣渴望建立较弱的共享关系时，按照高强度共享规则的方式行事可能会产生问题，因为双方的不对称与对称共享关系需求会不匹配。

人们在亲密关系中真的相信并遵循共享规则吗

人们真的相信共享关系是他们友谊、浪漫关系和家庭关系的“正确”规则吗？他们是否在持续的关系中遵循这条规则？毕竟，有人可能会认为，大多数早期研究都采用了初次见面者之间的关系。也许这样的人会遵守共享规则来获得对方的喜爱，但在做出承诺后就放弃了该规则。最近，我们一直在研究持续的婚姻关系，研究结果表明，上述第一个问题的答案是肯定的。人们确实认为共享规则是他们婚姻关系的理想选择，而交换规则显然并不理想，并且至少在两组婚姻样本中，绝大多数人报告说他们和配偶都努力遵循共享规则。第二个问题的答案似乎也是肯定的（但有些地方值得注意）。具体而言，格罗特和克拉克（1998）及克拉克等人（2010）发现，个体将共享规则视为婚姻中的理想规则，把交换规则视为不理想的规则。克拉克等人（2010）还发现，至少在结婚后的头两年内，个体报告努力遵守这一规则，并且他们的配偶也努力遵守这一规则。需要注意的是，虽然这两组样本的被试绝大多数报告说，他们和配偶都努力遵循共享规则，但研究也表明，尤其当他们感到苦恼（Grote & Clark，2001）或有长期的关系不安全感时（Clark et al.，2010），他们可能在遵循共享规则上表现得不尽如人意，并根据交换规则计算平等性。

当然，与关系有关的临床和心理咨询文献也提供了确凿的证据，其表明人们渴望建立的一些关系在本质上是共享的（如婚姻），但它在事实上可能会走向共享的对立面。关系中的成员可能互相辱骂和虐待，互相斥责和批评，甚至互相鄙视。虽然我们一直说家庭关系、亲密关系和婚姻是共享关系的典型示例，但需要补充的是，这些关系有时完全不是这样。我们认为遵循共享规则是功能良好的、健康的婚姻、友谊和家庭关系的特点。治疗师肯定会遇到在婚姻、友谊和家庭关系中不遵循共享规则的人。但这不应被视为共享规则不适用于亲密关系的证据，也不应被视为管理不同关系的利益的给予和接受的规则不存在差异的证据。具有共享性质的关系中也可能存在交换规则，但我们认为，这往往是麻烦的开始。相比之下，在商业关系中呼吁并遵循交换规则则表明这种关系是健康的。一个人不会因为他的商业伙伴计较各自对企业做出的贡献和获得的利益而寻求心理咨询。但如果他的妻子、母亲或最好的朋友也那么做，那他寻求咨询就不足为奇了。

结　论

当我们阐明共享关系和交换关系的区别时，正是我们在社会心理学中开拓新领域之际。如今，距离我们发表第一篇共享/交换关系的文章已过去三十年（Clark & Mills，1979），该领域的研究发生了巨大的变化。目前关于常规性的共享关系本质的研究正在蓬勃发展。关于社会要求的具有共享性质的良好及不良关系所特有的个体内和个体间过程的研究，已经取得了丰硕成果。我们没有对促进及阻碍亲密关系良性共享功能的因素进行系统综述（有关此类研究的综述参见 Clark & Lemay，2010，其中的大部分研究由他人完成；Clark et al.，2010；Grote & Clark，2001；Grote et al.，2002，2004；Lemay & Clark，2008；Lemay et al.，2007，其中源自我们实验室的理论观点和结果，对促进和损害良性共享关系的因素有所提及）。相反，我们试图表达我们最初对共享关系和交换关系的质性区分、共享关系强度的定量概念、我们的理论对关系功能的一些启示，以及我们为检验自己的理论观点而开展的实证研究。

最后，回到本章开头我们向读者提出的问题。首先，为什么我们在给朋友买礼物时期望商品上贴着价签，但在购买后，却要确保把礼物上的价签撕掉？答案是，与朋友的关系本质上是共享关系，而与店主的关系本质上是交换关系。其次，当朋友抵达预租的度假别墅时发现没有热水，而房产经纪人以业主正经历严重的个人问题为由试图博取朋友的同情时，为什么朋友会感到很生气？这是因为租房本质上是交换关系，要求朋友对与她毫无关系的陌生人有共享性的理解几乎是不可能的。

致　谢

本文所报告的大部分研究是在美国国家科学基金（NSF，项目号 BNS 9983417）的资助下完成的。然而，文中所表达的观点、结论和建议是作者的观点，未必反映美国国家科学基金会的观点。在此，感谢奥丽娅娜·阿拉贡和伊丽莎白·克拉克·博尔纳对本章的详细评论。

注 释

1. 受邀撰写本章但未及完成，贾德森·R.米尔斯去世了。他是我的导师，区分共享/交换关系最初的灵感来源于他，他对本章所表达的核心理论观点和实证研究做出了贡献。在这一章中，我尽量忠实于他的思想。然而，如果他还在世的话，他会要求我在概念表达上更清晰、更精确，添加更多新的想法，并就新想法展开讨论。
2. 当将回报排除在我们的理论之外时，我们试图解决的问题则比平等理论家处理的问题更为狭窄，因为许多平等理论家在计算平等时都包含了回报（参见 Walster et al.，1978）。
3. 这样说并不意味着我们相信人们从不违反共享规则以保持对利益得失的跟踪，也不意味着当人们感到自己的需求被忽视时，他们会试图追溯性地计算“平等”。人们有时的确这样做了（Grote & Clark，2001），并且通常是以一种有所偏向的方式。这样做确实意味着违反了共享关系中通常遵循的规则。

参考文献

Adams, J.S. (1965) Inequity in social exchange. *Advances in Experimental Social Psychology, 62*, 335–343.

Bartz, J.A. and Lydon, J.E. (2006) Navigating the interdependence dilemma: Attachment goals and the use of communal norms with potential close others. *Journal of Personality and Social Psychology, 9*, 77–96.

Bartz, J.A. and Lydon, J.E. (2008) Relationship specific attachment, risk regulation, and communal norm adherence in close relationships. *Journal of Experimental Social Psychology, 4*, 655–663.

Batson, C.D. (1993) Communal and exchange relationships: What is the difference? *Personality and Social Psychology Bulletin, 19*, 677–683.

Beck, L.A. and Clark, M.S. (2009) Choosing to enter or avoid diagnostic social situations. *Psychological Science*, 20, 1175–1181.

Berscheid, E., Snyder, M. and Omoto, A. (1989) The relationship closeness inventory: Assessing the closeness of interpersonal relationships. *Journal of Personality and Social Psychology, 57*, 792–807.

Butler, E.A., Egloff, B., Wlhelm, F.H., Smith, N.C., Erickson, E.A. and Gross, J.J. (2003) The social consequences of expressive suppression. *Emotion, 3*, 48–67.

Buunk, B.P. and Van Yperen, N.W. (1991) Referential comparisons, relational comparisons, and exchange orientation: Their relation to marital satisfaction. *Personality and Social Psychology Bulletin, 17*, 709–717.

Chen, S., Lee-Chai, A.Y. and Bargh, J.A. (2001) Relationship orientation as a moderator of the effects of social power. *Journal of Personality and Social Psychology, 80*, 173–187.

Clark, M.S. (1981) Non-comparability of benefits given and received: A cue to the existence of friendship. *Social Psychology Quarterly, 44*, 375–381.

Clark, M.S. (1984a) A distinction between two types of relationships and its implications for development. In J.C. Masters and K. Yarkin-Levin (eds), *Boundary Areas in Social Psychology,* pp. 241–270. New York: Academic Press.

Clark, M.S. (1984b) Record keeping in two types of relationships. *Journal of Personality and Social Psychology, 47*, 549–557.

Clark, M.S. (1985) Implications of relationship type for understanding compatibility. In W. Ickes (ed.), *Compatible and Incompatible Relationships,* pp. 199–140. New York: Springer-Verlag.

Clark, M.S. (1986) Evidence for the effectiveness of manipulations of desire for communal versus exchange relationships. *Personality and Social Psychology Bulletin, 12*, 414–425.

Clark, M.S., Dubash, P. and Mills, J. (1998) Interest in another's consideration of one's needs. *Journal of Experimental Social Psychology, 34*, 246–264.

Clark, M.S. and Finkel, E.J. (2005a) Willingness to express emotion: The impact of relationship type, communal orientation and their interaction. *Personal Relationships, 12*, 169–180.

Clark, M.S. and Finkel, E.J. (2005b) Does expressing emotion promote well-being? It depends on relationship context. In L.A. Tiedens and C.W. Leach (eds), *The Social Life of Emotions,* pp. 105–126. New York: Cambridge University Press.

Clark, M.S., Fitness, J. and Brissette, I. (2001)

Understanding people's perceptions of relationships is crucial to understanding their emotional lives. In G. Fletcher, and M.S. Clark (eds), *Blackwell Handbook of Social Psychology, Vol. 3: Interpersonal Processes*, pp. 253–278. Oxford, UK: Blackwell.

Clark, M.S. and Jordan, S. (2002) Adherence to communal norms: What it means, when it occurs and some thoughts on how it develops. In B. Laursen and W. Graziano (eds), *Justice: New Directions for Childand Adolescent Development*, pp. 3–25. New York: Jossey-Bass.

Clark, M.S. and Lemay, E. (2010) Close Relationships. In S.T. Fiske, D.T. Gilbert and G. Lindsey (eds), *Handbook of Social Psychology*, Vol. 2, 5th Edition., pp. 898–940. Hoboken, NJ: John Wiley & Sons, Inc.

Clark, M.S., Lemay, E.P., Graham, S.M., Pataki, S. and Finkel, E.J. (2010) Ways of giving and receiving benefits in marriage: What's ideal? What happens? Attachment style matters. *Psychological Science, 21*, 944–951.

Clark, M.S. and Mills, J. (1979) Interpersonal attraction in exchange and communal relationships. *Journal of Personality and Social Psychology, 37*, 12–24.

Clark, M.S. and Mills, J. (2001) Behaving in such a way as to maintain and enhance relationship satisfaction. In J.H. Harvey and A.E. Wenzel (eds), *Relationship Maintenance and Enhancement,* pp. 13–26. Mahwah, NJ: Erlbaum.

Clark, M.S., Mills, J. and Corcoran, D. (1989) Keeping track of needs and inputs of friends and strangers. *Personality and Social Psychology Bulletin, 15,* 533–542.

Clark, M.S., Mills, J. and Powell, M. (1986) Keeping track of needs in two types of relationships. *Journal of Personality and Social Psychology, 51*, 333–338.

Clark, M.S, Ouellette, R., Powell, M. and Milberg, S. (1987) Recipient's mood, relationship type, and helping. *Journal of Personality and Social Psychology, 53*, 94–103.

Clark, M.S. and Taraban, C.B. (1991) Reactions to and willingness to express emotion in two types of relationships. *Journal of Experimental Social Psychology, 27*, 324–336.

Clark, M.S. and Waddell, B. (1985) Perceptions of exploitation in communal and exchange relationships. *Journal of Social and Personal Relationships, 2*, 403–418.

Coriell, M. and Cohen, S. (1995) Concordance in the face of a stressful event: When do members of a dyad agree that one person supported the other? *Journal of Personality and Social Psychology, 69,* 289–299.

Goffman, I. (1959) *The Presentation of Self in Everyday Life*. Garden City: Doubleday and Company.

Graham, S.M., Huang, J., Clark, M.S. and Helgeson, V. (2008) The positives of negative emotion: Willingness to express negative emotions promotes relationships. *Personality and Social Psychology Bulletin, 34,* 394–406.

Grote, N.K. and Clark, M.S. (1998) Distributive justice norms and family work: What is perceived as ideal, what is applied, and what predicts perceived fairness? *Social Justice Research, 11*, 243–269.

Grote, N. and Clark, M.S. (2001) Does conflict drive perceptions of unfairness or do perceptions of unfairness drive conflict? *Journal of Personality and Social Psychology, 80*, 281–293; 362 (erratum).

Grote, N.K., Clark, M.S. and Moore, A. (2004) Perceptions of injustice in family work: The role of psychological distress. *Journal of Family Psychology, 18,* 480–492.

Grote, N.K., Naylor, C. and Clark, M.S. (2002) Perceiving the division of family work to be unfair: Do social comparisons, enjoyment, and competence matter? *Journal of Family Psychology, 16*, 510–522.

Jones, D.C. and Vaughan, K. (1990) Close friendships among senior adults. *Psychology and Aging, 3,* 451–457.

Kelley, H.H., Hollmes, J.G., Kerr, N.L., Reis, H.T., Rusbult, C E. and Van Lange, P.A.M. (2003) *An Atlas of Interpersonal Situations*. Cambridge: Cambridge University Press.

Lemay, E.P. and Clark, M.S. (2008) How the head liberates the heart: Projection of communal responsiveness guides relationship promotion. *Journal of Personality and Social Psychology, 94,* 647–671.

Lemay, E.P, Clark, M.S. and Feeney, B. (2007) Projection of responsiveness to needs and the construction of satisfying communal relationships. *Journal of Personality and Social Psychology, 92*, 834–853.

McCall, M. (1995) Orientation, outcome and other-serving attributions. *Basic and Applied Social Psychology, 17*, 49–64.

Medvene, L.I., Volk, F.A. and Meissen, G.J. (1997) Communal orientation and burnout among self-help group leaders. *Journal of Applied Social Psychology, 27*, 262–278.

Messick, D. and Cook, K. (1983) *Equity Theory: Psychological and Sociological Perspectives*. New York: Prager.

Mills, J. and Clark, M.S. (1982) Exchange and communal relationships. In L. Wheeler (ed.), *Review of Personality and Social Psychology,* pp. 121–144. Beverly Hills, CA: Sage.

Mills, J. and Clark, M.S. (1986) Communications that should lead to perceived exploitation in communal and exchange relationships. *Journal of Social and*

Clinical Psychology, 4, 225–234.

Mills, J. and Clark, M.S. (1994) Communal and exchange relationships: New research and old controversies. In R. Gilmour and R. Erber (eds), *Theoretical Approaches to Personal Relationships*, pp. 29–42. Hillsdale, NJ: Erlbaum.

Mills, J. and Clark, M.S. (2001) Viewing close romantic relationships as communal relationships: Implications for maintenance and enhancement. In J. Harvey and A. Wenzel (eds), *Close Romantic Relationships: Maintenance and Enhancement*, pp. 13–25. Mahwah, NJ: Lawrence Erlbaum Associates Publishers.

Mills, J., Clark, M.S., Ford, T. and Johnson, M. (2004) Measurement of communal strength. *Personal Relationships, 11*, 213–230.

Monin, J.K., Clark, M.S. and Lemay, E. (2008) Communal responsiveness in relationships with female versus male family members. *Sex Roles, 59*, 176–188.

Murstein, B.I. and Azar, J.A. (1986) The relationship of exchange-orientation to Friendship intensity, roommate compatibility, anxiety, and friendship. *Small Group Research, 17*, 3–17.

Murstein, B.I., Cerreto, M. and MacDonald, M.G. (1977) A theory and investigation of the effect of exchange-orientation on marriage and friendship. *Journal of Marriage and the Family, 39*, 543–548.

Murstein, B.I., Wadlin, R. and Bond, C.F. (1987) The revised exchange-orientation scale. *Small Group Behavior, 18*, 212–223.

Pataki, S., Shapiro, C. and Clark, M.S. (1994) Children's acquisition of appropriate norms for friendships and acquaintances. *Journal of Social and Personal Relationships, 11*, 427–442.

Reis, H., Clark, M.S. and Holmes, J. (2004) Perceived partner responsiveness as an organizing construct in the study of intimacy and closeness. In D. Mashek and A. Aron (eds), *The Handbook of Closeness and Intimacy*. Mahwah, NJ: Lawrence Erlbaum Associates.

Rubin, Z. (1970) Measurement of romantic love. *Journal of Personality and Social Psychology, 16*, 265–273.

Sprecher, S. (1992) How men and women expect to feel and behavior in response to Inequity in close relationships. *Social Psychology Quarterly, 55*, 57–69.

Srivastava, S., Tamir, M., McGonigal, K.M., John, O.P. and Gross, J.J. (2009) The social costs of emotional suppression: A prospective study of the transition to college. *Journal of Personality and Social Psychology, 96*, 883–897.

Thibaut, J.W. and Kelley, H.H. (1959) *The Social Psychology of Groups*. New York: Wiley.

Thompson, L. and Deharpport, T. (1998) Relationships, goal incompatibility, and communal orientation in negotiations. *Basic and Applied Social Psychology, 20*, 33–44.

Thompson, S.C., Medvene, L.J. and Freedman, D. (1995) Caregiving in the close relationships of cardiac patients: Exchange, power, and attributional perspectives on caregiver resentment. *Personal Relationships, 2*, 125–142.

VanYperen, N., Buunk, B.P. and Schaufeli, W.B. (1992) Imbalance, communal orientation, and the burnout syndrome among nurses. *Journal of Applied Social Psychology, 22*, 173–189.

Walster, E., Walster, G.W. and Berscheid, E. (1978) *Equity: Theory and Research*. New York: Allyn & Bacon.

Williamson, G.M. and Clark, M.S. (1989) Providing help and desired relationship type as determinants of changes in moods and self-evaluations. *Journal of Personality and Social Psychology, 56*, 722–734.

Williamson, G.M. and Clark, M.S. (1992) Impact of desired relationship type on affective reactions to choosing and being required to help. *Personality and Social Psychology Bulletin, 18*, 10–18.

Williamson, G.M., Clark, M.S., Pegalis, L. and Behan, A. (1996) Affective consequences of refusing to help in communal and exchange relationships. *Personality and Social Psychology Bulletin, 22*, 34–47.

Williamson, G.M. and Schulz, R. (1990) Communal orientation, quality of prior relationship and distress among caregivers of Alzheimer's patients, *Psychology and Aging, 5*, 502–507.

Williamson, G.M. and Silverman, J.G. (2001) Violence against female partners: Direct and interactive effects of family history, communal orientation and peer-related variables. *Journal of Social and Personal Relationships, 18*, 535–549.

Yoo, S.H., Clark, M.S., Lemay, E.P., Salovey, P. and Monin, J.K. (2011) Responding to partners' expression of anger: The role of communal motivation. *Personality and Social Psychology Bulletin, 37*, 229–241.

第8章

互依理论

保罗·A. M. 范兰格（Paul A. M. Van Lange） 卡里尔·E. 鲁斯布特（Caryl E. Rusbult）[1]

应小萍㊀ 陶雪婷㊁ 吴吉㊂ 译

摘 要

从蒂博和凯利（1959）提出互依理论（interdependence theory）的系统框架雏形以来，作为社会心理学经典理论之一的互依理论一直被用于解释依赖和权力、规则和规范、协调与合作等经典议题。后来，凯利和蒂博（1978）更为全面地阐释了这一理论，使其可被用以分析归因和自我呈现、信任与不信任、爱与承诺、冲突与沟通、风险与自我调控等研究主题。互依理论寻求的是通过建立一个社会互动（social interaction）的概念框架来体现社会生活的本质。特别是，该理论通过综合分析情境结构（situation structure）确认了人际情境的最重要特征，描述了情境结构对理解个体内在（intrapersonal）过程和人际（interpersonal）过程的影响（Kelly et al., 2003）。情境结构之所以重要，是因为它的人际关系现实（interpersonal reality）。在这种现实中，我们行为的动机能被激活，我们能认识到认知的重要性，人际互动的过程得以被呈现。本章介绍了互依理论的主要原则，并通过评述周围随处可见的现象，例如调节匹配、面对不满时的坚持、理解慷慨的基础以及群体间关系的起伏，来阐述互依理论分析的实际效用。

引 言

互依理论是社会和行为科学中最为经典的理论之一，其最初由约翰·蒂博和哈罗德·凯利于1959年提出。在1998年版的《社会心理学手册》（*Handbook of Social Psychology*）有关社会心理学的历史发展一章中，内德·琼斯对互依理论做出了以下预测："鉴于这种分析方法的优雅和深刻……

㊀ 中国社会科学院社会学研究所
㊁ 中国社会科学院大学
㊂ 中国社会科学院大学

我们有充分的理由认为其影响将是持久的。”（1998：30）截至本文撰写时，十多年又过去了，显然互依理论在长达五十多年的时间里已经影响了几代科学家。尤其有趣的是，互依理论激发了社会心理学多个领域的研究，包括对情感和认知等的个体内部过程（within-person processes）以及个体之间的过程（between-person processes），诸如二元组（dyads）和群体的行为和互动的研究。自蒂博和凯利（1959）、凯利和蒂博（1978）以来，互依理论的概念和原理已被用于分析群体动力、权力和依赖、社会比较、冲突与合作、归因与自我呈现、信任与不信任、情绪、爱与承诺、协调与沟通、风险与自我调节、表现与动机、社会发展，以及社会互动的神经科学模型（综述见 Kelley et al.，2003；Reis，2008；Rusbult & Van Lange，2003；Van Lange et al.，2007）。

互依理论的主要关注点在于社会互动，这一综合性概念抓住了人类社会生活的基础，其有助于解释为什么互依理论长期以来能被用于理解众多议题。毕竟互动是人们社会生活的核心。人类的很多感受和情绪根植于社会互动中，很多信念和想法与过去或未来的社会互动有关。例如，在你遭受他人的不公平对待之后，亲密伴侣能否对你的糟糕感受表达理解，对于我们如何感受和看待自己，以及我们如何感受和看待伴侣非常重要，因为这会严重影响我们在未来互动情境中采用何种方式与伴侣（或其他人）交往。通常情况下，社会互动在实验室中会产生强效应，但在实验室外，社会互动通常会延续很长一段时间，其往往会对我们和我们的人际关系产生更显著的影响。确实可以说，社会互动几乎影响了社会行为科学研究中的每一个现象，包括心理和身体健康、个人特质，以及认知和情感体验（Reis et al.，2000；Rusbult & Van Lange，2003）。

总体上，我们认为心理学领域将在很大程度上受益于对人类心理的社会互动分析，并且互依理论可以在这方面发挥重要作用。互依理论是少数几个强调概念化人际结构和过程，提供综合性分析的社会心理学理论之一（Kelley & Thibaut，1978；Kelley et al.，2003；Thibaut & Kelley，1959）。类同于当代物理学认为粒子之间的关系与粒子本身一样有意义，在互依理论中，人与人之间的关系也与个体本身一样有意义（Rusbult & Van Lange，2003）。事实上，诸如协调、信任、合作、沟通、承诺等概念只能从社会互动的角度来理解，以及在当代社会心理学中受到相当大关注的需要、动机和过程，诸如归属需求（need-to-belong）、不确定性管理（uncertainty-management）、自我调节（self-regulation），常常被用于解释社会互动中产生的威胁和机会。

在本章中，我们概述了互依理论的主要原理，对其起源和五十多年的发展提出了历史性的解释，并概述了未来研究的一些方向。同时，我们还记述了互依理论的创始人（一定已经）面临的主要挑战，以及下一代研究者和哈罗德·凯利面临的主要挑战。显然，互依理论在受益于创始人所提供的坚实理论基础的同时，也正在不断发展。最后，我们总结了互依理论对于各种社会心理现象的解释以及其在一些社会领域中的应用。

互依结构

互依理论使用矩阵（matrices）和转换列

表（transition lists）这两种形式工具（formal tools）来表示互动的结果（Kelley，1984；Kelley & Thibaut，1978）。形式表示的目的是精确地具体说明情境结构的特征，也就是说，描述人们在互动进程中影响彼此行动结果的方式。互动（I）描述了两个人（A和B）在特定的互依情境（S）下互动时，二者产生的需要、想法、动机和行为（Kelley et al.，2003）。其可以用I = *f*（S，A，B）这一公式表示。为了预测两个人之间的互动将会发生什么，我们必须考虑以下三种情况：①他们面临的情境（例如，他们是否存在利益冲突；其中一人是否拥有更高权力）；②A在互动中的需要、想法和动机（即他的哪些特质或价值观被激活，他是如何看待B的）；③B在互动中的需求、想法和动机。在下文中，我们将A和B替换为约翰和玛丽，这两个人名常被用于说明互依理论的形式逻辑。有时我们将包括情境和两个人的模型称为SABI模型，它由情境（Situation）、个体A和B（persons A and B）及其互动（Interaction）的首字母缩写组成（例如Holmes，2002；Kelley et al.，2003；Van Lange et al.，2007；情境结构原理和互动原理参见专栏8-1）。

互动的精确结果（例如，约翰和玛丽感受到的满意程度）取决于互动是否满足（或挫败）了个体的安全感、归属感和探索欲等重要需求（参阅Baumeister & Leary，1995；Fiske，2004）。互动不仅产生具体结果（concrete outcomes）、愉悦或不快的即时体验，而且还产生象征性结果（symbolic outcomes）、基于互动的广泛影响而获得的体验（Rusbult & Van Lange，1996）。比如，如果约翰和玛丽对在何处用餐有分歧，而约翰建议去玛丽最喜欢的餐厅，那么玛丽不仅能享受到她喜欢的美食和美酒带来的具体好处，而且还能享受到由于感知到约翰对她的需求做出了回应而带来的象征性愉悦感。

我们可以根据依赖程度和类型来识别情境的结构，即通过分析每个个体的可能的行为将如何影响每个个体的结果，可以从以下三个要素考察：①行为者控制（actor control），每个个体的行为对其自身结果的影响；②同伴控制（partner control），每个个体的行为对同伴结果的影响；③联合控制（joint control），同伴的联合行动对每个个体结果的影响。通过考察结果之间的跨单元关联（across-cell association），我们可以识别利益共变（covariation of interest），或是同伴结果的相关程度。这些要素定义了四个结构维度；最近还新增了两个维度（所有六个维度的描述见下文；Kelley et al.，2003）。大多数情境是基于它们在两个或多个维度上的特性来界定的。例如囚徒困境（prisoner's dilemma）、英雄（hero）和鸡博弈（chicken situation）[1]都包含适度的相互依赖和适度的利益冲突，但是这些相近情境在行为者控制、同伴控制与联合控制的程度，以及它们对互动的影响方面均有所不同。

这六个维度的所有可能组合组成了总量极其庞大的模式（pattern）。但是，我们至少可以从中确定20到25个原型（prototype）

[1] 鸡博弈，也称为鹰鸠博弈（hawk-dove game）或雪堆博弈（snowdrift game），是博弈论中两个参与者的冲突模型之一。游戏的原则是：其中一个玩家屈服是理想的结果，但是个体会出于自尊或者不想被认为懦弱而选择冲突的行为。但是当一个玩家屈服时，冲突就被避免了，游戏大部分结束。——译者注

（Kelley et al.，2003）。日常生活情境与这些抽象模式相类似，二者具有共同的常见人际关系问题和机遇。例如，命运转折情境（the twists of fate situation）是指每个同伴在某个时刻都可能会意外地发现自己处于一种极端单方面依赖的境地，这类情境是遭遇健康危机或其他命运大逆转的特征。另一个例子是囚徒困境，处于此类情境中的每个个体的结果受同伴行为的影响远高于受其自身行为的影响；此类情境涉及相互奉献（mutual sacrifice）、互惠交易（trading favors）和搭便车（free-riding）等互动特征。具有相同抽象模式的日常生活情境在动机、认知和互动上会产生相似的影响。

互依结构的重要性

我们为什么应该关注互依结构？首先，结构本身确实会影响行为。例如，在类似威胁情境结构的情境下，会出现需要 – 撤回（demand-withdraw）互动模式，低权力行动者一方要求改变，高权力行动者一方则撤回和规避（Holmes & Murray，1996）。而在类似鸡博弈情境结构的情境下，会出现以建立支配地位和维持个人声誉为中心的互动

专栏 8-1 互依理论基本假设概览

1. 结构原则（“情境”）

了解情境的互依特点对于理解心理过程（动机、认知和情感）、行为和社会互动至关重要。这些特点在情境分类法中，以依赖程度、依赖相互性（mutuality of dependence）、利益共变、依赖基础（basis of dependence）、时间结构（temporal structure）和信息可用性（information availability）的形式出现。

2. 转换原则（人们如何理解“情境”）

利己主义者基于自我和他人的结果以及基于当下和未来的结果，考虑自己（和他人）行为的后果。互动情境因此可能会发生转换。转换是一个受互动目标引导的心理过程，它可能伴随着情感、认知和动机过程，并受其支持。

3. 互动原则：SABI：$I = f(S, A, B)$

互动是两个人（A 和 B）和情境（客观特性）的函数。情境可能激活 A 和 B 的特定动机、认知和情感体验，并最终通过他们在行为上的相互反应产生一个特定的互动模式。

4. 适应原则

重复的社会互动体验产生适应，适应具有相对稳定的倾向性，其目的是选取特定的转换。这种适应具有概率性并反映了：①跨同伴和情境（特质）中的人与人之间的倾向性差异；②人们适应特定互动同伴的倾向（特定关系倾向，relationship-specific orientations）；③同一文化中很多人都具有的基于规则的倾向，即用特定方式（社会规范）来应对特定类别的情境。

（Nisbett & Cohen，1996）。简而言之，情境结构通常超越互动个体的特定目标和动机而直接决定了个体的行为。

其次，特定的结构模式会呈现特定类别的问题和机会，故而其①在逻辑上隐含着目标和动机的关联性，以及②其允许表达这些目标和动机。功能可见性（affordance）这一概念很好地描述了一种情境可以使什么成为可能或可以激活什么（参见表8-1，它概述了可能的功能可见性）。比如，有不确定信息的情境会导致误解，引起个体对同伴和情境相关的一般性图式（generalized schemas）的依赖；而在信息较为完善的情境，个体会减少对一般性图式的依赖。简而言之，情境结构之所以重要，是因为它是人际关系现实，在这一现实中，我们的行为动机能被激活，我们能认识到认知的重要性，人际互动的过程得以被呈现。

互依结构的维度

依赖程度描述了行动者对互动同伴的依赖，即他的结果受到同伴行为的影响的程度。如果无论约翰做什么，玛丽都能得到好结果（高行动者控制），那么玛丽就是独立的；玛丽对约翰的依赖程度取决于约翰能够：①单方面决定玛丽是愉悦或是不愉快（同伴控制）；②和玛丽一起决定她的愉悦或是不愉快（联合控制）。增加依赖往往需要更为关注情境和同伴、更为周密和区别化的认知能力以及在互动过程中的坚持不懈（例如Fiske，1993；Rusbult，1983）。如表8-1所示，依赖程度让我们看到了以依赖和独立相关的舒适感（或不舒适感）为中心的想法和动机。举例来说，高依赖情境会启动玛丽不愿意依靠他人的特质，她对依赖的不舒适感就有可能会严重影响她的行为，其他人也能很清楚地看到她的不舒适感；但在低依赖情境下，玛丽不愿意依靠他人的特质不太会显现出来，也不太会影响她的行为。

依赖相互性描述了双方对彼此的依赖程度是否对等。非相互依赖隐含着有差别的权力（当玛丽更依赖约翰时，约翰就拥有了更高的权力）。较低依赖同伴的个体往往更能控制决策和资源；而较高依赖同伴的个体则将需要承受更大的互动成本（奉献和适应），更易被遗弃，也更可能遭到威胁和胁迫（例如Attridge et al.，1995；Murray et al.，2006）。相互依赖的互动往往让人“更有安全感”，更为稳定并有情感上的安宁（更少焦虑和内疚）。非相互依赖情境能让人表达与他人控制自己结果相关的舒适感（或不舒适感）（例如对于依赖同伴的脆弱感），同时，它也能让人表达另一种与自己控制他人结果相关的舒适感（或不舒适感）（例如对有权力同伴的责任感；见表8-1）。例如，单方面的依赖会引发约翰的不安全感，这种不安全感会严重影响他自身的行为，并让其他人清楚地看到他的这种不安全感；而在相互依赖情境下，约翰的不安全感不太会被看到，也就不太会被用于预测其行为。

依赖基础描述了同伴们如何精确地影响彼此的行为结果，即同伴控制和联合控制这两者作为依赖源较为重要。在同伴控制的情境下，行动者的结果受制于同伴，因此双方的互动通常会涉及承诺、威胁，甚至道德规范的激活（“这就是品行端正的人的行事方式”）。双方常见的互动模式可能会包括单方面的行为（在同伴控制非相互时），或是一报还一报和轮换话题（在同伴控制相互时；例如 Clark et al.，1998；Fiske，1992）。相反，联合控制情境需要能够应变的行为协调，因而与智力、主动性和战略运筹技能相关的特质变得更为重要；此时，常规行为比道德规范更被需要（“这是常规的行事方式”；例如 Finkel et al.，2006；Turiel，1983）。依赖基础让人们得以表达支配（或服从）和果断（或被动），其也提供社交智力等技能。

利益共变描述同伴间的行为结果是否一致（或相互冲突），即对约翰和玛丽而言，与同伴的联合活动能否带来相同的令人满意的结果。共变包括了从完全一致模式，到混合动机模式，再到完全冲突模式（零和模式，zero-sum）三种模式。在利益一致情境下，互动会很轻松，约翰和玛丽简单地追求各自的利益，并同时为对方创造好的结果。相反，在利益相冲突情境下，人们往往会产生负性的认知和情感（贪婪和恐惧），并因此引发更为活跃和分化的信息寻求和自我呈现（“玛丽可以被信任吗”，例如 Surra & Longstreth，1990；Van Lange et al.，1997）。在利益冲突情境下，可以看到合作（或竞争）和信任（或不信任）行为（见表 8-1），约翰可能会表现出他的亲社会动机以及对玛丽的信任。

时间结构捕捉动态和连续的过程，是第五个重要的结构维度。互动会产生的后果是有些行为、结果和情境在未来仍会存在，而有些则会消亡。约翰和玛丽可能会被动地从一个情境转换到另一种情境，也可能能够主动寻求这种转换。扩展情境包括先行于实现目标的一系列步骤（例如，投资带来的令人满意的结果）。情境选择描述了从一种情境转换到另一种情境，带同伴转换到与行为选项和结果不同的情境中。例如，玛丽可能会寻求需要较少互依的情境；约翰可能会面临是选择维持现有关系，还是选择替代关系的特定时刻，而这种替代关系可能需要通过贬低诱人的选项才能得以拒绝（例如，Collins & Feeney，2004；Miller，1997）。时间扩展情境让人们得以表达自我控制、延迟满足、“坚持”，可靠性（或不可靠性）以及忠诚（或不忠诚）（例如，Mischel，见第 26 章）（见表 8-1）。

信息可用性是最后一个结构维度，即约翰和玛丽是否掌握以下确定（或不确定）的信息：①每个个体的行动对自身结果的影响；②引导每个个体行动的目标和动机；③他们的行动后果存在（或消亡）的机会？有确定的信息在和陌生同伴在未知的、危险情境中互动时很关键。所以合作伙伴们在互动过程中进行大量的信息交换、使用归因来了解彼此和所处情境（例如，Collins & Miller，1994）。在和新同伴互动时，人们既可以使用与之前互动同伴的经验来“填补信息鸿沟”，也可以用既有的期望以填补对情境和同伴的感知（例如，Andersen & Chen，2002；Holmes，2002，2004）。例如，人们一般相信大多数人（理性上）是利己的，面对他人行为的不完整信息时，相信利己这一信念反过来能够帮助人们填补信息不完整的空白（Vuolevi & Van Lange，2010）。另一个例子是，回避依恋的人们会认为大部分的情境是危险的，并预期他们的同伴们会没有回应性，因此很容易预期大部分情境是有问题的互动情境。所以，不确定信息让人们得以表达开放性（或确定性需求），表现出乐观主义（或悲观主义）倾向（见表 8-1）。

表 8-1 情境结构的六维度及其功能可见性（见 Holmes，2002 和 Kelley et al.，2003）

	情境维度	相关动机
1	依赖程度	和依赖相关的舒适感与不舒适感；和独立相关的舒适感与不舒适感
2	依赖相互性	和脆弱性相关的舒适感与不舒适感（作为依赖者） 和责任感相关的舒适感与不舒适感（作为权力拥有者）
3	依赖基础	支配（引领）与服从（追随） 果断与被动
4	利益共变	亲社会与利己动机（自我规则） 对同伴动机的信任与不信任（对他人的期待）
5	时间结构	可靠性与不可靠性 忠诚与不忠诚
6	信息可用性	开放性与确定性需求 乐观主义与悲观主义

互依过程

回到上面提到过的互动表现公式——I = *f*（S，A，B），互动不仅取决于互依情境（S），也取决于同伴双方（A 和 B）在互动情境中表达的需求、想法和动机（SABI，见专栏 8-1 的互动原理）。因此，我们必须在我们的结构分析中，对约翰和玛丽如何应对遭遇到的情境做一个增补分析。他们如何不仅仅基于感知到的自我利益而实现心理转换特定情境？心理事件和生活习惯对完成转换过程有什么作用？同伴们如何努力理解和预测对方的行为？人们如何以特定方式、使用相对稳定的行为倾向来应对特定的情境？

转换过程

为了描述情境结构如何影响动机，互依理论区分了以下两种情境：①特定情境（given situation），基于利己因素（“虚拟结构”情境）的偏好；②有效情境（effective situation），基于对同伴利益的关注、长期目标和战略事项在内更为广泛的偏好（Kelley & Thibaut，1978；Van Lange & Joireman，2008）。心理转换描述了从特定情境偏好动机到有效情境偏好的动机的转换。人们的行为一般是基于转换的偏好，而不是由目前的自我利益所引导。但是人们的行为有时候也基于设定的偏好，这有很大可能是在不需要广泛考虑和关注其他因素的简单情境下、在缺少需要广泛关注的意愿和资源时，或是在涉及时间压力和认知能力受限的情境中。

转换通常是指个体在互动中（经常绝对）采用的概念化决策规则（Kelley et al.，2003；Murray & Holmes，2009；Van Lange et al.，2007，见专栏 8-1 的转换原理）。人们会遵从某些涉及连续性或时间性的规则，比如等待看看同伴是如何行动、是采用一报还一报策略还是采用轮换话题策略。而另外一些规则反映出个体考虑自身结果和同伴结果的差异，包括利他主义或最大化同伴结果；合作或最大化联合结果；竞争或最大化自身和同伴结果之间的相对差异；个人主义或无视同伴结果最大化自己结果。

当特定情境结构决定一类行为而人格特质或价值观决定另一类行为时，转换是显而易见的。当人们根据转换的偏好行动时，我们能够察觉他们的人格特质和动机。例如，当玛丽帮助约翰打理庭院而不是和她的朋友们外出，玛丽传递了对约翰幸福生活的关心。因此转换过程是“真相揭晓”（rubber meets the road）的时刻，是人际过程在认知、情感和动机上，以呈现独特自我的方式在特定情境下运转的时刻。

认知、情感和习惯

人类智力具有人际的、认知的和情感

的特性，我们能够很好地基于互依原理建构世界（Rusbult & Van Lange，2003）。心理事件（mental events）的目的是识别情境是“关于”（about）什么、根据自己的需要和动机评价结构、感知同伴的需求并如何预测同伴的动机、预告未来互动会带来什么影响（例如，Kelley，1984）。情境结构部分决定了认知和情感。比如，囚徒困境让人们在自己付出较低成本使同伴受益和让伙伴付出高昂成本使自己受益这两者之间做出选择。囚徒困境提供了恐惧和贪婪的混合体，它能够自动标识此类情境具有哪些重要的机会和限制。

转换过程通常由情境所提供的认知和情感所驱动。例如，当玛丽体验到贪婪的想法和欲望（“搭便车会很好”）或是对约翰的动机感到害怕（“他会不会利用我”）时，玛丽很可能会出现自我中心或反社会的转换。认知和情感也受情境提供的价值观、目标和特质这些远端因素（distal causes）的影响。例如，玛丽对利益冲突情境的反应受到她在公平、忠诚以及公共规范（或是贪婪）上的价值观的影响，也受到她是否信任约翰（或是害怕约翰）的影响。因此，以转换为基础的心理事件在功能上能适应情境结构，并以与结构相关的形式出现。

同时，转换过程并不一定基于大量的心理活动。人们在适应重复遇到的模式后会发展出以特定方式应对特定情境的习惯性倾向（habitual tendencies），这样转换就经常会在很少或没有意识思想的情况下发生（例如，Rusbult & Van Lange，1996）。例如，如果约翰和玛丽在囚徒困境结构情境中不停地重复着同一种互动，他俩只需要很少的或完全不需要认知和情感就能相互合作。心理事件的中介作用更有可能发生在受未知影响的新情境、在可能造成伤害的危险情境以及只与陌生同伴互动的情境。

沟通、归因和自我呈现

在互动进程中的同伴们采用直接和间接的方式表达了他们各自的目标、价值观和特质。沟通在要求一方自我呈现的同时，也要求另一方对自我呈现的一方进行归因。正如前面提到过的，用于自我呈现和归因的素材来自特定情境和有效情境间存在的巨大差异，正是在这种偏离自我利益的行为中，行动者的目标和动机会显露出来（例如，Rusbult & Van Lange，2003）。因此，沟通自我相关信息的能力受限于互依结构，即，特定情境决定了人们呈现何种特定动机。例如，在利益相关情境下，人们很难表达可信度（或察觉可信度）；在这种情境下，可信任的行为与“利己”行为是结合在一起的。

人们通过归因活动来理解同伴行动的含义，基于情境结构而非情境特质来寻求对未来行为的预测和对先前行为的解释。在和新同伴互动中的预期不完全准确，是因为预期必然是基于在特定情境中的普通人的反应而做的概率性假设；在长期关系中，预期可能是基于对同伴在以往各种情境下的行为表现的了解。自我呈现描述了人们沟通彼此动机和个人特质的意图。当然，自我呈现有时候也会被人们用于掩饰其真实的偏好和动机。此外，考虑到人们并不总是能够掌握同伴所有的原有行为结果的信息，他们有时会错误地假定同伴的行为是对情境结构的反应，而不是心理转换。例如，当约翰无法认可玛丽付出的代价时，约翰就会看不到玛丽的忠诚和奉献。

适 应

当人们刚开始遇到某个特定情境时，通常不清楚情境中有哪些内在的问题和机会。在这种新情境下，玛丽有可能会系统地分析情境并积极做出某种行动决策，但也有可能会一时冲动做出某种反应。无论哪种方式她都获得了经验。如果玛丽的抉择最终得到了好的结果，那么她在未来具有相似结构的情境中就会做出类似的反应；如果玛丽的抉择最终得到了坏的结果，那么她在未来具有相似结构的情境中就会修正她的行为。适应描述了在相似的结构情境中获得的重复经验有助于形成习惯性的反应倾向，从而产生好的结果的过程。人们会在人际特质（interpersonal dispositions）、特定关系动机（relationship-specific motives）和社会规范中体现他们的适应过程（Rusbult & Van Lange，1996，见专栏 8-1 的适应原则）。

人际特质是行动者对所有同伴，以特定方式对特定类型情境做出反应的特有的倾向（Kelley，1983）。人们在成长进程中，会和不同的同伴经历不同的过往，处理各种不同的人际互动中产生的机会和问题，也因此形成了某些特质。适应的结果是，约翰和玛丽获得了以特定方式感知情境和同伴的特质倾向，他们通过某类特别的转换做出各自的行为。因此，“自我”是一个人对先前情境和同伴适应的总和（具有生物学基础的需要和动机也决定了这类适应）。例如，如果母亲对约翰用的是慈爱的教养方式，能够满足约翰童年时期的需要，能够成为保障约翰探索世界的安全基石，那么约翰将能在成年后发展出信任和对依赖的安全期待（相关综述见 Fraley & Shaver，2000）。

特定关系动机是对特定同伴，以特定方式对特定类型情境做出反应的倾向（Rusbult & Van Lange，2003）。例如，依赖同伴的结果是产生承诺，而高度满意（约翰满足玛丽最为重要的需要）、难以替代（玛丽不依赖她的人际关系使得她的需要无法得到满足）和高投资（重要资源和玛丽的人际关系绑定）增强了承诺。承诺影响互动的情绪反应（感受到关爱而不是愤怒），并产生支持持续性投入的习惯性思维（复数代词的使用；例如见 Agnew et al.，1998）。反过来，慈善思维促进了向亲社会的行为转换。例如，强大的承诺促进了诸如奉献、调解和宽恕的亲社会行为（例如，Finkel et al.，2002；Rusbult et al.，1991；Van Lange et al.，1997）。

社会规范是基于规则，以特定方式对特定类型情境做出反应的社会传递倾向（socially transmitted inclinations）（Thibaut & Kelley，1959）。例如，大多数社会遵循在特定类型情境中所能被接受的行为来制定的规则；文明和礼节的规则就以这种方式调控行为，从而达到和谐的互动。同伴们在资源分配的获得上经常遵循的是一致同意的规则，如平等、公平和需要（Deutsch，1975）。这类规则可以管控各种人际互动或是特定人际关系（比如亲密关系中的共有规范；Clark et al.，1998；Fiske，1992）。规范不仅管控行为，也影响认知体验。例如，在共有规范引导的互动中，同伴既不能监控也不能确定每个个体对对方的幸福的（短期）贡献是多是少。

互依理论的发展：一种人际的解释

如前所述，在很大程度上，哈罗德·凯利和约翰·蒂博之间的长期合作和友谊创造了互依理论的历史。互依理论的历史的简要总结见表 8-2。我们是从哈罗德 · 凯利的视角编写的，由于本章的两位作者与“哈尔”（1921 ～ 2003 年）的交往比与约翰 · 蒂博（1917 ～ 1986 年）的交往要多得多，因此我们称呼前者为哈尔，而后者为约翰 · 蒂博。蒂博和凯利之间的合作始于哈尔被邀请为《社会心理学手册》撰写“团体问题解决”这一章节之时。哈尔和当时在麻省理工学院“群体动力研究中心”（Research Center for Group Dynamics）的蒂博十分熟悉，于是哈尔邀请了约翰 · 蒂博合作撰写此章。哈尔私下甚至说这是他学术生涯中最好的决定之一。由于一开始他们之间就有良好的人际契合，二人受库尔特 · 勒温某些论述的影响，分析了在追求群体目标时的个体之间的互依现象，因此他们最后完成了非常优美的一章。互依和社会互动这一重要主题的讨论模式预示了他们后来的合作，并且一直持续了三十年，直到约翰 · 蒂博于 1986 年去世。合作过程中他们多次往返于马里布和教堂山两地，他们建立了深厚的友谊和对彼此的极大尊重、平等（他们各自既是追随者也是领导者）以及相似性和互补性。为了增加互补（为了更好的阐述），任务自然的分配是哈尔更多地专注在情境分析上，而约翰 · 蒂博更多地专注在梳理心理学领域内外的各种文献的关系上。他们的互补性还体现在哈尔对二元组（后来的人际关系）更感兴趣，而蒂博对（小）群体更感兴趣。

随后他们合写了一本书（Thibaut & Kelley, 1959），其灵感来自社会交换理论（social exchange theory）（特别是来自 Homans，1950 的影响）、博弈论（game theory）和决策理论（特别是来自 Luce & Raiffa，1957 的一本具有高影响力的书）。事实上，他们根据社会交换的模式分析了二元组和小群体的社会互动，使用博弈作为概念工具，其目的是描述诸如奖励和成本、权力和依赖的互依模式。他们还引入了诸如比较水平（comparison level）和替代比较水平（comparison level

表 8-2　互依理论的历史简述

1959	蒂博 · J.W. 和凯利 · H.H.（1959） 《群体的社会心理》 纽约：威利	• 提出用社会交换分析二元组和小群体中的互动和关系个体 • 使用博弈作为概念工具，着重分析交换关系中的依赖、权力、奖励、成本、需要和结果 • 引入比较水平和替代比较水平（CL 和 CL-alt）等新概念来理解关系的满意度和稳定性
1978	凯利 · H.H. 和蒂博 · J.W.（1978） 《人际关系：互依理论》 纽约：威利	• 提出基于命名为依赖程度、依赖相互性、结果一致性（correspondence of outcomes）和依赖基础这四个维度，综合性分析互动情境 • 引入设定到有效矩阵的转换，建立更为广泛的互动目标而不只是当前的自身利益 • 采用转换的功能分析，确认转换规则的社会学习及其在特定情境领域的功能价值
2003	凯利 · H.H. 等人（2003） 《人际情境图鉴》 纽约：剑桥大学出版社	• 概述 21 种基本互动情境，其分析基于互依特征、个体承受的心理进程和唤起的互动进程 • 扩展情境分类，添加两个维度至六个维度：①依赖程度；②依赖相互性；③依赖基础；④利益共变（对应之前的结果一致性）；⑤时间结构；⑥信息可用性
	现在和未来	• 整合互依理论和进化论，以理解适应是情境结构的一种功能 • 将互依理论推广到社会心智的神经科学模型 • 将互依理论再次推广到群体过程和群体间关系

for alternatives）（CL 和 CL-alt），为从概念上分析满意度和依赖性之间的差异提供了很大的可能性。这本书获得了巨大的成功，并且成为那个（或任何）时代的社会心理学家的必读书（见 Jones，1998）。

在将近二十年之后，凯利和蒂博（1978）审慎地表示，他们相信新的分析——互依分析已经完全达到理论标准。尽管其源头可追溯到 1959 年的著作，但是互依理论在这时才算正式诞生（哈尔和蒂博是非常认真的科学家，他们会确保符号理论可以通过那种科学严谨的严格检验的概念分析——二人定义其为具有清晰逻辑和广泛相关性）。在书中，他们提出了互依理论，人们很快就清晰地意识到，二人投入了多年时间在极其基础的理论问题上。

他们要面对的一个决定是，行为是否主要取决于设定的矩阵（即，取决于此刻的利己因素），还是这个理论应该延伸扩充以包括更为广泛的事项。受到 20 世纪 60 和 70 年代研究的影响，他们一致同意后者，并且提出了一个逻辑框架用来分析大量的基本转换（fundamental transformations），他们将其称为最大化联合（MaxJoint）（增强的联合结果）、最小化差异（MinDiff）（最小化自我和他人结果的绝对差异）、最大化相对优势（MaxRel）（最大化超过他人结果的相对优势），等等。这些转换的提出也受到了梅西克和麦克林托克以及全球很多其他研究者的启发，这些研究者采用实验博弈游戏（experimental games）作为实证工具，已经在研究中提出了一些转换的实证结果（例如 Messick & McClintock，1968）。哈尔和约翰也概述了其他类型的转换，如强调人们对意外事件的反应以及强调当前行为对未来的预期影响。这与其他早期著作的另一个关键区别是强调了各种转换的功能价值。简而言之，这本书为“人们理解的情境”是什么样的这一问题（people make of situations?）提供了逻辑上的解释（参见 Kelley et al.，2003）。

至此，具有代表性的凯利和蒂博的互依分析成为一个综合性理论，包括：①借助情境分类法（taxonomy of situations），对情境的客观属性进行正式分析；②基于包括动机、认知和情感（人们理解的情境是什么样的）在内的转换，概念化心理过程；③行为和社会互动，即来自情境的客观属性和个体双方理解的情境两个方面；此外，凯利和蒂博强调④适应和学习，长期的倾向性可以成长为经验。梅西克和麦克林托克从他们自己（1968，1970）的研究成果中获得灵感启发，也想到了人们可能具有不同的“转换倾向”。基于特质、特定关系动机和社会规范，这些适应之后被概念化（见 Rusbult & Van Lange，1996）。

随着时间推移，很多人受到互依理论的“逻辑”的启发，即其假设、推理和其所关注的问题。逻辑是一回事，但它也显现出了相当大的广度。因而，对二元组背景、稳定关系（亲密或不亲密）以及群体（小或大、稳定或不稳定）中的利他、归因、协调、冲突、合作、竞争、延迟满足、交换、投资、公平、正义、爱、权力、亲社会行为、信任、牺牲、自我呈现、刻板印象、敌意和攻击性等不同领域进行研究的学者们发现，互依理论非常有用，并且深受启发。同样地，研究环境问题、组织问题以及政治问题的学者们也非常多地使用到互依理论的原理（综合性的综述，见 Rusbult & Van Lange，1996，2003；Van Lange & Joireman，2008）。

学者的列表太长无法在此总结，但是我们想要指出的是，如果我们将他们罗列出来，那么可以很清楚地看到，即使是在前互联网时代，互依理论在很多国家也有强大的影响力（最著名的有奥地利、澳大利亚、比利时、加拿大、法国、德国、意大利、日本、荷兰、新西兰、波兰、瑞典、英国和美国），并且这种影响跨越了好几代，因而完全可以说互依理论对处于职业生涯初期、中期以及后期的科学家都有强烈的吸引力。

为了证明图鉴项目组（Atlas project group）研究成果，约翰 · 霍姆斯和约翰 · 蒂博开展合作研究，将互依理论的原理运用到他的信任和冲突研究中（也同样在人际关系的动机管理中，Holmes & Rempel，1989；Murray & Holmes，2009）。卡里尔 · E. 鲁斯布特提出的承诺过程的投资模型，这一模型的框架来自互依理论原理，其可以被用于解释稳定关系中的坚持和承诺过程（见 Rusbult & Van Lange，2003；Rusbult et al.，2006）。保罗 · A.M. 范兰格对凯利和蒂博的情境分类法（“结构”）和转换（“人们”理解的情境是什么样的）非常感兴趣，他发现这对他的社会价值取向（social value orientation）研究以及理解社会困境中慷慨的作用非常有用（见 Van Lange et al.，1997，2002）。诺伯特 · 克尔发现互依视角有利于理解与群体相关的各种议题，如动机和绩效、合作以及社会困境中的搭便车现象（见 Baron & Kerr，2003；Kerr & Tindale，2004）。哈里 · 赖斯不仅将互依理论运用到他的关系的亲密性和回应性（responsiveness）研究中，而且他还具有远见和能力，于 1995 年在华盛顿，组织相关的这些研究者参加了社会实验心理学学会（Society of Experimental Social Psychology，SESP）和欧洲实验社会心理学协会（European Association of Experimental Social Psychology，EAESP）的联合会议。这次会议促成了六年的合作，并最终促成了《人际情境图鉴》（*Atlas of Interpersonal Situations*）的出版（Kelley et al.，2003）。

项目组通常会在欧美召开的大型社会心理学大会之前或之后的会议上齐聚一堂。有两次会议是单独召开的。第一次是在 1996 年，正值卡里尔在阿姆斯特丹自由大学的学院休假，我们举办了持续七天、每天八小时（几乎不间断）的会议。哈尔、卡里尔和保罗 · A.M. 范兰格就之后被称为“时间结构”的内容进行了讨论，并且为此书起草了章节大纲。而且幸运的是，没有出席此次会议的研究者在事后修正了这一趋于复杂（complexity）而不是简约（parsimony）的趋势。第二次是于 2000 年在美国佛罗里达州的博卡拉顿（Boca Raton）召开的，由比布 · 拉塔内（Bibb Latané）慷慨赞助。在这次系列会议上，我们讨论了各章节的多个版本的稿件，并就此书是否应该或不应该包括情境（situations）达成了最终共识。

凯利等人（2003）的《人际情境图鉴》一书以非常重要的方式拓展了凯利和蒂博（1978）的思想，其中最为特别的是分析了 21 种情境，并且在凯利和蒂博先前已经界定的互依四维度上又新增了两维度。增加的两维度是：①时间结构和②信息可用性。此书的第一版提前出版（感谢哈里 · 赖斯和剑桥大学出版社），并在哈尔 · 凯利去世的前一周或更早送给了他。2003 年 2 月，在洛杉矶召开的人格和社会心理学协会（Society for Personality and

Social Psychology，SPSP）的会议上，在加州大学洛杉矶分校（UCLA）为哈尔举行追悼会之前，卡里尔、约翰、诺伯特和保罗见到了书的第一版。此外，哈尔早些时候曾提议我们将本书献给约翰·蒂博，这个提议在当时就得到了我们所有人的有力支持。

作为本章的撰写者之一，我（保罗·A. M. 范兰格）可能需要多一点介绍在我研究后期中的同事、合作者以及亲爱的朋友卡里尔·E. 鲁斯布特对互依理论的发展所做出的贡献。无须质疑，在过去整整六年中，卡里尔·E. 鲁斯布特是《人际情境图鉴》的主要贡献者。作为加州大学洛杉矶分校的本科生（哈尔是那里的教授）、北卡罗来纳大学查珀尔希尔分校的研究生（约翰·蒂博是那里的教授）以及后来的教职员工，她全身心地投入到互依理论的研究中。在她去世的前两天（2010 年 1 月，她才 57 岁，还太年轻），她和我还重新评估了我们共同开展的各个项目。我们决定将综述（Rusbult & Van Lange，1996）和《人际情境图鉴》合作项目（*Atlas* joint venture）（Kelley et al.，2003）作为我们长期合作的重点。我们非常喜欢一起讨论互依理论，其逻辑和它需要沟通和扩展的方式，及其对人际关系过程（卡里尔的关注点）和人类合作（保罗的关注点）等基本问题的影响。我们还经常讨论互依理论的“应用”，探讨为什么和什么时候互依理论很重要。这是我们接下来将讨论的问题。

互依理论的应用

理解互依概念的应用价值，最重要的是“在行动中看这些概念”，即我们要意识到这些概念的理论的、实证的和社会的效益，有助于我们理解特定的心理现象。特别是，我们认为互依理论特别有助于我们理解关系的持久性和稳定性、人际慷慨，以及关系中的目标追求和群体过程等其他广泛的主题。

理解目标追求

我们的第一个例子是要说明互依是重要的这一简单的事实。实际上，互依形成了许多看上去完全是基于行动者和个体内在的心理过程，比如个体的目标追求。目标指向行为方向的结束状态，要么是正在进行的人生计划，要么是每一天的简单和努力的生活。传统的目标追求模型采用了个体内部的解释，研究诸如目标计划导向行为（goal-plan directed behavior）、自我调节和目标行为不一致（goal behavior disparities）等个体水平的目标追求过程（例如，Carver & Scheier，1998；Mischel，见第 2 卷第 9 章）。诸如目标、特质、技能和动机等行动者水平的变量（actor-level variables）被质疑是否会有助于达成目标追求。调节定向（regulatory focus）和调节匹配（regulatory fit）理论是具有说明力的传统模型，其假设当人们接近目标的方式和他们的调节倾向（regulatory orientation）匹配时，人们更容易达成目标。如当人们以渴望的方式追求的成就，是以提升理想的自我目标（promotion-ideal self-goals）的成就时；以及当他们以警惕的方式追求的安全，是以预防必要的自我目标（prevention-ought self-goals）的安全时（Higgins，1997，2000，2011）。

互依分析共享一些假设，并将它们推广到有趣的领域。实际上，使用多种实证技术的研究揭示了人们不仅在他们自身具有很强的提升倾向（行动者控制）时喜欢在一段持续关系中为实现理想自我而开展的活动，而且在他们的同伴具有很强的提升倾向（同伴控制）时也是如此（而相应的负向联结显然是预防倾向，Righetti & Rusbult，2007）。实际上，具有高度提升倾向的同伴会支持行动者实现理想自我的活动，因为具有提升倾向的同伴更能引发行动者以渴望方式追求理想的目标。一些实证研究结果也支持存在着第三种形式的匹配，除了上述的行动者和同伴效应外，还存在联合控制效应（joint control effect）。比如行动者和同伴共性（actor-partner commonality）在调节倾向上也会影响彼此实现理想自我。因此，目标追求和达成确实受到互依过程的巨大影响的这一事实，暗示着互依理论分析能在更多领域发挥作用，是极其重要的。

理解坚持性

我们的第二个例子是要说明互依结构（interdependence structure）是重要的这一事实。实际上，结构通常有助于解释原本费解的现象，比如为什么态度不能总是令人满意地预测行为，或为什么有时候人们在不是特别满意的情境下还能继续坚持。坚持性在传统上被认为与积极情感相关：人们特别地努力坚持是因为他们对努力抱有外显或内隐的积极态度；人们因为满意特定的工作或人际关系所以一直坚持其中（例如，Ajzen，1991；Greenwald et al.，1998）。情感构建（affect construct）的操作定义是满意程度、积极态度、喜欢和吸引力。

这种“感觉良好”的坚持性模型（“只要感觉良好，我将坚持下去”）面临的重要挑战是尽管存在消积情绪，人们仍在坚持不懈的情境。显然，人们即使对行为相关的态度对象（behavior-relevant attitude objects）持有了消积态度，有时仍会坚持不懈；人们有时仍会坚持工作或维持婚姻，即使有不满意的情绪。维持一段受虐待关系是一个特别具有说明力的实例：人们肯定不是因为对这段关系感到高兴才坚持的。有些研究者试图从特质角度解释这种令人费解的坚持，即它与受害者的低自尊或习得性无助相关（例如，Aguilar & Nightingale，1994；Walker，2000）。令人费解的坚持因此被假设为一种行动者效应，人们的坚持来自他们存在对自身一些特别的或不健康的看法。

而与此相反，互依分析基于行动者的依赖本质，更为全面地解释了坚持。当人们对他们的工作或人际关系表现出较多的依赖时，他们更有可能继续坚持下去；人们越依赖他们的长远目标（distal goal），越有可能坚持不懈追求这一目标。在人际关系中，依赖的提高源于满意度的增加（重要需求是否得到满足），替代方案的减少（重要需求能否在其他地方得到满足）和投资的增加（重要资源是否与行动路线相关联？见 Rusbult et al.，2006）。例如，玛丽维持一段受虐待关系，不一定是因为她的低自尊和习得性无助，而可能是因为结构性依赖（structural dependence），即她在与同伴的生活中投入了大量精力（例如，她已和约翰结婚或和约翰有年幼的孩子），或者是她很难有其他选择（例如，她没有驾照或很难有就业机会；Rusbult & Martz，1995）。

为什么科学家会更认可基于互依的坚持性分析？首先，积极情绪不是特别稳定，即使是在最令人满意的工作和人际关系中，人们的情绪也会起起落落，所谓的“感觉良好”并不能够长期维持。其次，从基于依赖原因分析坚持性而得到的清晰的证据来看，基于行动者的解释显然考虑不周（例如，玛丽可能投入过多而无法退出）。而且，基于互依的分析解释意味着其存在独有的干预策略。例如，如果我们试图提高玛丽在维持而非中止与约翰的关系上的自由度，基于行动者的解释我们可能更认可心理治疗来提高玛丽的自尊水平和消除她的习得性无助。与此相反，基于互依的解释我们可以引入干预设计方案以降低玛丽（单方面）的依赖，比如通过向玛丽提供驾驶课程或职业培训，增强玛丽在经济上的替代方案。同样，心理治疗不仅会关注诸如满意度的波动，而且也会结合对未来的关系的影响，关注人际关系形成的原因。不同于基于行动者的分析方法，基于互依的分析强调行动者和同伴的互动，以及什么在将来会将他们联系在一起。例如，有时候由行动者和同伴共同发起和完成的一项改变（或一个行动）会通过增加双方的依赖而带给双方亲密感和信任感。

理解人际慷慨

我们的第三个例子是要说明互依结构如何影响适应。也就是说，互依结构的确切特性对于回答在什么情境状况下慷慨能发挥作用这一基本问题极为关键。囚徒困境是最为有名也是被研究得最为彻底的互依情境的一个例子。对囚徒困境的传统情境分析揭示了当人们基于互通有无（quid pro quo）或一报还一报（tit-for-tat）时，人们更乐于看到互动的结果而不是长期的互动过程（Axelrod，1984；Pruitt，1998）。如果互动同伴是合作的，你同样应该是合作的；如果同伴是竞争的，你也应该是竞争的。

但是在信息可用性没有达到最大化的情况下，一报还一报的效果会如何呢？比如，当人们意识到同伴的行为会影响到自身的结果，却没有意识到情境限制可能会对同伴的行为造成影响时。互依分析提示我们，误读通常来自信息噪声（noise），或是因为意外错误产生的，在对同伴的预期结果和同伴的实际结果之间存在的差异（Kollock，1993）。例如，当约翰给玛丽发了电子邮件，但是没有收到玛丽的回复，这很有可能只是因为玛丽工作的地方发生了网络故障，而不是玛丽对约翰漠不关心。信息噪声在日常互动中无处不在，因为外部世界不是无差错的（例如网络有时会瘫痪），人们也不可能过无差错的生活（例如，玛丽可能在清理每日的垃圾邮件时不小心删除了约翰的电子邮件）。

考虑到一报还一报回报涉及同伴实际发生的行为，而不涉及同伴预期的行为，一报还一报只会加速和加剧其成为“意外事故”。如果这个意外事故涉及意料之外的好的结果，那么它带来的就是积极的影响。但是如果这个意外事故导致了意料之外的消极结果，那么它带来的就是比结果更为糟糕的影响。比如，当玛丽的某些行为让约翰遭受不幸时，约翰可能会一报还一报地做出让玛丽也遭受不幸的行为。尽管实际情况是，玛丽一开始并不打算伤害约翰。玛丽接下来也会一报还一报地回击约翰所做的消极行为，让约翰遭受相应的不幸结果。约翰和玛丽将进入负性相互性（negative reciprocity）模式：他们陷入到了持续且无法轻易退出的回声效应（echo effect）中，也就是说一报还一报强化了回声效应。

事实上，研究发现当人们遵循严格的相互性规则时，负性噪声（negative noise）产生了有害的影响，双方对对方形成了更为消极的印象并遭受了更为不幸的结果（Van Lange et al.，2002）。相反，一种更为慷慨的、一报还一报加一策略（tit-for-tat-plus-one strategy）（相比从同伴那儿获得的多给同伴一点）会产生更好的结果，噪声不会消极地影响同伴对彼此的印象和每人在互动过程中获得的结果。事实上，由于负性噪声的存在，相较于一报还一报，慷慨策略对双方产生了更好的结果（更为详尽的证据见Klapwijk & Van Lange，2009）。这些发现让人想到在与亲密关系的互动相关的文献中，当同伴或同伴双方在冲突互动中换位思考或原谅对方时，同伴双方对结果更为满意（比如，Karremans & Van Lange，2008；Rusbult et al.，1991，参见Simpson，2007）。

当人们加入到学校和组织的新情境中时，以及当人们在二元组和小群体中互动时，互依分析会向人们提出具体的建议，具有相当大的社会影响力。在信息不完整的情况下（如同大多数情境那样），它将带给人们怀疑的好处，使人们保留自己的判断力，以一报还一报的方式在互动的倾向中增加一点慷慨。互依分析的研究发现与通过邮件、互联网以及其他电子通信手段的沟通交流或许也有着相当大的关系，因为电子设备往往相当于“噪声”。但是“笑脸符号”和其他表情包的使用可能正好起到了传达信任和慷慨以处理噪声的功能。

理解群际关系

全面分析大多数的群体现象常常太过复杂，这可能也是蒂博和凯利的群体常常不会超过三人组的原因。尽管如此，互依理论提供的逻辑在分析群际关系（intergroup relations）中同样具有相当大的潜力。

群际关系的分析是一个重要的议题。不同群体有时候面对的是高度一致的结果（high correspondence of outcomes），即两个（或所有）群体寻求的是同一个目标，他们在目标寻求中需要互助。例如，邻国会在控制使用易成瘾毒品这一目标上相互帮助。在这种情况下，不同群体实际上可以建立相当融洽的关系，特别是当他们对如此做的策略持有相似看法时。不同群体有时候面对的是中等一致的结果（moderate correspondence of outcomes），寻求的是一些集体目标，它需要每个群体付出一定的代价。例如，各国都希望能够控制全球变暖，但是他们在获得多少利益和应该贡献多少上存在差异。在这种情况下，群体面临着社会困境（social dilemmas）（群际情境存在内群体利益和常见的最高利益之间的冲突），相较于在相似情境下的不同个体，不同群体常常表现出很少的合作（Insko & Schopler，1998）。造成这一效应的主要原因和互依情境的功能可见性相关。例如，相较于个体间的互动，在群体间的互动中发生的一定程度上的利益冲突会更多地挑战信任（并更多地提升竞争动机）（元分析的综述见Wildschut et al.，2003）。事实上，大量的研究证据表明，在预测群际关系上，互依分析方法是对其他方法（诸如社会认同和自我分类方法）的一个补充。

希望获得比其他群体更好的结果，而不是更坏的结果，常常会和希望集体获得好的结果相冲突（De Dreu，2010）。但是，竞争有时候可以成为合作的有力手段。研究者使用互依方法分析了以下三种互依模式：

①个体和所在群体之间；②个体和集体之间；③群体和集体之间（见 Bornstein，1992；Halevy et al.，2008；Wit & Kerr，2002）。例如，一个全身心投入战斗的士兵（即个体）常常为群体（即他的国家）而战，但不一定为全世界（即整个集体）而战。在多层社会困境中，竞争可能有相当大的益处。当两个（或更多）明确界定的群体组成整个集体时，群体之间的竞争有时能帮助整个集体。竞争与某些想要的东西有关。例如，在荷兰的两个城市间设立"最干净城市"的竞赛奖项。再比如，如果大学只为最优秀的系提供额外资金，那么在这所大学会有两个系做得更好（更多的研究成果和更高的教学水平）。事实上，竞争常常是提升组织功能的一种手段。

分类学方法的好处：未来的理论发展

互依理论的一个独特和极其重要的贡献是情境分类学（taxonomy of situations）取得的进展。事实上，尽管社会心理学是一个格外关注情境影响和社会环境影响的研究领域，但很少有社会心理学的理论推动了情境分类学的发展（参见 Reis，2008）。另外，我们相信最近新增的时间结构和信息可用性"维度"（Kelley et al.，2003）对心理科学和其他学科的某些议题将是重要的。

首先，很多社会心理学的研究和理论关注进程，其目的是要理解"系统问题"（system-questions），比如认知和情感是如何相互影响的，沉思 / 冲动系统（reflective and impulsive systems）和热 / 冷系统（hot and cool systems）等双进程系统（dual-process system）的特性是什么。我们认为互依理论提供了情境的有效分类，它能帮助我们理解哪一个特定的系统在什么时候（即在什么情境下）会被激活。例如，依赖的形成需要信任，特别是当存在利益冲突时，人们可能因为在有限时间下无法进行系统性的思考（systematic thought），所以只能启动热系统，凭借冲动和直觉行动（见 Hertel et al.，2000）。一个很好的例子是用此分析组织中的"强者（the powerful）和"弱者（the powerless）之间的关系（Fiske，1993）。因为后者严重依赖前者，所以对于弱者，重要的是要使用深入和系统的加工以便准确理解强者的动机和态度。相反，强者很少依赖弱者（常常会有很多后者），强者往往使用较为肤浅和启发式的加工形成对弱者的印象。因此，弱者更容易成为刻板信息的牺牲品（Fiske，1993）。

其次，情境分类学对社会互动和人格的动态分析方法至关重要，人们不仅会对情境做出反应，还会积极寻求情境、回避某些情境并以特定的方式建立情境（例如，Snyder & Ickes，1985）。人们意识到一件事，即人不是情境力量的奴隶，人们用明确或隐晦的方式选择并改变情境；但另一件事是，人们可以预测情境选择的特性（character of situation selection）。互依理论对此做出了解释，其认为情境构成的维度将激活并提供特定类型的目标和动力。比如，人们有时可能会回避依赖的情境，决定去完成一项独立任务而不是去完成一项联合任务。情境选择通常具有功能性，它有助于满足特定的需求或是促进长期的结果（Mischel & Shoda，1995；Snyder & Ickes，1985）。当然情境选择也有可能引起或维持自我挫败过程。比如，害羞的孩子会回避和他人互动，这样反而限制了孩子们克服害羞的机会。情境的互依理论类型学有效地拓展了经典心理学领域的预测特异性（predictive specificity）问题，其不仅可以预测特质如何涉及情境选择的特异性问题，还可以预测个体－情境互动的特异性问题（Kelley et al.，2003）。正因如此，互依理论的分析有助于人们精确地预测人和情境之间存在的不可分割的联结。

最后，分类学方法对于理解进化的基本问题极为重要。因为进化论主要讲述人类特质和社会环境一般是如何相互作用的这一问题，所以根据人类的关键特征用理论工具分析社会情境极其重要（例如，Schaller et al.，2006；Tooby & Cosmides，2005；Van Vugt，2006）。互依理论和进化论共享了某些假设。一个共享的假设是，人们是作为个体、同伴和群体成员适应着社会情境（Kelley & Thibaut，1978）。同时，进化论讲述的往往是人类的共同特质，而互依理论的贡献则在于具体说明人们所适应的社会情境的关键特性，诸如依赖、利益冲突和信息可用性等。根据互依理论，人们显然形成了能够适应不同社会情境中的不同同伴的应对意外事件的固定方法（consistent contingencies），可能会采用“如果……那么”形式的规则（Mischel & Shoda，1999；见Murray & Holmes，2009；Reis，2008）。比如，正如默里和霍姆斯（Murray & Holmes，2009）概述的，“如果……那么”规则反映了，人们在持续关系中如何沟通信任和建立承诺，同伴的奉献可能会直接被转化为信任。因此，虽然进化论关注诸如协调和合作适应能力，但是互依理论提供了概念工具，帮助人们理解在哪些情境领域，人类能够发展出哪些与协调能力和合作能力相对应的技能和动机。这一贡献或许将非常有助于我们理解为什么某些认知和情绪会与某些领域的人际情境密切相关。

一般来说，我们认为互依理论作为一种模型将会非常有助于我们理解何时和为何特定的神经网络、激素反应（hormonal responses）和互补反应（complementary response）会被激活。这些基于生物的反应（biology-based responses）通常具有适应能力，是人们在和环境的互动的过程中获得的特性，也就是前文讨论过的SABI模型。比如，如果个体处在一个有冲突倾向的情境中，从观察者角度来仔细分析情境中的另一人的违反规范行为时，最能被理解的个体反应是愤怒（例如，Singer et al.，2006）。尤其具有冲击性的是，具有亲社会倾向的人们往往会无意识地回应违反平等的行为（例如杏仁核的激活，Haruno & Frith，2009）。这些研究发现提供了支持社会价值倾向整合模型（integrative model of social value orientation）的神经科学证据，从中可以看出亲社会倾向不仅倾向于增强联合的结果（joint outcomes），而且也倾向于增强平等的结果（Van Lange，1999）。如果在上述的情境中，是我们自己违反了规则，从行动者的角度来看，最可能被唤起的是内疚情绪（例如Pinter et al.，2007）。此外，人际关系领域中的自我调节（和情感调节以及自我控制）研究主题一定和抑制自我利益的诱惑和练习自我约束有着密切的联系。

结　论

社会心理学是一个极易受情境影响的心理学研究领域，具体来说，就是社会环境影响着人类的行为。有些令人惊讶的是，主要用于分析社会环境的社会心理学理论并不多。而人际情境分类学的提出使得互依理论具备了这一功能。在已经确认的维度（依赖程度、依赖相互性、依赖的基础、利益共变）上增加新维度（信息可用性和时间结构），对于人们理解（内隐）理论的本质和机制——其让人们在信息有限的情境中采取行动（例如，热/冷系统、加工程度、涉及的需求和动力，以及能够让人们完善不完全信息的内隐理论），以及广义上和时间相关的动力和技能（例如，投资、延迟满足、考虑未来的影响）是必不可少的。人际情境分类学对理论的发展至关重要。

从理论视角来看，我们更需要了解的是“客观”描绘的情境是怎样的，因为只有这样，我们才有可能了解人们主观理解的情境（建构）是怎样的。特定情境（客观情境）、转换（意义分析）和有效情境（主观情境）的建构代表了互依理论的核心。互依理论是对社会心理学上的很多其他理论的补充，它往往关注与转换相关的进程和有效情境偏好。分类学如此重要的另一个原因是，它有助于我们了解人们可能会面对的情境（基于效价、频次和强度）是怎样的，以及这些特性是如何和不同的因素共变的。这些因素包括在人格、社会阶层、性别和年龄上的差异。例如，从成人到老年，个体面临单方面依赖他人的情境的频次会有所增加。情境分类学还可以帮助我们理解同伴和小群体成员可能会（或不会）面对的情境，例如，如何面对利益冲突情境。一个改编自勒温（1952：169）著名格言的句子“没有什么会和好的分类学一样实用”。

因此，在蒂博和凯利（1959）提出互依理论的五十多年后，互依理论回到了原点（圆满）。它帮助这一领域的研究者理解各种情境，比如互动的同伴面对或可能面对的（设定的互依情境），人们基于认知和情绪理解的（转换过程），及其结构和过程如何影响人类行为和社会互动。这也有助于解释为什么互依理论已经大受欢迎超过了五十年，以及为什么互依理论可以用在理解许多议题上，比如，群体动力、权力和依赖、社会比较、冲突和合作、归因和自我呈现、信任和不信任、情绪、爱与承诺、协调与沟通、风险与自我调节、表现与动机、社会发展和社会互动的神经科学模型。我们期待着能在接下来的五十年，继续看到互依理论的理论贡献和应用价值。

注 释

1. 很遗憾卡里尔·E. 鲁斯布特（1952—2010）于2010年1月27日去世，也就是在本章即将完成的前几周。本章介绍了她职业生涯中对互依理论的一些重要贡献。我们感谢约翰·霍姆斯、诺伯特·克尔和哈里·赖斯对本章初稿提出的有益意见。

参考文献

Agnew, C.R., Van Lange, P.A.M., Rusbult, C.E. and Langston, C.A. (1998) Cognitive interdependence: Commitment and the mental representation of close relationships. *Journal of Personality and Social*

Psychology, *74*, 939–954.

Aguilar, R.J. and Nightingale, N.N. (1994) The impact of specific battering experiences on the self-esteem of abused women. *Journal of Family Violence*, *9*, 35–45.

Ajzen, I. (1991) The theory of planned behavior. *Organizational Behavior and Human Decision Processes*, *50*, 179–211.

Andersen, S.M. and Chen, S. (2002) The relational self: An interpersonal social-cognitive theory. *Psychological Review*, *109*, 619–645.

Attridge, M., Berscheid, E. and Simpson, J.A. (1995) Predicting relationship stability from both partners versus one. *Journal of Personality and Social Psychology*, *69*, 254–268.

Axelrod, R. (1984) *The Evolution of Cooperation*. New York: Basic Books.

Baron, R.S. and Kerr, N.L. (2003) *Group Process, Group Decision, Group Action*, 2nd Edition. Buckingham: Open University Press.

Baumeister, R.F. and Leary, M.R. (1995) The need to belong: Desire for interpersonal attachments as a fundamental human motivation. *Psychological Bulletin*, *117*, 497–529.

Bornstein, G. (1992) The free rider problem in intergroup conflicts over step-level and continuous public goods. *Journal of Personality and Social Psychology*, *62*, 597–606.

Carver, C.S. and Scheier, M.F. (1998) *On the Self-regulation of Behavior*. New York: Cambridge.

Clark, M.S., Dubash, P. and Mills, J. (1998) Interest in another's consideration of one's needs in communal and exchange relationships. *Journal of Experimental Social Psychology*, *34*, 246–264.

Collins, N.L. and Feeney, B.C. (2004) Working models of attachment shape perceptions of social support: Evidence from experimental and observational studies. *Journal of Personality and Social Psychology*, *87*, 363–383.

Collins, N.L. and Miller, L.C. (1994) Self-disclosure and liking: A meta-analytic review. *Psychological Bulletin*, *116*, 457–475.

De Dreu, C.K.W. (2010) Social conflict: The emergence and consequences of struggle and negotiation. In S.T. Fiske, D.T Gilbert and G. Lindzey (eds), *Handbook of Social Psychology, Vol. 2*, 5th Edition, pp. 983–1023. New York: Wiley.

Deutsch, M. (1975) Equity, equality, and need: What determines which value will be used as the basis of distributive justice? *Journal of Social Issues*, *31*, 137–149.

Finkel, E.J., Campbell, W.K., Brunnel, A.B., Dalton, A.N., Scarbeck, S.J. and Chartrand, T.L. (2006) High-maintenance interaction: Inefficient social coordination impairs self-reguation. *Journal of Personality and Social Psychology*, *91*, 456–475.

Finkel, E.J., Rusbult, C.E., Kumashiro, M. and Hannon, P.A. (2002) Dealing with betrayal in close relationships: Does commitment promote forgiveness? *Journal of Personality and Social Psychology*, *82*, 956–974.

Fiske, A.P. (1992) The four elementary forms of sociality: Framework for a unified theory of social relations. *Psychological Review*, *99*, 689–723.

Fiske, S.T. (1993) Controlling other people: The impact of power on stereotyping. *American Psychologist*, *48*, 621–628.

Fiske, S.T. (2004). *Social Beings: A Core Motives Approach to Social Psychology*. New York: Wiley.

Fraley, R.C. and Shaver, P.R. (2000) Adult romantic attachment: Theoretical developments, emerging controversies, and unanswered questions. *Review of General Psychology*, *4*, 132–154.

Greenwald, A.G., McGhee, D.E. and Schwartz, J.L.K. (1998) Measuring individual differences in implicit cognition: The implicit association test. *Journal of Personality and Social Psychology*, *74*, 1464–1480.

Halevy, N., Bornstein, G. and Sagiv, L. (2008) 'Ingroup love' and 'Outgroup hate' as motives for individual participation in intergroup conflict: A new game paradigm. *Psychological Science*, *19*, 405–411.

Haruno, M. and Frith, C.D. (2009) Activity in the amygdala elicited by unfair divisions predicts social value orientation. *Nature Neuroscience*, *13*, 160–161.

Hertel, G., Neuhof, J., Theuer, T. and Kerr, N. (2000) Mood effects on cooperation in small groups: Does positive mood simply lead to more cooperation? *Cognition and Emotion*, *14*, 441–472.

Higgins, E.T. (1997) Beyond pleasure and pain. *American Psychologist*, *52*, 1280–1300.

Higgins, E.T. (2000) Making a good decision: Value from fit. *American Psychologist*, *55*, 1217–1230.

Higgins, E.T. (2011) Regulatory focus theory. In P.A M. Van Lange, A.W. Kruglanksi and E.T. Higgins (eds), *Handbook of Theories of Social Psychology, Vol. 1*. London: Sage.

Holmes, J.G. (2002) Social relationships: The nature and function of relational schemas. *European Journal of Social Psychology*, *30*, 447–495.

Holmes, J.G. (2004) The benefits of abstract functional analysis in theory construction: The case of interdependence theory. *Personality and Social Psychology Review*, *8*, 146–155.

Holmes, J.G. and Murray, S.L. (1996) Conflict in close relationships. In E.T. Higgins and A. Kruglanski (eds), *Social Psychology: Handbook of Basic Principles*, pp. 622–654. New York: Guilford Press.

Holmes, J.G. and Rempel, J.K. (1989) Trust in close relationships. In C. Hendrick (ed.), *Review of*

Personality and Social Psychology, 10, 187–220. London: Sage.

Homans, G.C. (1950) *The Human Group*. New York: Harcourt, Brace & World.

Insko, C.A. and Schopler, J. (1998) Differential distrust of groups and individuals. In C. Sedikides, J. Schopler and C.A. Insko (eds), *Intergroup Cognition and Intergroup Behavior: Toward a Closer Union,* pp. 75–107. Hillsdale, NJ: Erlbaum.

Jones, E.J. (1998) Major developments in five decades of social psychology. In D. Gilbert, S. Fiske and G. Lindzey (eds), *Handbook of Social Psychology, Vol. 2*, 4th Edition, pp. 3–57. Boston: McGraw-Hill.

Karremans, J.C. and Van Lange, P.A.M. (2008) Forgiveness in personal relationships: Its malleability and powerful consequences. *European Review of Social Psychology, 19*, 202–241.

Kelley, H.H. (1983) The situational origins of human tendencies: A further reason for the formal analysis of structures. *Personality and Social Psychology Bulletin, 9*, 8–30.

Kelley, H.H. (1984) The theoretical description of interdependence by means of transition lists. *Journal of Personality and Social Psychology, 47*, 956–982.

Kelley, H.H., Holmes, J.G., Kerr, N.L., Reis, H.T., Rusbult, C.E. and Van Lange, P.A.M. (2003) *An Atlas of Interpersonal Situations*. New York: Cambridge.

Kelley, H.H. and Stahelski, A.J. (1970) Social interaction basis of cooperators' and competitors' beliefs about others. *Journal of Personality and Social Psychology, 16*, 66–91.

Kelley, H.H. and Thibaut, J.W. (1978) *Interpersonal Relations: A Theory of Interdependence*. New York: Wiley.

Kerr, N.L. and Tindale, R.S. (2004) Small group decision making and performance. *Annual Review of Psychology, 55*, 623–656.

Klapwijk, A. and Van Lange, P.A.M. (2009) Promoting cooperation and trust in 'noisy' situations: The power of generosity. *Journal of Personality and Social Psychology, 96*, 83–103.

Kollock, P. (1993) 'An eye for an eye leaves everyone blind': Cooperation and accounting systems. *American Sociological Review, 58*, 768–786.

Lewin, K. (1952) *Field Theory in Social Sciences: Selected Theoretical Papers*. New York: Harper.

Luce, R.D. and Raiffa, H. (1957) *Games and Decisions: Introduction and Critical Survey*. London: Wiley.

Messick, D.M. and McClintock, C.G. (1968) Motivational bases of choice in experimental games. *Journal of Experimental Social Psychology, 4*, 1–25.

Miller, R.S. (1997) Inattentive and contented: Relationship commitment and attention to alternatives. *Journal of Personality and Social Psychology, 73*, 758–766.

Mischel, W. and Shoda, Y. (1995) A cognitive-affective system theory of personality: Reconceptualizing situations, dispositions, and invariance in personality structure. *Psychological Review, 102*, 246–268.

Murray, S.L. and Holmes, J.G. (2009) The architecture of interdependent minds: A Motivation-management theory of mutual responsiveness. *Psychological Review, 116*, 908–928.

Murray, S.L., Holmes, J.G. and Collins, N.L. (2006) Optimizing assurance: The risk regulation system in relationships. *Psychological Bulletin, 132*, 641–666.

Nisbett, R.E. and Cohen, D. (1996) *Culture of Honor: The Psychology of Violence in the South*. Boulder, CO: Westview.

Pinter, B., Insko, C.A., Wildschut, T., Kirchner, J.L., Montoya, R.M. and Wolf, S.T. (2007) Reduction of the interindividual-intergroup discontinuity: The role of leader accountability and proneness to guilt. *Journal of Personality and Social Psychology, 93*, 250–265.

Pruitt, D. (1998) Social conflict. In D. Gilbert, S. Fiske and G. Lindzey (eds), *Handbook of Social Psychology, Vol. 2*, 4th Edition, pp. 470–503. Boston: McGraw-Hill.

Reis, H.T. (2008) Reinvigorating the concept of situation in social psychology. *Personality and Social Psychology Review, 12*, 311–329.

Reis, H.T., Collins, W.A. and Berscheid, E. (2000) The relationship context of human behavior and development. *Psychological Bulletin, 126*, 844–872.

Righetti, F. and Rusbult, C.E. (2007) Interpersonal regulatory fit: Consequences for goal pursuit. Unpublished manuscript, Vrije Universiteit Amsterdam.

Rusbult, C.E. (1983) A longitudinal test of the investment model: The development (and deterioration) of satisfaction and commitment in heterosexual involvements. *Journal of Personality and Social Psychology, 45*, 101–117.

Rusbult, C.E., Coolsen, M.K., Kirchner, J.L. and Clarke, J. (2006) Commitment. In A. Vangelisti and D. Perlman (eds), *Handbook of Personal Relationships,* pp. 615–635. New York: Cambridge University Press.

Rusbult, C.E. and Martz, J.M. (1995) Remaining in an abusive relationship: An investment model analysis of nonvoluntary commitment. *Personality and Social Psychology Bulletin, 21*, 558–571.

Rusbult, C.E. and Van Lange, P.A.M. (1996) Interdependence processes. In E.T. Higgins and A. Kruglanski (eds), *Social Psychology: Handbook of Basic Principles,* pp. 564–596. New York: Guilford Press.

Rusbult, C.E. and Van Lange, P.A.M. (2003) Interdependence, interaction, and relationships. *Annual Review of Psychology, 54*, 351–375.

Rusbult, C.E., Verette, J., Whitney, G.A., Slovik, L.F. and Lipkus, I. (1991) Accommodation processes in close relationships: Theory and preliminary empirical evidence. *Journal of Personality and Social Psychology, 60*, 53–78.

Schaller, M., Kenrick, D. and Simpson. J. (eds) (2006) *Evolution and Social Psychology.* New York: Psychology Press.

Simpson, J.A. (2007) Psychological foundations of trust. *Current Directions in Psychological Science, 16*, 264–268.

Singer, T., Seymour B., O'Doherty J., Klaas E.S., Dolan J.D. and Frith, C. (2006) Empathic neural responses are modulated by the perceived fairness of others. *Nature, 439*, 466–469.

Snyder, M. and Ickes, W. (1985) Personality and social behavior. In G. Lindzey and E. Aronson (eds), *The Handbook of Social Psychology,* pp. 883–947. New York: Random House.

Surra, C.A. and Longstreth, M. (1990) Similarity of outcomes, interdependence, and conflict in dating relationships. *Journal of Personality and Social Psychology, 59*, 501–516.

Thibaut, J.W. and Kelley, H.H. (1959) *The Social Psychology of Groups.* New York: Wiley.

Tooby, J. and Cosmides, L. (2005) Conceptual foundations of evolutionary psychology. In D.M. Buss (ed.), *The Handbook of Evolutionary Psychology,* pp. 5–67. Hoboken, NJ: Wiley.

Turiel, E. (1983) *The Development of Social Knowledge: Morality and Convention.* Cambridge: Cambridge University Press.

Van Lange, P.A.M. (1999) The pursuit of joint outcomes and equality in outcomes: An integrative model of social value orientation. *Journal of Personality and Social Psychology, 77*, 337–349.

Van Lange, P.A.M., De Cremer, D., Van Dijk, E. and Van Vugt, M. (2007) Self-interest and beyond: Basic principles of social interaction. In A.W. Kruglanski and E.T. Higgins (eds), *Social Psychology: Handbook of Basic Principles*, pp. 540–561. New York: Guilford Press.

Van Lange, P.A.M. and Joireman, J.A. (2008) How can we promote behaviour that serves all of us in the future. *Social Issue and Policy Review, 2*, 127–157.

Van Lange, P.A.M., Otten, W., De Bruin, E.M.N. and Joireman, J.A. (1997) Development of prosocial, individualistic, and competitive orientations: Theory and preliminary evidence. *Journal of Personality and Social Psychology, 73*, 733–746.

Van Lange, P.A.M., Ouwerkerk, J.W. and Tazelaar, M.J.A. (2002) How to overcome the detrimental effects of noise in social interaction: The benefits of generosity. *Journal of Personality and Social Psychology, 82*, 768–780.

Van Lange, P.A.M., Rusbult, C.E., Drigotas, S.M., Arriaga, X.B., Witcher, B.S. and Cox, C.L. (1997) Willingness to sacrifice in close relationships. *Journal of Personality and Social Psychology, 72*, 1373–1395.

Van Vugt, M. (2006) Evolutionary origins of leadership and followership. *Personality and Social Psychology Review, 10*, 354–372.

Vuolevi, J.H.K. and Van Lange, P.A.M. (2010) Beyond the information given: The power of the belief in self-interest. *European Journal of Social Psychology, 40*, 26–34.

Walker, L. (2000) *The Battered Woman Syndrome*, 2nd Edition. New York: Springer.

Wildschut, T., Pinter, B., Vevea, J.L., Insko, C.A. and Schopler, J. (2003) Beyond the group mind: A quantitative review of the interindividual-intergroup discontinuity effect. *Psychological Bulletin, 129*, 698–722.

Wit, A.P. and Kerr, N.L. (2002) 'Me vs. just us vs. us all' Categorization and cooperation in nested social dilemmas. *Journal of Personality and Social Psychology, 83*, 616–637.